Henry Dolbear

PORTRAITS D'ARTISTES

— PEINTRES ET SCULPTEURS —

Vu les traités internationaux relatifs à la propriété littéraire, l'Auteur et les Editeurs de cet ouvrage se réservent le droit de le traduire ou de le faire traduire en toutes les langues; ils poursuivront toutes contrefaçons ou toutes traductions faites au mépris de leurs droits.

Paris.—Typ. de Mme Ve Dondey-Dupré, rue Saint-Louis, 46, au Marais.

PORTRAITS
D'ARTISTES
— PEINTRES ET SCULPTEURS —

PAR

GUSTAVE PLANCHE

II

PHIDIAS. — RAPHAEL. — MICHEL-ANGE. — LÉONARD DE VINCI. —
ANDRÉ DEL SARTO. — JEAN GOUJON. — M. INGRES. — M. CALAMATTA.
— M. EUGÈNE DELACROIX. — M. HIPPOLYTE FLANDRIN. — M. CHARLES GLEYRE.—
M. PAUL HUET. — M. PAUL CHENAVARD. — GÉRICAULT.
LÉOPOLD ROBERT. — M. EUGÈNE DELACROIX. — DAVID. — M. BARYE.
M. MAROCHETTI. — PIERRE PUGET.
DE L'ÉDUCATION DES ARTISTES EN FRANCE. — PRADIER.

PARIS
MICHEL LÉVY FRÈRES, LIBRAIRES-ÉDITEURS
RUE VIVIENNE, 2 *bis.*
1853

XIV

LÉOPOLD ROBERT

Léopold Robert est né le 13 mai 1795, à la Chaux-de-Fonds, village du canton de Neufchâtel. Destiné d'abord au commerce par sa famille, il vint à Paris en 1810, pour étudier la gravure en taille-douce, sous M. Girardet, frère d'un graveur célèbre à qui nous devons plusieurs ouvrages remarquables, entre autres la reproduction d'un beau camée antique, et une planche de petite dimension, d'après *l'Enlèvement des Sabines,* de Nicolas Poussin. Quoique Léopold Robert, à son arrivée à Paris, fût loin de posséder complétement les principes du dessin, il s'aperçut bientôt, cependant, que les leçons de son maître ne pourraient lui suffire. Aussi, tout en continuant de s'exercer à la pratique de la gravure, sous les yeux de M. Girardet, il fréquenta l'atelier de David, où il eut pour condisciples MM. Schnetz et Navez, qu'il devait plus tard retrouver à Rome, et dont les conseils et l'amitié lui furent si utiles. En 1814, il obtint le second prix de gravure; le premier échut à M. Forster. L'année suivante, il concourut, dans l'espérance d'obtenir le premier prix; mais, après la chute de Napoléon, en 1815, le comté de Neufchâtel ayant été rendu à la Prusse, Léopold

Robert n'appartenait plus à la France, et perdait le droit d'exposer son ouvrage. Ce fut pour lui, sans doute, une cruelle épreuve, car sa famille avait fait de nombreux sacrifices pour l'entretenir à Paris pendant cinq ans, et la pension accordée par le gouvernement français aux lauréats de l'Académie était alors toute l'ambition de Léopold Robert. Toutefois, il ne perdit pas courage; sans démêler encore bien nettement sa véritable vocation, il se remit à l'étude de la peinture avec une nouvelle ardeur. Quelle a été sur Léopold Robert l'influence des leçons de David? Il serait certainement difficile de la déterminer avec précision. Cependant il est permis de croire que l'enseignement de David, impérieux, systématique, étroit sans doute en plusieurs parties, ne décourageait que la médiocrité. Il ne fécondait pas toutes les intelligences qui lui étaient confiées; mais en imposant à tous une docilité uniforme, il établissait des habitudes laborieuses dont personne ne saurait contester l'utilité. Certes, entre la manière de Léopold Robert et celle de Louis David, il y a un intervalle immense; il serait puéril de comparer *les Moissonneurs* au *Combat des Thermopyles;* mais sans les leçons de David, Robert n'eût peut-être pas été aussi sévère pour lui-même. Au lieu de chercher la perfection dans chacun de ses ouvrages, peut-être se fût-il contenté de la beauté superficielle qui séduit les yeux de la multitude: peut-être eût-il renoncé à la gloire pour une vogue éphémère. Quelle que soit la valeur de nos conjectures à cet égard, les leçons de David ont joué un rôle important dans la vie de Léopold Robert; car sans les conseils de David, l'élève de Girardet fût probablement demeuré graveur. En 1816, David fut condamné à l'exil, et Robert se hâta d'aller retrouver sa famille. Grâce à ses études persévérantes, il espérait arriver bientôt à une complète indépendance, et vivre de son talent. Il fit à Neufchâtel un assez grand nombre de portraits, remarquables surtout par la finesse de l'expression ; mais, malgré le succès de ces ouvrages, il eût sans doute attendu longtemps l'occasion de montrer tout ce qu'il pouvait faire, si quelques-uns de ces portraits n'eussent appelé l'attention d'un amateur distingué de Neufchâtel, M. Roullet-Mézerac. M. Roullet fut frappé du talent de Robert, et conçut la généreuse pensée de l'envoyer en Italie, en faisant pour ses études toutes les avances nécessaires. Il démontra sans peine au jeune élève de David, qu'il fallait, pour devenir peintre, quitter Neufchâtel et se familiariser avec les ouvrages des grands maîtres. Robert accueillit avec ardeur l'espérance de voir l'Italie, et d'étudier les chefs-d'œuvre de Florence et de Rome ; et M. Roullet, pour mettre à l'aise la conscience de son protégé, lui offrit, non pas de lui donner, mais de lui prêter l'argent nécessaire à ses études. Voici quelles furent les conditions du traité : Robert devait pendant trois ans étudier la peinture en Italie, sans chercher à tirer de son travail aucun profit immédiat ; au bout de trois ans, il devait ne plus compter que sur son talent ; mais M. Roullet n'exigeait le remboursement de ses avances que dans un avenir indéterminé, et se fiait sans réserve à la loyauté de Robert. C'est en 1818 que fut conclu ce traité généreux, et dix ans plus tard, en 1828, non-seulement Robert s'était acquitté avec M. Roullet-Mézerac, mais il avait rendu à sa famille tout ce qu'elle avait dépensé pour ses études.

Tous ces détails que nous puisons dans la notice publiée par M. Delécluze sur la vie et les ouvrages de Léopold Robert, non-seulement offrent par eux-mêmes un intérêt positif, car chacun aime à connaître quels ont été les débuts d'un homme célèbre ; mais, en nous révélant l'homme, ils nous aident à comprendre l'artiste. Pour acquitter la double dette qu'il avait contractée envers sa famille et M. Roullet-Mézerac, Robert a dû, pendant six ans, produire des ouvrages qui méritent l'estime des juges éclairés, mais qui, par la nature même des sujets, ne pouvaient prétendre à aucune popularité. Sans doute ce long ajournement de la gloire qu'il espérait, qu'il entrevoyait, lui arracha plus d'un regret. Plus d'une fois, en comptant les succès obtenus par des hommes qui valaient moins que lui, il dut faire sur lui-même un retour douloureux, mais il se résigna sans murmure à l'obscurité laborieuse que sa loyauté lui imposait. Naturellement timide, il répugnait à se produire devant le public. Heureusement il trouva, dans l'amitié de MM. Schnetz et Navez, un puissant auxiliaire. Bientôt ses ouvrages furent recherchés par les étrangers qui visitaient Rome, et s'il n'avait pas encore le bonheur de travailler selon son goût, du moins il voyait décroître de jour en jour la dette qu'il avait résolu d'acquitter. La plupart des ouvrages de Robert, qui appartiennent à cette époque, sont consacrés à la reproduction de quelques scènes de la vie italienne. L'imagination n'y joue aucun rôle; l'artiste se borne à transcrire ce qu'il a vu. Mais il y a dans cette imitation littérale une naïveté qui touche souvent à la grandeur. La faculté poétique n'intervient pas dans ces petits tableaux; mais beaucoup d'œuvres inventées par des hommes habiles sont au-dessous de ces fidèles souvenirs.

Outre M. Roullet-Mézerac, qui fut pour lui un protecteur si utile, Léopold Robert eut encore le bonheur de rencontrer, dans M. M...e un ami qui lui demeura fidèle jusqu'au dernier jour. En 1825, après l'exposition de *l'Improvisateur napolitain*, qui parut au salon de 1824, il reçut de Paris une lettre signée d'un nom qu'il ne connaissait pas. Dans cette lettre, M. M...e, après l'avoir félicité sur son talent et ses succès, lui témoignait le désir de posséder quelques-uns de ses ouvrages. Dès lors s'engagea entre Léopold Robert et M. M...e une correspondance active, qui a duré jusqu'à la mort de Robert, c'est-à-dire pendant dix ans, et qui se continua jusqu'en 1831, sans qu'ils se fussent jamais vus. M. M...e sut inspirer à Robert une vive et solide amitié; aussi Robert n'a-t-il pas hésité à lui confier, dans ses lettres, ses chagrins et ses espérances. M. Delécluze a obtenu de M. M...e la permission de feuilleter cette précieuse correspondance, et les lettres qu'il a publiées seront lues par tout le monde avec autant de sympathie que d'attention. Cependant, tout en remerciant M. Delécluze du choix heureux qu'il a su faire, je ne saurais partager son enthousiasme. Sans doute ces lettres offrent à tous les amis de la peinture un puissant intérêt; mais je dois ajouter que les pensées et le style de ces lettres sont généralement vulgaires. Le privilége de feuilleter cette correspondance pourrait tenter quelques esprits curieux; mais je ne crois pas que nous devions souhaiter la publication de la correspondance entière, qui, selon M. Delécluze, formerait trois volumes in-8°. Quand je dis que le style de ces lettres est vulgaire, je n'entends pas parler des nombreuses incorrections que les yeux les moins clairvoyants pourront y découvrir; car l'art d'écrire ne se devine pas plus que l'art de peindre, et je trouve tout simple que Léopold Robert, qui a travaillé depuis l'âge de seize ans jusqu'à l'âge de quarante-un ans, pour devenir grand peintre, soit étranger aux finesses et souvent même aux lois du langage. La vulgarité de style que je lui reproche tient à la vulgarité même des pensées. Ce qu'il dit des maîtres de son art est vrai d'une vérité si évidente, que, pour le dire, il n'est pas nécessaire d'avoir signé *les Moissonneurs*. Le premier bourgeois venu, pour peu qu'il se fût promené dans les galeries de peinture, en dirait tout autant et le dirait aussi bien. En lisant les lettres de Robert, on demeure convaincu que la pratique de l'art et l'intelligence des idées générales qui dominent toutes les formes de l'invention sont deux choses parfaitement distinctes. L'intelligence de ces idées ne mène pas à la pratique de la peinture ou de la statuaire, de l'architecture ou de la musique ; mais il peut arriver aux artistes éminents, et la correspondance de Léopold Robert est là pour le prouver, d'énoncer sur la peinture, la statuaire, l'architecture ou la musique, des pensées tellement vulgaires, tellement inutiles, tellement inapplicables, tellement démonétisées par l'usage, tellement nulles, qu'elles provoquent le sourire des hommes les plus bienveillants. A quoi se réduit la pensée de Léopold Robert sur Nicolas Poussin, sur Raphaël, sur Michel-Ange, sur M. Ingres? à l'affirmation des faits qui frappent tous les yeux. Louer la valeur philosophique de Nicolas Poussin, la fécondité, la grâce et la pureté de Raphaël, la science et l'énergie de Michel-Ange, le style sévère de M. Ingres, n'est-ce pas répéter très-inutilement ce qui est démontré pour tout le monde? Je crois volontiers que Léopold Robert jouissait des œuvres de Nicolas Poussin, de Raphaël, de Michel-Ange, de M. Ingres, d'une manière toute personnelle, et qu'il trouvait dans *le Déluge*, dans *l'École d'Athènes*, dans *le Jugement dernier*, dans *l'Apothéose d'Homère*, des joies que le vulgaire ignore, que ces admirables ouvrages suscitaient en lui des pensées que la foule ne soupçonne pas, et qui n'appartiendront jamais à la foule ; mais ces joies, Léopold Robert n'a pas su les révéler ; ces pensées, il n'a pas su les traduire, et il nous est impossible de les admirer, car elles sont pour nous comme si elles n'avaient jamais été. Ce que nous savons par les lettres que M. Delécluze a publiées se réduit à rien. Si un homme qui n'aurait jamais manié un pinceau disait sur Nicolas Poussin et sur Michel-Ange ce que nous lisons dans ces lettres, personne n'y ferait attention et ne jugerait à propos de le contredire ou de l'approuver : signées du nom de Léopold Robert, ces vérités vulgaires ne grandissent ni en valeur ni en autorité.

Ce qu'il dit de l'enseignement de la peinture mérite une attention plus sérieuse. Il est vrai que l'habitude imposée aux jeunes gens de copier chaque semaine, depuis le 1er janvier jusqu'au 31 décembre, une figure nue, tournée et contournée, ne développe pas d'une façon très-active le sentiment et l'intelligence de la peinture. Il est très-vrai que la plupart des maîtres, en suivant cette méthode, consultent plutôt leur paresse que l'intérêt de leurs élèves. A cet égard, l'opinion de Léopold Robert ne trouvera pas de contradicteurs. Mais, tout en admettant que l'enseignement de la peinture puisse être conçu d'après des principes plus élevés, nous croyons que l'auteur des *Moissonneurs* confond dans sa lettre à M. M...e sur les ateliers, deux choses fort distinctes, la partie matérielle et la partie idéale de la peinture. Un maître habile peut enseigner à ses élèves la partie matérielle de la peinture ; quant à la partie idéale, c'està-dire l'invention, il ne peut que leur inspirer le désir et le courage de l'apprendre par eux-mêmes. Léopold Robert a donc tort lorsqu'il reproche aux études académiques, et en particulier aux études anatomiques, d'enchaîner l'imagination. Michel-Ange, qu'il admire, et dont l'audace provoque chez lui un si légitime étonnement, n'aurait pas peint le *Jugement dernier* de la Sixtine, s'il ne se fût résigné pendant plusieurs années à enchaîner son imagination dans l'étude de l'anatomie. Faute de savoir analyser sa pensée, Léopold Robert est arrivé à ne pas dire ce qu'il pense. Ce qu'il blâme, il a raison de le blâmer. L'aveugle routine qui préside trop souvent à l'enseignement de la peinture mérite certainement les reproches les plus sévères ; mais il ne faut pas se méprendre sur la nature, les limites et le but de l'enseignement. Il n'y a pas de professeurs pour l'enseignement du génie, et la pensée de Robert ne pourrait s'appliquer qu'à l'enseignement du génie. Quant au caractère mercantile que Robert reproche à la plupart des peintres qui ont un atelier d'élèves, nous n'entreprendrons pas de le nier ou de le justifier. Nous sommes très-disposés à croire que la plupart des professeurs se proposent plutôt de s'enrichir que de propager les vrais principes de l'art; mais il y a, nous n'en doutons pas, d'honorables exceptions. Il se rencontre, parmi les professeurs de peinture, des hommes qui concilient le soin de leurs intérêts avec l'instruction des élèves qui leur sont confiés. Sans doute, Robert lui-même n'eût pas hésité à rétracter ce qu'il y a de trop absolu dans la forme de sa pensée, s'il eût été pressé de questions. Étranger aux procédés analytiques de l'intelligence, il avait besoin, pour se comprendre, d'un contradicteur éclairé. Ce contradicteur lui a manqué; aussi répugnons-nous à prendre ce qu'il dit pour l'expression sincère et fidèle de sa pensée.

La distinction qu'il établit entre l'étude des maîtres et l'étude de la nature justifie parfaitement notre répugnance. Il ne conçoit pas que les peintres emploient plusieurs années de leur vie à copier les œuvres du Titien ou du Véronèse, et, à ce propos, il affirme que la nature seule est capable d'inspirer aux artistes des œuvres vraiment grandes. Certes, nous ne prendrons jamais en main la cause de l'imitation; nous croyons sincèrement que l'imitation des maîtres vénitiens ou flamands, florentins ou espagnols, est impuissante à produire des œuvres d'une valeur réelle. Mais ce que nous pensons de l'imitation des maîtres, nous le pensons aussi de l'imitation de la nature. Et sans doute, si Robert avait eu le loisir d'étudier le sens précis qu'il attachait à l'imitation de la nature, il fût arrivé à comprendre que l'étude de la nature, sans l'étude des maîtres, est aussi incomplète que l'étude des maîtres sans l'étude de la nature. Cela est si vrai, qu'au milieu des phrases vulgaires qu'il entasse pour étayer son opinion, il laisse échapper quelques mots où se trouve le germe d'une contradiction manifeste. « Chacun, dit-il, voit la nature bien différemment, il y en a qui trouvent des beautés sublimes là où d'autres n'aperçoivent rien. » Eh bien! ne peut-on pas dire des maîtres ce qu'il dit de la nature? Les toiles du Titien ou du Véronèse, de Léonard ou du Corrége, ont-elles pour tous les yeux la même valeur, pour tous les esprits la même signification? Assurément non. A quoi se réduit donc la pensée de Léopold Robert? Il vante l'étude de la nature comme une étude féconde, et, sur ce terrain, il ne trouvera pas d'adversaires. Mais en même temps il affirme que la nature n'est pas la même pour tous, et se prête à bien des interprétations diverses. Or, dès qu'il admet la diversité des interprétations, il renonce à l'imitation littérale ; car l'imitation littérale est nécessairement une, et ne saurait être multiple. Appliquée à l'étude des maîtres, cette diversité d'interprétation exclut le plagiat et le pastiche, et place les galeries sur la même ligne que la nature parmi les éléments de l'enseignement. Interpréter les maîtres, interpréter la nature selon le caractère spécial de son intelligence : tel est le but que se proposent tous ceux qui étudient les maîtres ou la nature. Commenter les maîtres à l'aide de la réalité ou la réalité à l'aide des maîtres, compléter tantôt la tradition par la réalité, et la réalité par la tradition : telle est la méthode qui résume, selon nous, l'enseignement et l'étude de la peinture. Il n'est pas douteux pour nous que cette pensée ne fût aussi celle de Robert, car le germe de cette pensée se trouve dans les paroles que nous avons citées; mais, pour développer ce germe, il fallait employer des procédés

1.

que Léopold Robert n'avait pas eu l'occasion de connaître. Il n'est donc pas étonnant qu'il n'ait pas mesuré toute la portée de ses paroles; mais il est impossible d'attribuer une grande valeur à des pensées présentées sous une forme si confuse.

L'Improvisateur napolitain et *la Madone de l'Arc* avaient ouvert à Léopold Robert les premiers salons de Rome et de Florence. Son nom, sans avoir encore l'éclat que devait lui donner la belle et harmonieuse composition des *Moissonneurs*, devenait de jour en jour plus célèbre. Parmi les nobles familles qui s'empressèrent de l'accueillir, une surtout sut inspirer à Robert une vive et durable sympathie. C'est au sein de cette famille qu'il puisa le germe de la passion qui l'a conduit au suicide. Mme Z., pour qui Robert conçut un amour violent, était d'origine française, et cultivait elle-même la peinture; peu à peu une familiarité presque fraternelle s'établit entre le jeune peintre et les diverses personnes de cette famille, qui se composait alors de Mme Z., de son mari et d'une parente. Pour encourager la timidité de Robert et triompher de sa réserve, ils entreprirent avec lui une suite de compositions. Cette communauté de travaux, ce rapide échange de questions et de conseils, ne permirent pas à Robert de pénétrer d'abord la nature du sentiment qui l'animait. Il était heureux auprès de Mme Z., il se sentait compris à demi-mot, et cette rapide interprétation de sa pensée était pour lui une joie toute nouvelle, car jusqu'alors il n'avait connu d'autre amour que celui d'une *Fornarine* ignorante et naïve. Il ignorait complétement la partie intellectuelle de la passion. Tant que vécut le mari de Mme Z., Robert ne soupçonna pas le véritable caractère des liens qui l'unissaient à elle. D'après le témoignage de son frère, d'après sa correspondance, il n'eut pas besoin de se faire violence pour retenir l'aveu de sa passion, car il ne savait pas lui-même jusqu'à quel point il aimait Mme Z. Il la voyait souvent, il lui confiait ses projets, ses espérances, il vivait, il pensait sous ses yeux : mais il ne songeait pas à se révolter contre les devoirs qui enchaînaient Mme Z. à un autre. Dans ses rêves de bonheur, il ne la séparait jamais de son mari ; la voir et l'entendre, être de moitié dans ses travaux, suffisait à son ambition. Il ne désirait rien au delà de cette amitié sainte ; mais la mort du mari l'éclaira tout à coup sur l'amour qu'il avait conçu et qu'il ignorait encore. Après avoir prodigué à la veuve les consolations les plus assidues et les plus sincères, il s'aperçut, avec une joie qui l'effraya lui-même, qu'elle était libre, et qu'elle pouvait lui offrir, en échange de son dévouement, autre chose que l'amitié. Arrivé à cette crise de la vie de Robert, M. Delécluze lui reproche de n'avoir pas fui le danger, et il se demande si Mme Z. a bien fait tout ce qu'elle devait faire pour lui ôter tout espoir ; il nous semble que le reproche est mal fondé, et que la question est au moins inutile. Pour que Robert prît sur lui de fuir Mme Z., il eût fallu qu'il brisât les liens qui l'attachaient à elle, c'est-à-dire qu'il renonçât à sa passion, ou en d'autres termes qu'il cessât d'être homme pour s'élever au rôle de pure intelligence. Je n'affirme pas qu'il soit impossible de remporter sur soi-même une pareille victoire ; quelques rares exemples viendraient me démentir. Mais pour se soustraire aux dangers d'une passion, il faut avoir conscience de ces dangers au moment même où ils commencent à naître ; lorsque le cœur s'est familiarisé par une longue habitude avec un sentiment dont il ignore la véritable nature, il est trop tard pour tenter le salut par la fuite, ou du moins pour que l'homme passionné se résigne à ce dernier parti, il faut qu'il soit encouragé, soutenu, entraîné par un ami dévoué. Cet ami a manqué à Léopold Robert. Il n'avait confié son secret à personne; livré à lui-même, sans conseils, il s'est obstiné dans l'espérance qu'il avait conçue, sans se demander si cette espérance était folle ou sage, si le bonheur qu'il rêvait était possible, vraisemblable. Il a été faible, aveugle, malheureux par sa faute. Mais la passion imposait silence à sa raison, et les esprits les plus clairvoyants ne peuvent que le plaindre. Quant à Mme Z., il y aurait plus que de la légèreté à l'accuser de coquetterie. Quoique les femmes devinent facilement l'amour qu'elles inspirent, cependant elles ne peuvent guère désespérer une passion qui ne s'avoue pas. Tant que l'homme qu'elles ont séduit se contente d'une confiance fraternelle, elles n'ont pas à s'expliquer, d'une façon précise, sur la nature et les limites de l'affection qu'elles acceptent et qu'elles encouragent. Sans les accuser de cruauté, il est d'ailleurs permis de croire qu'elles obéissent, en se laissant aimer, aux inspirations de l'égoïsme. Elles sont heureuses du dévouement qui les entoure; leur demander d'y renoncer, quand rien ne leur démontre que leur joie est faite de la douleur d'autrui, c'est leur imposer un sacrifice au-dessus de la nature humaine. S'il est arrivé à quelques femmes prévoyantes d'aller au-devant d'un aveu et de décourager une passion qui ne s'était pas encore déclarée, il faut leur tenir compte de leur prudence sans la proposer pour modèle; car pour sauver l'homme qui les aimait peut-être à son insu, elles ont couru un double danger, elles ont risqué de perdre un ami, et d'infliger à leur vanité l'humiliation d'un démenti. Rien dans les lettres publiées par M. Delécluze ne nous autorise à penser que Mme Z. ait manqué de générosité.

Quand Robert eut compris que Mme Z. ne partageait pas sa passion et qu'elle n'aurait jamais pour lui qu'une amitié sincère, mais paisible; quand il se fut démontré que les lois de la société au milieu de laquelle vivait Mme Z. ne permettaient pas à une femme riche et noble d'épouser un artiste, si célèbre qu'il fût, et que l'amour n'imposerait jamais silence à ces lois impérieuses, ne comblerait jamais l'intervalle qui séparait la patricienne du plébéien, il n'essaya pas de lutter contre son malheur. Quoique le temps efface de la mémoire les souvenirs qui semblent d'abord ineffaçables, quoiqu'il déracine les regrets qui semblent fixés à jamais dans le sol de la pensée, il est dans la nature de la passion méconnue et désespérée de se glorifier dans l'éternité de sa douleur, et de n'attendre du temps aucune consolation. Quel que fût l'attachement de Léopold Robert pour Mme Z., qui oserait affirmer que l'auteur des *Moissonneurs*, couronné par l'admiration unanime de ses rivaux, n'eût pas rencontré dans une autre femme la sympathie intelligente qu'il avait trouvée dans Mme Z., le bonheur et l'affection qu'elle ne pouvait lui donner? Personne sans doute; mais Robert, comme tous les hommes passionnés, était d'un avis contraire. Une seule femme pouvait le rendre heureux, la femme qu'il aimait, et il ne croyait pas pouvoir jamais en aimer une autre. La plupart des hommes qui ont rêvé le suicide comme un dernier refuge et qui savent résister à ce cruel conseil de la douleur, sont étonnés, quelques années plus tard, des événements qui les ont sauvés, qu'ils n'avaient pas prévus, qu'ils jugeaient impossibles à l'heure du désespoir. Robert n'eût peut-être pas échappé à cette loi. Cependant il ne faut pas oublier qu'au mois de mars 1835, quand il s'est tué, il avait passé l'âge de quarante ans. Or, les passions conçues dans la virilité sont plus obstinées, plus souvent inconsolables, que les passions qui agitent la jeunesse. L'homme arrivé à quarante ans, qui se voit déçu dans son espérance, n'entrevoit guère dans l'avenir la chance de ressaisir le bonheur qui lui échappe. Il y a dans l'amour même le plus pur quelque chose qui ne relève ni de l'intelligence ni du cœur, une certaine ardeur puérile et frivole, si l'on veut, mais dont l'amour ne peut se passer et que la jeunesse seule peut exciter et nourrir. De vingt à trente ans l'homme le plus sincère dans son désespoir trouve à se consoler dans une espérance nouvelle; de trente à quarante, lorsqu'il est déçu, il n'a guère à choisir qu'entre la solitude et le suicide. Sans approuver le choix de ce dernier parti, nous pensons que la plupart de ceux qui blâment le suicide en parlent d'autant plus librement qu'ils n'ont jamais connu le désespoir.

Si les lettres publiées par M. Delécluze n'ajoutent rien à la gloire de Léopold Robert, elles peuvent du moins servir à expliquer d'une façon certaine comment Léopold Robert composait ses tableaux. Ce qui avait été entrevu il y a sept ans, à l'époque même où *les Moissonneurs* obtenaient l'admiration unanime des spectateurs ignorants et des juges éclairés, est désormais acquis à l'évidence. D'après la correspondance de Robert, il n'est plus permis de révoquer en doute la solidité des conjectures qui lui contestaient le don d'invention. Nous savons aujourd'hui, par son propre témoignage, qu'il consultait sa mémoire en peignant l'esquisse de son œuvre, et qu'il poursuivait l'exécution de son tableau à travers d'innombrables tâtonnements. Il ne cache à M. M...e ni le nombre ni la durée de ces tâtonnements, et se console de la lenteur de son travail en songeant à la valeur du résultat. Quand sa correspondance n'aurait d'autre mérite que celui de nous révéler les procédés de son intelligence, nous devrions encore remercier M. Delécluze du choix judicieux qu'il a su faire; mais elle renferme sur sa vie privée, sur ses amitiés, ses espérances, sur sa manière d'envisager le mariage et la vie de famille, plusieurs détails pleins d'intérêt; et quelques-uns de ceux qui aiment et admirent le talent de Léopold Robert, regretteront sans doute que M. Delécluze n'ait pas détaché de cette correspondance des fragments plus nombreux. Quant à nous, il nous semble que M. Delécluze a bien fait d'user discrètement du privilége qui lui était accordé par M. M...e. Lié lui-même d'amitié avec Léopold Robert, il s'est exagéré la valeur philosophique et littéraire des morceaux qu'il a insérés dans sa notice; toutefois il a compris qu'il ne devait pas livrer aux regards de la foule toutes les tortures d'un homme qui, en possession d'une renommée glorieuse, entouré d'amis sincères, respecté de ses rivaux, mais déçu dans la plus chère de ses espérances, s'est réfugié dans le suicide.

Quoique la popularité de Léopold Robert ne remonte pas au delà du salon de 1831, époque où parut au Louvre le beau tableau des *Moissonneurs*, il est utile cependant d'étudier avec attention deux compositions envoyées aux salons de 1824 et 1827, je veux dire *l'Improvisateur napolitain* et *la Madone de l'Arc*. Nous sommes loin de partager l'admiration des amis de Robert pour ces deux compositions; mais nous reconnaissons qu'il y a dans ces deux ouvrages une vérité qui les recommande à la sympathie, sinon à l'approbation des juges éclairés. Dans *l'Improvisateur napolitain*, assurément le dessin des figures laisse beaucoup à désirer; mais l'improvisateur est bien posé, et tous les personnages groupés à ses pieds écoutent bien. Si ce n'est pas un bon tableau, c'est du moins une scène copiée naïvement. Quoique la couleur soit crue, quoique les têtes soient modelées avec une gaucherie évidente, quoique les mains et les pieds soient à peine dégrossis, on ne peut se défendre d'une vive sympathie pour l'improvisateur et son auditoire; car il règne sur tous les visages un bonheur sérieux. Léopold Robert a donné, dans cet ouvrage, une preuve éclatante du bon sens qui, à défaut de génie, présidait à tous ses travaux.

Un amateur lui avait demandé un tableau représentant Corinne improvisant au cap Misène; après de nombreux efforts pour tracer l'esquisse de cette scène, il comprit que le programme proposé ne convenait pas à la nature de son talent. Il est possible qu'il ait éprouvé une vive répugnance à peindre l'uniforme de lord Oswald en se rappelant les événements qui avaient séparé Neufchâtel de la France; mais je crois qu'en refusant de représenter Corinne au cap Misène, il a surtout obéi à son admirable bon sens. Il se rappelait le poëte populaire qu'il avait entendu sur le môle, et il aimait mieux peindre d'après ses souvenirs que de tenter une épreuve au-dessus de ses forces, c'est-à-dire l'invention d'un tableau, la création de plusieurs figures dont sa mémoire ne lui fournissait pas les éléments. S'il eût consenti à représenter Corinne au cap Misène, il est probable qu'il eût fait un tableau inanimé; en peignant sous la dictée de ses souvenirs l'improvisateur du môle, il a produit une œuvre d'une beauté fort incomplète sans doute, mais d'une grande vérité.

Dans *la Madone de l'Arc*, la disposition des personnages révèle chez Robert l'intention d'échapper à la reproduction littérale de ses souvenirs; mais il est malheureusement vrai que cette intention est demeurée inaccomplie. Les figures placées sur le char manquent de simplicité dans leurs mouvements, et celles qui entourent le char posent plutôt qu'elles n'agissent. Je n'ignore pas tout ce qu'il y a de théâtral dans la physionomie et les attitudes du peuple napolitain; mais je crois que Robert, animé du désir d'inventer, a voulu imposer silence à ses souvenirs, et que, livré sans guide aux caprices impuissants de son imagination, il n'a pas su créer des mouvements simples et vrais. Les personnages de ce tableau sont nombreux, et la composition manque d'intérêt. Le regard ne sait où s'arrêter. L'attention ne peut se concentrer sur le char, car elle est distraite par les figures placées sur le premier plan. Quant à la couleur de ce tableau, elle a quelque chose de criard ; on a peine à comprendre comment l'Italie, si justement célèbre par la pureté de son ciel et par la variété harmonieuse de ses costumes, a pu inspirer à Léopold Robert une composition partagée en tons si crus. Le dessin des figures n'est ni plus savant ni plus pur que celui de la toile précédente. Dans *la Madone de l'Arc*, comme dans *l'Improvisateur napolitain*, Robert prouve, d'une façon irrécusable, qu'il ne sait ni modeler une tête, ni attacher les phalanges d'une main capable de s'ouvrir et de se fermer. Il n'est pas permis de l'accuser de négligence, car cette accusation caractériserait mal ce qui manque au dessin de ses figures. Il n'y a qu'un mot pour définir nettement le défaut qui domine tous les autres, défaut que l'étude pourrait corriger, effacer sans doute, mais qui ne peut échapper qu'aux yeux inattentifs ; ce mot, c'est l'ignorance. En rapprochant *l'Improvisateur napolitain* et *la Madone de l'Arc* des paroles de Robert sur l'inutilité des études anatomiques, on ne peut s'empêcher de regretter qu'il les ait écrites. Assurément nous sommes loin de croire qu'il soit nécessaire de construire chaque figure d'après un procédé exclusivement anatomique, et d'allier des os aux ligaments, puis de distribuer les artères, les veines et les rameaux nerveux entre les masses musculaires, avant de se résoudre à peindre la peau et le vêtement. Appliquées avec cette rigueur, les études anatomiques ne seraient qu'un ridicule enfantillage. Mais, entre l'application littérale et l'application sensée de l'anatomie, il y a un intervalle immense, et si le peintre n'est pas obligé de montrer tout ce qu'il sait, il est obligé de savoir beaucoup pour ne montrer que ce qu'il faut. Si Robert, au lieu de se moquer des études anatomiques, eût consenti à examiner attentivement tous les éléments dont se compose le corps humain, sauf à ne traduire sur la toile que les éléments qui appartiennent à la peinture, *l'Improvisateur napolitain* et *la Madone de l'Arc*, au lieu de choquer le goût par leur incorrection, résisteraient à l'épreuve sévère de l'analyse. Sans indiquer les divisions myologiques de la poitrine et des membres, il pouvait, il devait du moins marquer nettement la succession des plans qui traduisent cette division. Or, c'est précisément ce qu'il n'a pas fait. Livré tout entier à l'étude des scènes qu'il voulait reproduire, il a négligé d'apprendre de quelles lignes, de quels plans se compose ce qui n'appartient en particulier ni à l'Italie ni à la France, mais à tous les peuples du globe, je veux dire la figure humaine. Lors même que la couleur de *l'Improvisateur napolitain* et de *la Madone de l'Arc*, au lieu de blesser les yeux par sa crudité, serait harmonieusement variée, le défaut que nous reprochons à ces deux compositions ne mériterait pas moins d'être signalé; mais la dureté des tons choisis par Robert rend ce défaut tout à fait inexcusable. Quoi qu'on puisse dire sur le charme de la couleur, sur la valeur spéciale des écoles vénitienne et flamande, le dessin sera toujours l'élément le plus important de la peinture; et lorsque la couleur manque d'harmonie comme dans *l'Improvisateur napolitain* et *la Madone de l'Arc*, il n'est pas permis de se montrer indulgent pour l'incorrection ou pour l'ignorance.

Le succès obtenu par *les Moissonneurs* est-il complètement légitime? Nous n'hésitons pas à nous prononcer pour l'affirmative. Les admirateurs passionnés de Léopold Robert ont pu ne pas apercevoir les défauts de cet ouvrage et déclarer excellents plusieurs morceaux qui donneraient lieu à de graves reproches; mais les juges les plus sévères, tout en faisant dans leur conscience de nombreuses réserves, ont compris qu'ils ne devaient pas protester contre l'enthousiasme populaire, puisqu'en cette occasion la foule couronnait un tableau vraiment digne d'admiration. Le sujet, tel que l'a compris Léopold Robert, rappelle les plus beaux ouvrages de la statuaire antique et n'a rien cependant de l'immobilité commune à la plupart des tableaux inspirés par les marbres grecs ou romains. L'attention se porte et se concentre sans effort sur le char qui occupe le centre de la toile. Le maître du champ, placé au sommet du char, la femme qui tient son enfant dans ses bras, le vigoureux paysan assis sur l'un des buffles, celui qui s'appuie sur le timon, composent un groupe plein d'élévation et d'intérêt. Les jeunes moissonneuses qui occupent la partie gauche de la toile, ont la grâce et la gravité des canéphores du Parthénon. Le moissonneur qui danse armé de sa faucille, et le pifferaro qui souffle dans sa cornemuse, remplissent dignement la partie droite du tableau. Les personnages du fond, sans être nécessaires, garnissent la scène et ne distraient pas l'attention. Il est donc évident, pour les esprits les plus difficiles à contenter, que le tableau des *Moissonneurs* mérite les plus grands éloges. Quelle que soit la valeur des conjectures présentées, il y a sept ans, sur la conception poétique de cette œuvre, il est impossible de ne pas l'admirer. Nous savons, par la correspondance de Robert, qu'il trouvait ses tableaux plutôt qu'il ne les inventait. Mais lors même que le tableau des *Moissonneurs* ne serait qu'une trouvaille, lors même que l'imagination ne jouerait aucun rôle dans cette œuvre, nous ne serions pas dispensé d'applaudir à la beauté, à la vérité des personnages, à la naïveté des mouvements, à la grâce élégante et grave des jeunes moissonneuses, à la mâle vigueur de l'homme assis sur l'un des buffles du char, et de celui qui s'appuie sur le timon. Le visage de la mère qui tient son enfant dans ses bras est empreint d'une tendresse rêveuse et contraste heureusement avec le visage du vieillard à demi couché qui ordonne de dresser la tente. Sur quelque point de cette toile que s'arrêtent nos regards, ils ne rencontrent ni un personnage inutile, ni un mouvement contraire au caractère général de la scène ; si donc Léopold Robert, en peignant ses *Moissonneurs*, n'a rien inventé, s'il a transcrit ses souvenirs sans les interpréter, sans les agrandir, sans y graver l'empreinte de sa personnalité, nous devons le féliciter du choix de son modèle et de la fidélité avec laquelle il a su le reproduire.

A mes yeux le mérite éminent de cette composition consiste surtout dans l'unité linéaire ; et malgré le témoignage de Robert sur lui-même, j'hésite à croire qu'il n'ait pas transformé les données que lui fournissait la nature pour obéir aux lois de son art. Une des lois les plus importantes de la peinture est, on le sait, l'unité linéaire. Or, il est bien rare, dans la réalité, que les personnages d'une scène quelconque s'offrent à nous groupés comme les acteurs du tableau de Robert. Pour atteindre cette beauté harmonieuse, cette vérité, cette simplicité linéaire qui permet d'embrasser d'un seul regard toutes les parties de la composition, l'auteur a dû consulter une autre faculté que sa mémoire. Si son crayon, avant de disposer les personnages de son tableau dans l'ordre où nous les voyons, s'est soumis à de nombreux tâtonnements, ce n'est pas à nous de regretter le nombre de ces épreuves, car c'est à ces épreuves qu'il faut attribuer le mérite principal des *Moissonneurs*. L'harmonie linéaire de cette composition exerce un tel empire sur l'âme du spectateur, que la mémoire se reporte involontairement vers les œuvres les plus gracieuses et les plus pures de l'école italienne. Certes, si les théories exposées par Robert dans ses lettres à M. M...e avaient besoin d'être réfutées, s'il était nécessaire de démontrer que la reproduction littérale de la réalité ne suffit pas pour exciter, pour nourrir l'admiration, l'étude attentive des *Moissonneurs* serait un argument victorieux en faveur de l'interprétation. Je veux bien croire que Robert a trouvé, dans ses croquis d'après nature, tous les personnages de son tableau ; mais il m'est difficile d'admettre qu'il n'ait rien modifié dans l'attitude et la position relative de ces personnages. Et lors même qu'il me serait démontré que la nature lui a fourni la ligne générale aussi bien que les acteurs, loin de voir dans cette démonstration une raison pour admirer moins vivement le tableau des *Moissonneurs*, j'insisterais sur la sagacité de l'auteur qui lui a tenu lieu de génie. Sans doute la beauté harmonieuse de cette composition ne prouve pas que Robert fût doué d'une imagination féconde ; mais qu'il ait inventé ou qu'il ait su découvrir et respecter la ligne simple et pure qui nous ravit, dans le second comme dans le premier cas, nous devons admirer le bon sens dont il a fait preuve. Le même spectacle, n'en doutons pas, offert aux yeux d'un homme vulgaire, n'aurait laissé dans sa mémoire qu'une empreinte passagère. S'il n'a fallu que du bonheur pour transcrire la réalité sur la toile, ce bonheur n'appartient pas à tout le monde, et Robert, n'eût-il signé que ce tableau, serait encore un homme digne d'étude. Mais il est probable que la réalité n'a fourni à Robert que les éléments de sa composition et qu'il a soumis ces éléments à l'unité linéaire.

Quant à la peinture des *Moissonneurs*, elle est assurément supérieure à celle de *l'Improvisateur* et de *la Madone ;* mais elle laisse encore beaucoup à désirer. La couleur est plus vraie, les contours généraux sont plus purs, mais les mains sont encore modelées avec une dureté singulière. Toutefois ce tableau, considéré sous le rapport technique, marque un progrès éclatant dans la carrière de l'auteur.

Les Pêcheurs de l'Adriatique, dernier ouvrage de Robert,

n'ont pas obtenu et ne devaient pas obtenir le même succès que *les Moissonneurs*. Cet ouvrage, en effet, manque de clarté. M. M...e a bien voulu laisser graver la première esquisse peinte des *Pêcheurs*, et cette esquisse est assurément plus obscure que la composition définitive qui appartient à M. Paturle. Mais tout en reconnaissant que Robert a fait subir à sa première pensée d'heureuses modifications, nous sommes forcé d'avouer que le tableau exposé à Paris en 1835 ne s'explique pas par lui-même comme *les Moissonneurs*. Dans la première esquisse, il est vrai, le spectateur pouvait à peine deviner si les pêcheurs de l'Adriatique arrivaient ou partaient, et la composition définitive a résolu ce doute. Il est évident, dans le tableau que nous connaissons, que les pêcheurs vont quitter le port; mais cette indication est loin de suffire à contenter le spectateur. Les sentiments qui animent les différents personnages de cette toile demeurent indécis ou du moins ne se révèlent pas assez franchement, et surtout assez vite pour répandre sur la composition entière l'intérêt qui domine *les Moissonneurs*. En comparant la première esquisse au tableau que nous connaissons, il est facile de voir que Robert s'est efforcé d'atteindre l'unité linéaire; c'est dans ce dessein qu'il a placé le patron de la barque au-dessus de tous les autres personnages. Mais si par cet habile déplacement il a réussi à contenter l'œil, nous devons dire qu'il n'a pas satisfait la pensée. L'attention, au lieu de se concentrer sur le groupe qui entoure le patron, interroge successivement toutes les parties de la toile et ne sait où se fixer. Or, c'est là un grave défaut. L'unité linéaire, si importante qu'elle soit, ne peut se passer de l'unité poétique, et l'unité poétique manque absolument aux *Pêcheurs* de Robert. Il est facile de découvrir dans ce tableau, qui devrait réunir les personnages et les spectateurs dans un sentiment commun, trois épisodes, trois groupes qui ont la même valeur, c'est-à-dire trois tableaux. L'aïeule assise à gauche, et la jeune femme qui tient son enfant dans ses bras, le patron qui dirige les apprêts du départ, les jeunes gens placés à droite, qui plient les filets, appellent tour à tour le regard et se partagent la sympathie des spectateurs. Mais si l'unité poétique est absente, chacun des épisodes que nous avons énumérés est traité avec un savoir supérieur à celui dont Robert avait fait preuve dans *les Moissonneurs*. La tête de l'aïeule est très-belle; le visage de la jeune mère respire une mélancolie pleine de grâce; le jeune homme placé sur le premier plan, dans une attitude un peu théâtrale, est plein d'énergie et de fierté; le geste du patron est vrai; l'inquiétude des enfants qui se pressent autour de lui, comme s'ils craignaient de ne pas l'accompagner, est indiquée avec finesse; et enfin tous les membres de la famille qui garnissent la partie droite de la toile, déploient une activité réelle et ne posent pas. La peinture de ces différents morceaux offre des qualités précieuses et résiste souvent à l'analyse la plus patiente. Les têtes sont généralement modelées avec simplicité et laissent apercevoir les plans du visage. Les mains ont des phalanges et pourraient s'ouvrir. Il n'y a guère que la main droite de l'aïeule qui puisse donner lieu à une remarque sévère; car l'intervalle qui sépare du poignet la naissance des phalanges est beaucoup trop court. Il y a donc dans *les Pêcheurs de l'Adriatique* plus de science et moins de bonheur que dans la composition précédente. Si Robert, égaré par le désespoir, ne se fût pas coupé la gorge le 20 mars 1835, il est permis de croire qu'il eût encore fait de nombreux progrès; car pour ses travaux il était doué d'un courage et d'une patience à toute épreuve, et pour s'en convaincre, il suffit de comparer *l'Improvisateur napolitain* aux *Pêcheurs de l'Adriatique*. Éclairé par la destinée si diverse des *Moissonneurs* et des *Pêcheurs*, il eût compris la nécessité de ne pas diviser l'attention, et tout en ralliant à l'unité poétique et linéaire les éléments de ses tableaux, il eût cherché, il eût réussi sans doute à élever de plus en plus son style. Si, comme le pensent ses amis, il inclinait à traiter des sujets bibliques, et la belle esquisse du *Repos en Égypte* nous autorise à croire que ses amis ont raison, la nature même de ces sujets, en le mettant dans la nécessité d'interroger plus souvent sa conscience que la réalité extérieure, n'aurait pas manqué d'agrandir son style.

Que si l'on nous demande quel rang Léopold Robert occupe dans l'école française, nous répondrons que notre admiration pour lui ne va pas jusqu'à le placer, comme font ses amis, entre Lesueur et Nicolas Poussin. La postérité, nous en avons l'assurance, ne ratifiera pas cette flatterie de l'amitié. L'habile historien de *Saint Bruno*, le peintre des *Sabines* et du *Déluge*, sont séparés de Robert par un immense intervalle ; car ils possédaient une faculté qui lui a toujours manqué, et que le travail le plus persévérant ne peut conquérir : la fécondité. Il a fait dans l'espace de seize ans un beau tableau dont la peinture n'est pas excellente ; c'est assez pour que son nom prenne un rang honorable dans l'histoire de l'école française. Mais ce tableau, si beau qu'il soit, est loin de valoir la biographie de saint Bruno et les *Sacrements* de Nicolas Poussin.

1838.

XV

EUGÈNE DELACROIX

LE SALON DU ROI.

Les peintures exécutées par Eugène Delacroix, dans une salle de la chambre des députés, dite Salon du Roi, méritent la plus sérieuse attention; car les diverses compositions qui concourent à la décoration de cette salle sont également remarquables par la beauté des figures et par les facultés nouvelles qu'elles ont mises en évidence, et que le plus grand nombre ne soupçonnaient pas chez l'auteur. M. Fontaine, pour satisfaire son goût symétrique, n'a pas craint de rogner impitoyablement la belle *Bataille de Taillebourg*. Maintenant que le Musée de Versailles est ouvert au public, nous allons savoir ce qui nous reste de cette toile si animée, si énergique, où le peintre a prodigué à plaisir toutes les richesses de son art, où il a multiplié les problèmes pour se donner la gloire de les résoudre. M. Joly, du moins nous l'espérons, n'aura pas le même caprice que M. Fontaine. Puisqu'il a eu assez de clairvoyance et de sagesse pour concerter avec M. Delacroix la distribution des ornements de son plafond, puisqu'il a soumis sa volonté à la volonté du peintre, nous avons lieu de penser qu'il ne changera pas de conduite, et qu'il ne condamnera pas à la mutilation les créations laborieuses et savantes dont il a préparé l'encadrement. Nous pouvons donc parler du Salon du Roi en toute assurance. Quand la session sera close, et que chacun pourra librement étudier les peintures de M. Delacroix, nos remarques trouveront encore leur application. Elles subiront le contrôle de l'opinion publique ; les détails que nous aurons approuvés ou réprouvés seront présents pour nous donner tort ou raison. Pourquoi faut-il que le Musée de Versailles soit échu à M. Fontaine, et que l'homme qui a traité avec tant d'ignorance et de brutalité l'œuvre élégante de Philibert Delorme soit appelé à statuer sur la dimension légitime des tableaux destinés à la nouvelle galerie ! En vérité, lorsqu'il s'agit de signaler, de dénoncer au tribunal de l'opinion des fautes de cette nature, l'esprit hésite et ne sait s'il doit demander pour l'architecte la honte ou le ridicule. Répondra-t-on que la liste civile possède en toute propriété la *Bataille de Taillebourg* ? Je doute qu'il se trouve un légiste assez complaisant pour soutenir cette thèse. La *Bataille de Taillebourg* appartient à la liste civile : ceci ne fait pas question ; mais le nom de M. Delacroix n'appartient pas à M. Fontaine ; il n'y a, que nous sachions, aucune loi qui donne le droit de laisser au bas d'une toile le nom d'un artiste, quel qu'il soit, obscur ou célèbre, et de rogner comme une étoffe l'œuvre signée de ce nom. Car si un pareil droit était écrit quelque part, l'intelligence serait vraiment réduite en servitude ; les œuvres de la pensée seraient traitées plus durement que les bois et les prairies. La seule propriété respectée serait la propriété qui embrasse les choses ; la propriété intellectuelle n'existerait plus. S'il est permis aujourd'hui à M. Fontaine de raccourcir ou de rétrécir la *Bataille de Taillebourg*, de la traiter comme un rideau ou un jupon, demain il sera permis à M. Vedel de supprimer, sans consulter M. Hugo, un acte d'*Hernani* ou de *Marion Delorme*. Pour que M. Vedel se croie autorisé à suivre l'exemple de M. Fontaine, il suffira que M. Hugo, au lieu de percevoir une quotité déterminée sur la recette du théâtre, vende son œuvre aux comédiens pour une somme une fois payée. Les libraires, à leur tour, pourront s'arroger la même autorité que MM. Fontaine et Vedel, et l'absurde n'aura bientôt plus de limites. M. Gosselin, propriétaire pendant dix ans, c'est-à-dire locataire des œuvres de M. de Lamartine, pourra, pendant toute la durée de son exploitation, raccourcir, ou même supprimer les *méditations* et les *harmonies* qui ne seront pas de son goût; et sa faute, quelque monstrueuse qu'elle soit, ne sera cependant que l'exacte reproduction de la conduite de MM. Fontaine et Vedel. S'il est vrai, et je ne puis consentir à le croire, que les lois qui disposent de la propriété des œuvres intellectuelles, consacrent une violation si évidente du sens commun, en attendant que les chambres abrogent ces lois aveugles ou impuissantes, et les remplacent par des lois plus sages, il faut que l'opinion protége, par son indignation unanime, la propriété que le droit écrit ne protége pas. A l'heure où nous écrivons, la mutilation de la *Bataille de Taillebourg* est consommée; mais cette mutilation, une fois dénoncée, ne pourra pas se répéter. Malgré le dédain avec lequel M. Fontaine envisage tout ce qui ne relève pas directement de l'équerre et de la truelle, il sera bien forcé de plier devant la volonté de la multitude. L'intendant de la liste civile, averti par la clameur publique, ne lui permettra pas de renouveler ce scandale. Le mal est irréparable; mais il est utile, il est indispensable d'appeler tous les regards sur le mal déjà fait pour empêcher le mal qui pourrait se faire, qui deviendrait inévitable si la presse se résignait au silence.

La décoration du Salon du Roi, heureusement soustraite

au gouvernement militaire de M. Fontaine, donne un éclatant démenti aux détracteurs de M. Delacroix. Il ne sera plus permis désormais de refuser à cet artiste éminent la grâce et l'élévation du style. Ceux qui ne pouvaient contester l'animation et l'énergie du *Massacre de Scio* et de *l'Evêque de Liége*, qui étaient forcés de reconnaître dans la *Mort de Sardanapale* et la *Barricade de Juillet*, l'abondance et la vérité, mais qui s'obstinaient à nier chez l'auteur l'intelligence des grands maîtres italiens, ont aujourd'hui perdu leur cause. Déjà les *Femmes d'Alger* et le *Saint Sébastien* avaient prouvé à tous les yeux clairvoyants que M. Delacroix ne s'enfermait pas sans retour dans l'école flamande, et qu'il appréciait le Véronèse et Titien, aussi bien que Rubens et Rembrandt; le Salon du Roi confirmera les croyances qui n'étaient encore qu'à l'état d'induction. Pour notre part, bien que notre conviction à cet égard fût pleinement formée, nous nous réjouissons de voir tous les doutes victorieusement résolus par le Salon du Roi; car, non-seulement ces nouvelles peintures de M. Delacroix offrent une série, un ensemble de belles œuvres; mais elles renferment une leçon qui ne restera pas sans fruit. Elles enseignent que les talents vraiment actifs, vraiment originaux, se renouvellent et s'agrandissent par la diversité des tâches qu'ils se proposent ou qu'ils acceptent. Pour des talents de cet ordre, le cercle où se déploie leur volonté s'élargit incessamment. Ils traversent impunément tous les âges et toutes les écoles; ils ne perdent jamais leur nature propre; ils vivent dans l'intimité de Rubens ou du Véronèse, de Titien ou de Raphaël, sans se faire Flamands, Vénitiens ou Romains. Chaque face de la tradition qu'ils étudient et qu'ils pénètrent, loin d'engourdir leur volonté, les encourage et les excite à la lutte; et quoiqu'ils aient dépensé leurs plus belles années dans l'expression pittoresque de la passion, lorsqu'il leur plaît d'aborder directement la beauté et de se proposer comme but unique et suprême les belles lignes et les beaux contours, ils n'ont qu'à vouloir, et ils peuvent.

M. Eugène Delacroix s'est proposé de représenter dans le Salon du Roi, la Justice, la Guerre, l'Agriculture et l'Industrie. Chacune de ces compositions mérite une étude individuelle. L'auteur, au lieu de s'en tenir aux traditions vulgaires qui personnifient allégoriquement chacune de ces pensées, a voulu soumettre l'allégorie à l'action, ou plutôt, et cette dernière explication nous paraît plus vraie, couronner une action déterminée par une allégorie qui la résume. Ce procédé n'est autre que celui des grands maîtres, et s'il présente de nombreuses difficultés, la gloire du succès répond dignement à l'étendue de la tâche ; car c'est à cette condition seulement qu'il est permis d'animer l'allégorie. La personnification de la justice, de la guerre, de l'agriculture et de l'industrie, offrirait sans doute au pinceau un champ vaste et fécond ; la peinture proprement dite, celle qui vit tout entière de la pureté des contours et de l'éclat des couleurs, trouverait dans ce thème unique l'occasion de déployer toutes ses ressources. Mais toutes les fois qu'il est possible de joindre à l'intérêt pittoresque, sinon l'art dramatique, du moins l'intérêt d'une action simple et facilement intelligible, toutes les fois qu'il est possible de concilier les exigences de la forme avec celles de la pensée, il est évident que cette conciliation est pour l'artiste un devoir impérieux. L'allégorie réduite à elle-même ne peut plaire qu'aux esprits habitués à chercher dans la peinture la peinture elle-même, et n'agit que bien rarement sur la foule. Or, la peinture en particulier, comme toutes les autres formes de l'imagination, doit se proposer l'agrandissement de sa puissance par tous les moyens que la raison approuve, et la conciliation dont nous parlons est au nombre de ces moyens. M. Delacroix a donc fait sagement de tenter, pour la décoration du Salon du Roi, quelque chose de plus animé que la peinture décorative ; car malgré la richesse éblouissante de sa palette, il n'est pas sûr qu'il se fût trouvé, parmi les membres de la chambre, cent personnes assez hardies pour le déclarer supérieur à MM. Alaux ou Abel de Pujol, s'il se fût borné à la personnification de la justice, de la guerre, de l'agriculture et de l'industrie.

Il y a dans les quatre compositions du Salon du Roi tant de bonheur et de simplicité, que l'œil et la pensée se promènent sans effort et sans fatigue de l'allégorie à la réalité, et de la réalité à l'allégorie. La Justice est figurée par une femme assise, qui étend son sceptre sur les malheureux. Je ne blâmerai pas l'auteur d'avoir substitué le sceptre à la balance. Quoique ce dernier attribut soit consacré depuis longtemps par la tradition, il n'y a aucun inconvénient à l'omettre, lorsque l'allégorie, au lieu de s'expliquer par elle-même, est accompagnée d'un commentaire vivant. Or, c'est précisément la condition où se trouve la Justice de M. Delacroix. Cette grande figure, sans être posée aussi naturellement qu'on pourrait le désirer, ne manque ni de noblesse ni de majesté. L'expression du visage est à la fois sévère et compatissante, et résume très-bien la force et la protection. Au-dessous de cette figure, peinte en plafond, le peintre a placé une composition qui se divise en deux parties distinctes, mais tellement ordonnées, que la seconde partie est l'application de la première. D'un côté, l'œuvre du législateur, *leges incidere ligno;* de l'autre, l'œuvre du magistrat, *culpam pœna premit comes.* Un vieillard et une jeune fille représentent la législation ; un ange aux ailes déployées poursuit le coupable et le châtie au nom de la loi écrite. Le vieillard est conçu dans le style des prophètes de la Sixtine ; la méditation et l'austérité sont empreintes sur son visage. La jeune fille qui écrit sous sa dictée, qui grave sur les tablettes les préceptes destinés à régir la société humaine, est pleine de grâce et d'attention. Chacun de ces deux personnages est précisément ce qu'il devait être. Quant à la figure placée derrière le vieillard, et qui, au premier aspect, n'a pas d'emploi déterminé, je suis loin de la considérer comme inutile ; car non-seulement elle est d'un bon effet pittoresque, mais elle exprime très-bien la curiosité muette et respectueuse. Elle ne dicte rien, elle n'écrit rien ; mais elle regarde et elle écoute, et cette pantomime suffit amplement à motiver sa présence. Bien que la législation, telle que l'a représentée M. Delacroix, ne rappelle pas les compositions à l'aide desquelles nous sommes habitués à la voir figurée, cependant l'hésitation est impossible. Le premier regard pénètre le sens de l'action, et la nouveauté des personnages ne permet pas un instant de doute sur le rôle qui leur est assigné. Quand l'invention se produit sous une forme aussi claire et rajeunit si naturellement l'expression des idées générales, il y aurait plus que de l'injustice à lui reprocher sa hardiesse, il y aurait de la niaiserie. Une pareille accusation n'irait pas moins qu'à réduire toute la peinture allégorique à deux éléments, la mémoire et le plagiat ; en d'autres termes, ce serait bannir de la peinture allégorique l'action de la volonté. Or, quelle que soit l'admiration d'un artiste éminent pour ses devanciers, il ne peut se résigner au rôle de plagiaire. Une doctrine contraire à celle que je professe régit aujourd'hui l'architecture ; les professeurs des Petits-Augustins enseignent que la seule nouveauté permise aux monuments futurs consiste dans la combinaison, ou plutôt dans la juxtaposition de morceaux connus. Mais le jour où l'architecture se réveillera, l'enseignement des Petits-Augustins, du moins celui qui se rapporte à la partie esthétique, ne sera plus qu'un objet de risée.

L'action de la loi, telle que l'a figurée M. Delacroix, se distingue surtout par l'énergie. La fuite des coupables, poursuivis par la loi vengeresse, est traduite avec une grande vigueur de pinceau. Quant à l'ange aux ailes déployées, il est permis, sans se montrer trop sévère, de chicaner l'auteur sur le mouvement de cette figure. Quelle que soit la souplesse attribuée aux personnages surnaturels, du moment que ces personnages se présentent à nous sous la forme humaine, nous sommes en droit de leur demander des mouvements humainement possibles. Or, la ligne de la jambe que nous apercevons n'est pas conciliable avec le plan selon lequel se meut le corps de la figure. S'il s'agissait d'un ange de pur ornement, comme il s'en trouve plusieurs entre les pendentifs de la Sixtine, nous ferions bon marché de cette objection; nous comprendrions que le peintre eût imaginé un mouvement réellement impossible, pourvu toutefois que ce mouvement fût scientifiquement intelligible. Mais ici la science et la réalité se réunissent pour plaider contre M. Delacroix. Lorsqu'il arrive à Michel-Ange d'inventer des attitudes sans exemple, il n'est jamais défendu à l'intelligence de concevoir ces attitudes; mais la science, pas plus que la réalité, ne peut accepter la ligne décrite par la jambe de l'ange vengeur dont je parle. Je sais que le peintre était singulièrement gêné par l'espace; mais cette excuse, qui n'est pas sans valeur, ne le justifie pas complétement. L'espace étant donné, il ne devait se proposer que l'expression d'un mouvement possible dans l'espace accordé. L'élément sur lequel agissait la volonté étant immuable, c'était à la volonté de se modifier pour triompher de l'obstacle.

Toutefois, malgré cette faute que nous croyons utile de

signaler, cette seconde partie de la composition n'est pas indigne de la première et la complète heureusement. D'ailleurs la richesse des tons employés par l'auteur atténue beaucoup l'incorrection que je reproche à l'ange vengeur. La figure allégorique de la justice, la législation et l'application de la loi forment un grand et beau poëme.

La guerre semblait inviter M. Delacroix à déployer les ressources ordinaires de son talent énergique; habitué dès longtemps à l'expression des passions violentes, il pouvait, en n'écoutant que ses instincts, figurer la guerre par des masses d'une vivacité toute militaire. Décidé à se continuer lui-même sans se renouveler, je ne doute pas qu'il n'eût produit un ouvrage très-remarquable; mais heureusement il n'a pas pris son parti à l'étourdie : il a réfléchi longtemps avant d'arrêter l'intention et les lignes de sa composition; il s'est éclairé patiemment par une méditation désintéressée, et il a fidèlement accompli ce que l'évidence lui prescrivait. Il a compris qu'il ne s'agissait pas de dramatiser la guerre, mais bien de l'expliquer par des groupes qui en marquent les différents moments, les significations diverses; quoique cette face du sujet ne parût pas convenir aux procédés habituels de son pinceau, il ne s'est pas découragé, et il a plié devant la vérité. Pour notre part, nous le félicitons sincèrement de cette résolution. La composition de la Guerre, comme celle de la Justice, se divise en trois parties, une figure allégorique et deux groupes explicatifs. La figure allégorique de la Guerre est posée plus naturellement que celle de la Justice. La ligne des contours est à la fois plus pure et plus simple. Le drapeau placé dans la main de la Guerre exprime nettement le rôle de la figure; la tête est d'un beau caractère, et n'a rien de hautain, ce qui est un grand bonheur; car la peinture allégorique, lors même qu'elle se propose de traduire des sentiments énergiques, doit se résigner au calme sous peine de n'être plus allégorique. Bien qu'elle personnifie un ordre déterminé de sentiments, cependant elle ne peut oublier impunément qu'elle est supérieure à la manifestation réelle de ce qu'elle résume et idéalise. La violence permise aux figures de proportions ordinaires, aux figures vivantes, n'est pas permise aux figures allégoriques. M. Delacroix paraît convaincu de cette vérité, car il a donné à la Guerre une attitude et un visage qui expriment à la fois la force et la sécurité. Envisagée sous ce double point de vue, il nous semble que la figure de la Guerre est bien ce qu'elle devait être.

Les groupes explicatifs ne sont pas imaginés avec moins de bonheur. D'un côté, un ouvrier fourbit les armures ; de l'autre, une mère presse contre son sein son enfant effrayé. Entre ces deux poëmes le peintre a placé l'image de la captivité. Ces trois moments de la vie militaire ont fourni au peintre l'occasion de montrer toute la variété des moyens dont il dispose. Dans le groupe de l'armurier, il s'est montré viril, énergique, abondant ; il a trouvé pour la poitrine et les bras du personnage principal une musculature pleine de force et de noblesse ; les boucliers et les casques sont d'un bon effet et d'une pâte solide. Le groupe de la captivité est empreint d'un intérêt touchant. Toutefois, la figure dont les bras sont enchaînés me paraît mériter un reproche. Les épaules de cette figure sont modelées de telle sorte que l'esprit hésite quelques instants avant de découvrir si la figure est vue de face ou de dos. Il suffirait, pour prévenir le retour de cette hésitation, de simplifier et surtout de raffermir le modelé des épaules. Le mouvement des bras deviendrait alors plus clair et ne permettrait plus le doute à l'œil du spectateur. Malgré cette tache qui disparaîtrait facilement, le groupe de la captivité plaît au regard aussi bien qu'à la pensée. Les chairs et les vêtements sont traités avec souplesse, et l'attitude de chaque personnage est bien choisie et bien rendue. Le groupe de la maternité est, à mon avis, le meilleur des trois, non-seulement comme conception, mais aussi comme exécution. Là, rien n'est indécis ni obscur; l'œil se promène avec bonheur de la mère à l'enfant, et l'esprit n'éprouve aucune incertitude sur le sens des lignes qu'il aperçoit.

L'analyse de chacun de ces morceaux nous engage à placer la Guerre au-dessus de la Justice. Le reproche que nous adressons à la figure enchaînée est loin d'avoir la même gravité que celui que nous avons adressé à l'ange vengeur. Que la composition de la Guerre soit postérieure ou antérieure à la composition de la Justice, peu importe; l'une des deux nous semble supérieure à l'autre; nos informations ne nous permettent pas de dire qu'il y ait progrès dans celle que nous préférons; pourtant nous inclinons à penser que la Justice a été peinte avant la Guerre.

Il pourra paraître singulier à quelques lecteurs que nous examinions figure par figure tous les détails du Salon du Roi; mais nous avons deux raisons pour suivre cette méthode. La première se rapporte à l'importance des sujets traités, la seconde au mérite éminent de l'artiste à qui ces sujets ont été confiés. Nous n'avons jamais cru, nous ne croirons jamais que la critique soit capable d'agir directement sur les inventeurs; mais les inventeurs, aussi bien que les hommes d'État, sont obligés, sinon d'écouter, du moins d'entendre la voix publique; et comme la foule juge volontiers les événements et les œuvres d'après ses premières impressions, qui, la plupart du temps, sont et demeurent confuses, le devoir des hommes studieux est d'éclairer par une analyse patiente l'ordre d'idées qu'ils ont choisi comme objet spécial d'investigations. S'ils réussissent à présenter sous une forme populaire les remarques suggérées par une attention persévérante, ils agissent nécessairement sur la masse des lecteurs, qui, à son tour, agira sur les hommes d'État ou sur les inventeurs. C'est à ces proportions qu'il faut réduire l'action de la critique. Espérer une action plus directe serait folie ou forfanterie. Mais réduite à ces proportions, la tâche de la critique est encore digne d'occuper les intelligences sérieuses. Lorsqu'il s'agit d'un talent original et volontaire comme M. Delacroix, l'intérêt de la vérité s'accroît de tout l'intérêt qui s'attache à l'artiste lui-même. Et puisque la presse dépense des milliers de paroles pour des romans du troisième ordre, pour des pièces qui n'appartiennent ni de loin ni de près à la littérature, la justice veut qu'un homme, recommandé à l'admiration publique par des œuvres nombreuses et variées, rencontre dans ses juges une attention patiente. Si notre exemple trouvait des imitateurs, si, au lieu de signaler les beaux tableaux et les belles statues, les écrivains didactiques s'appliquaient à les décomposer, à les interpréter, le public se familiariserait peu à peu avec la réflexion ; il apprendrait à juger par lui-même au lieu de répéter les paroles entendues ; et cette personnalité progressive de la foule, en donnant aux œuvres d'invention, sinon une valeur plus grande, du moins une plus grande popularité, serait pour les artistes un encouragement, un motif d'émulation. Ce que nous faisons aujourd'hui, que d'autres le fassent, et nous sommes assurés que l'art y gagnera.

L'*Agriculture* et l'*Industrie* sont très-supérieures au *Commerce* et à la *Guerre*, soit par la grâce des détails, soit par la pureté harmonieuse des lignes. La critique la plus sévère et la plus patiente trouve à peine quelques taches légères à signaler dans ces deux admirables compositions. Je ne crois pas qu'il soit possible de présenter sous une forme plus riche et plus animée les travaux de l'agriculture et la joie de la vie champêtre. Toutes les attitudes, toutes les physionomies inventées par M. Delacroix, respirent la force et le bonheur. Il a su rajeunir et renouveler sans plagiat, mais aussi sans défiance, la figure épanouie du Silène antique. Il était difficile, en effet, de trouver pour la peinture une figure plus heureuse que celle de Silène. Mais les buveurs de M. Delacroix, bien qu'unis à la sculpture païenne par une évidente parenté, ne sont cependant pas copiés sur les marbres d'Athènes ou de Rome. Quoiqu'ils rappellent par leur énergie la belle composition de Rubens sur le même sujet, ils ne sont pas dérobés à ce grand maître. Ils appartiennent, en toute propriété, au peintre français, et l'originalité réelle est assez rare aujourd'hui pour que nous prenions plaisir à proclamer celle dont M. Delacroix a fait preuve en cette occasion. Nous étions habitué dès longtemps à le voir nouveau dans les choses nouvelles; dans le Salon du Roi, il s'est montré nouveau en traitant un thème antique. C'est un témoignage éclatant de puissance qui n'appartient qu'à l'union de l'imagination et de la volonté. Toutefois notre admiration même nous impose le devoir de relever la seule faute que nous ayons aperçue dans cette création. A la gauche du spectateur, il y a une figure dont la tête et le corps expriment bien l'ivresse, mais dont les jambes, n'étant pas soutenues, tombent en décrivant des lignes malheureuses. Toutes les autres figures de l'Agriculture sont si bien à leur place, que la figure dont je parle ne peut manquer de déplaire aux yeux attentifs. Dans une composition si importante, une pareille faute est bien peu de chose, mais ce n'est pas une raison pour la taire; loin de là. D'ailleurs M. Delacroix occupe aujourd'hui un rang assez élevé pour se passer d'indulgence. La critique doit réserver ses ménagements et ses réticences pour les jeunes gens qui débutent; aux hommes éprouvés déjà par des œuvres nombreuses, elle doit la vérité tout entière.

L'Industrie offre à l'œil et à la pensée la même richesse, la même harmonie, la même variété que *l'Agriculture*. D'un côté les perles et le corail, de l'autre la soie et les mille métamorphoses qu'elle subit avant de servir à l'ornement de nos fêtes. Pour présenter l'industrie sous une forme si riante, il faut non-seulement une puissante invention, mais encore un oubli bien complet de la réalité mesquine au milieu de laquelle nous vivons. Un homme vulgaire aurait transporté sur la muraille la copie fidèle d'un atelier de Lyon; il aurait dessiné, avec une littéralité scrupuleuse, les métiers qui s'emparent de la soie pour la changer en velours ou en satin : M. Delacroix comprend trop bien non-seulement la partie technique, mais encore la partie poétique de la peinture, pour tomber dans une pareille erreur. Il ne croit pas, et nous l'en félicitons, que le procès-verbal appartienne au pinceau; il n'a jamais tenté de s'enrôler parmi les greffiers, et il comprend que la peinture allégorique, moins que tout autre genre de peinture, peut se passer d'idéalité. En choisissant, pour figurer l'industrie, le corail, la perle, le mûrier, la soie et le fuseau, il n'a fait que suivre la pente naturelle de sa pensée; pour trouver la seule beauté qui convînt au sujet, il n'a pas eu à violer ses habitudes, il s'est contenté de traiter l'allégorie comme il avait traité l'histoire et la passion, en interprétant le thème qu'il avait choisi. Or, il est difficile de rêver une simplification plus heureuse. Toutes les têtes sont conçues et rendues avec une remarquable finesse; tous les mouvements sont clairs et précis; tous les ajustements ont de la souplesse et de la grâce; la chair et l'étoffe se marient simplement; aucun ton criard, aucune ligne singulière ne détourne l'attention des personnages; l'action s'explique d'elle-même, et n'a besoin d'aucun commentaire; combien y a-t-il de tableaux allégoriques ou historiques dont nous puissions en dire autant? Je regrette que le pied droit d'une fileuse, placée à la droite du spectateur, ne réponde pas à la correction générale de cette composition. La partie dorsale du pied dont je parle est modelée de telle sorte, que la fileuse ne pourrait pas marcher, ou du moins serait obligée, pour faire un pas, de soulever son pied droit tout d'une pièce. Il serait inutile d'insister sur cette faute, car il est probable que M. Delacroix la connaît aussi bien que nous. Mais comme cette faute est facile à réparer, il ne faut pas que l'auteur l'oublie comme inaperçue.

Pour compléter la décoration du Salon du Roi, M. Delacroix a peint sur les murs couronnés par ces quatre grandes compositions, l'Océan, la Méditerranée et plusieurs fleuves, tels que le Rhône, le Rhin, la Loire. Il a usé de son droit en variant le sexe de ses fleuves, et nous ne songeons pas à le chicaner là-dessus. Il a jugé convenable de les peindre en grisaille et de les tenir dans un ton très-clair; c'est un parti intelligible et facile à justifier. Mais nous croyons devoir lui soumettre deux remarques, l'une sur la conception, l'autre sur la peinture même de ces figures. La forme païenne une fois admise, et nous comprenons très-bien que l'art ne la récuse pas, le peintre doit naturellement se proposer de caractériser l'Océan et la Méditerranée, la Loire et le Rhône. Or, pour atteindre ce but, un seul moyen se présente, c'est d'entourer la figure qui personnifie le Rhône ou la Loire d'attributs distinctifs. Si le peintre se croit dispensé d'obéir à cette condition, il n'est pas possible au spectateur de deviner le nom de la figure qu'il voit; et lors même qu'il le devinerait, son hésitation condamnerait encore l'auteur. M. Delacroix eût trouvé sans peine les attributs distinctifs que nous demandons, et cette addition eût donné à ses figures de fleuves la clarté qui leur manque. Je ne dis rien du mouvement de ces figures ; lorsqu'il s'agit d'ornement, c'est de la ligne surtout qu'il faut s'occuper, et le mouvement des fleuves offre une ligne heureuse. Mais cette ligne gagnerait beaucoup si elle était tracée avec plus de précision, si les plans étaient plus nettement accusés, si les contours étaient écrits plus sévèrement. Puisque l'auteur se décidait à chercher dans ces figures le ton et le style de la statuaire, il ne devait pas oublier le respect constant de la statuaire pour la pureté, pour la précision du contour. Qu'arrive-t-il? les fleuves de M. Delacroix, dessinés mollement, bien qu'offrant des lignes heureuses, manquent de grandeur et de vie. Ils ont l'air d'être seulement indiqués et d'attendre du pinceau une forme définitive. Les chairs ne sont pas soutenues et ne rappellent pas le marbre dont elles ont la couleur. Il faut peut-être attribuer cette faute à l'amour exagéré de la variété. Comme, malgré la docilité de M. Joly, le Salon du Roi ne se prêtait pas complaisamment à la peinture, M. Delacroix s'est cru obligé de venir en aide à l'architecte, il a craint, en affermissant les contours de ses fleuves, de tomber dans la lourdeur. A notre avis, il s'est trompé; et nous pensons que ses fleuves, dessinés avec plus de précision, deviendraient plus légers.

Personne, à coup sûr, ne contestera l'immense supériorité de ces peintures sur tous les ouvrages de l'auteur. Pour nier cette supériorité, il faudrait nier l'évidence. Les qualités inattendues que M. Delacroix a révélées dans cette œuvre nouvelle ne frapperont pas seulement ses amis et ses admirateurs; ceux mêmes qui se préoccupent exclusivement de la correction et de la grandeur des maîtres d'Italie seront forcés de reconnaître, dans la décoration du Salon du Roi, que le peintre français soutient glorieusement la comparaison avec ces maîtres illustres. Malgré les fautes que nous avons relevées dans ces diverses compositions, la Guerre et la Justice, et surtout l'Industrie et l'Agriculture, rappellent, par l'élévation des têtes, par la grâce des contours et l'harmonie des tons, les créations les plus heureuses du pinceau italien. Est-il probable que M. Delacroix eût fait un pareil progrès, eût acquis les qualités nouvelles que nous admirons, en continuant de concevoir et d'exécuter successivement des compositions dramatiques de nature diverse? Nous ne le pensons pas. Certes depuis *Dante et Virgile* jusqu'à *la Bataille de Taillebourg*, il ne s'est pas ralenti un seul jour; chacune des évolutions de ce talent énergique et volontaire a été un pas en avant; chacun des ouvrages qu'il a signés de son nom a été pour lui un enseignement fécond ; mais les œuvres successives sont loin de valoir pour l'éducation pittoresque autant que l'exécution d'une œuvre unique, mais pareille, par l'étendue qu'elle embrasse, par la durée des efforts qu'elle impose, à une série d'œuvres nombreuses. Quoique nous professions pour la correction une estime très-haute, quoique nous fassions assez peu de cas de la fantaisie imprévoyante, irréfléchie, qui prend l'étude pour l'engourdissement, nous croyons fermement qu'il n'est pas bon de s'entêter, de s'acharner sur une œuvre accomplie, et que le plus sûr moyen d'agrandir ses facultés consiste à les appliquer diversement. Mais cependant nous croyons, en même temps, que l'exécution d'une œuvre de longue durée est beaucoup plus profitable que l'achèvement d'une série de compositions. Pour peu, en effet, qu'on veuille bien réfléchir sur l'emploi des facultés humaines, il est facile de concevoir les motifs de notre conviction. Chaque fois que le peintre imagine un nouveau poëme, chaque fois qu'il tente de reproduire sur la toile un épisode épique ou historique, une scène dramatique ou pastorale, il jette sa pensée dans un moule nouveau ; et lorsqu'il s'est assuré de la légitimité, de la sagesse de sa pensée, il se propose, pour l'expression de cette pensée, un style nouveau, une couleur nouvelle. S'il est doué de patience, s'il mesure prudemment les moyens et le but, il trouve le style et la couleur qui conviennent à sa volonté; il produit un bel ouvrage. Mais dans ce perpétuel renouvellement de conceptions et d'efforts, il n'a pas le temps d'étudier et de surprendre les ressources du style qu'il a trouvé. Pour obéir au besoin d'invention qui le domine, il est presque forcé d'oublier chacune des œuvres accomplies, à mesure qu'il entreprend une œuvre nouvelle. Quelle que soit la fécondité de son imagination, l'habileté, la docilité de sa main, il est condamné à de fréquents regrets; à peine a-t-il touché la terre promise, la terre espérée, la terre conquise, à peine a-t-il contemplé la plaine et le fleuve rêvés, qu'il lui faut plier sa tente et partir pour un voyage incertain. C'est là une douleur profonde, que la foule ne soupçonne pas, mais qui use silencieusement la meilleure, la plus riche partie des facultés. La peinture monumentale, au contraire, en absorbant plusieurs années de la vie, en permettant à la volonté de s'épanouir sur les hautes murailles, accélère singulièrement l'éducation de l'artiste, et donne à son âme un contentement qui double ses forces. En possession d'un palais ou d'une église, d'un salon ou d'une chapelle, le peintre mesure ses méditations à l'étendue de sa tâche. Il ne craint pas de comparer longtemps et laborieusement les styles divers, les tons variés dont il peut disposer. Il sait qu'il a une longue carrière à fournir et il se prépare, sans hâte, à la lutte acceptée. Dès qu'il a pris son pinceau, il s'enferme dans son œuvre, il en fait l'horizon de son regard, l'aliment de toutes ses pensées, le but invariable de toutes ses espérances. Il oublie littéralement le mouvement qui s'accomplit autour de lui; il abdique sa personnalité pour s'incarner à son œuvre. S'il a le bonheur de rencontrer le style qui convient au monument qu'il décore, le temps ne lui manque pas pour étudier, pour mener à bout toutes les ressources de cette manière nouvelle. Il se complaît utilement dans la figure qu'il vient d'achever, et, dans la figure nouvelle qu'il entreprend, il applique cette manière plus glorieusement encore. Il tire des procédés que la pratique lui révèle tout le parti possible; peu à peu sa volonté se confond tellement avec sa puissance, sa main exécute si docilement ce que sa tête a résolu, que la faculté créatrice devient chez lui une pure habitude. Dans le cercle lumineux où il s'est enfermé, il goûte l'une des plus grandes joies qu'il soit donné à l'homme de ressentir : il se repose dans la conscience de sa force; il comprend qu'il a voulu sagement et qu'il peut toute sa volonté. Cette joie n'est pas stérile; il est facile d'y apercevoir autre chose que le triomphe d'un orgueil égoïste. Non-seulement c'est la juste récompense d'une vie laborieuse, mais c'est aussi le plus sûr moyen d'arriver à la grandeur, à la précision du style. Une fois en effet que l'artiste a connu cette joie si rare et si profonde, il brûle de la renouveler, et il retourne à son œuvre avec une vigueur inattendue. Ce qu'il a fait, il veut le faire encore, et il se familiarise si parfaitement avec le maniement de la ligne et de la couleur, il pétrit si facilement l'étendue et la lumière, que la peinture n'est bientôt plus qu'un jeu pour lui. Dans cette application uniforme et constante de ses facultés, il acquiert une clairvoyance, une sûreté de coup d'œil, que des compositions successives et diverses ne lui auraient jamais données. Quoi qu'il fasse désormais, il gouvernera son pinceau comme César gouvernait son armée. Il ira où il voudra, et il sera sûr de toucher le but. Il a fait la grande guerre, il peut livrer bataille où et quand il lui plaira. Il se connaît, il a mesuré ses forces, il est préparé à toutes les épreuves, et l'occasion, quelle qu'elle soit, ne le trouvera jamais au dépourvu.

Si nous avons retracé fidèlement ce qui se passe dans l'âme de l'artiste pendant l'exécution d'une composition monumentale, il est évident que ce genre de travaux est préférable à tous les autres, car non-seulement il agrandit la manière, il détermine le style et lui donne la précision sans laquelle les œuvres les plus belles ne peuvent être pleinement comprises; mais il accroît l'estime de l'artiste pour lui-même; ses efforts se multiplient en raison, de la destination immuable assignée aux poëmes qu'il produira.

Malheureusement il est bien rare que les artistes de nos jours puissent ressentir la joie dont nous parlons; il est bien rare qu'ils puissent consacrer plusieurs années à l'achèvement d'un poëme unique, car les travaux de peinture et de statuaire se distribuent par miettes. A voir la liste innombrable des noms obscurs entre lesquels se partagent les palais et les églises, on serait tenté de croire que le ministère et la liste civile considèrent l'emploi des fonds dont ils disposent comme un devoir de charité. Quand il s'agit de décorer un monument, le ministère paraît moins préoccupé de la grandeur de la tâche que de la nécessité de la diviser. Il ne se demande pas si les hommes qu'il choisit sont capables de la remplir, mais il grossit le chiffre des élus, comme si chacune des unités qu'il ajoute devait lui compter pour une aumône. Il est juste d'avouer que l'opinion publique encourage cette conduite singulière. Tous les hommes qui manient le ciseau ou le pinceau croient avoir des droits sur les monuments de la France. Les exclure de la décoration d'une église, c'est commettre une injustice; c'est méconnaître, disent-ils, les promesses de la constitution. Par cela seul qu'ils peignent ou qu'ils s'imaginent peindre, ils ont une part nécessaire dans la décoration des monuments. S'ils n'obtiennent pas une chapelle, ils s'en vont criant partout que nous touchons au rétablissement des priviléges. Étrange manière de comprendre les promesses de la constitution! A les entendre, la décoration des monuments et l'exercice des emplois publics appartiennent, non pas aux plus capables, mais à tous. Si cette explication était admise, chacun pourrait à son gré se proclamer législateur ou magistrat, et la société serait obligée de ratifier l'affirmation de chacun. Les tribunaux et les chambres n'appartiendraient plus à l'étude, au savoir, mais à tous indistinctement. Nous n'exagérons rien, nous nous bornons à déduire et à formuler les conséquences du principe admis; car ce principe n'est pas soutenu seulement par les parties intéressées, par les artistes et par leurs familles; mais la bourgeoisie, qui paye et qui regarde les monuments, ne comprend pas l'aristocratie du talent, et considère le partage des travaux de peinture et de statuaire comme un corollaire de la constitution.

Cette distribution éléémosynaire des murailles de nos monuments a porté ses fruits. L'administration, encouragée par l'opinion publique, n'a pas encore osé donner à un seul homme une église entière à décorer; elle n'a pas osé confier à un seul homme la sculpture de l'Arc de l'Étoile. Aussi voyez ce qu'elle a recueilli. Les chapelles de Saint-Sulpice, qui ont absorbé des sommes considérables, sont à peine visitées par les étrangers et ne méritent qu'une pitié dédaigneuse. Outre la médiocrité incontestable des artistes appelés à décorer ces chapelles, une cause non moins évidente doit être assignée à la nullité de ces ouvrages; chaque peintre a fait son apprentissage dans la chapelle qui lui était dévolue, et n'a eu ni le temps ni l'occasion de mettre à profit ses études. Assurément, c'est là une explication bien naturelle. Quoiqu'il y ait parmi les artistes appelés à déco-

3.

rer Notre-Dame de Lorette plusieurs noms recommandables, cette église n'est pas ce qu'elle aurait pu devenir, si la peinture de toutes les chapelles eût été confiée à un seul homme. Pour ma part, je ne doute pas que M. Schnetz ou M. Champmartin n'eût agrandi et affermi sa manière, si l'église entière lui fût échue en partage; mais, forcés d'abandonner la peinture religieuse après avoir achevé deux toiles, ils ont appliqué aux sujets qui leur étaient proposés leur manière habituelle. A la vérité, le public ne sait guère ce qu'il possède ou ce qu'il a perdu; car M. Lebas a si bien disposé la place réservée à la peinture, que la lumière passe à droite et à gauche de chaque composition, mais n'arrive jamais de façon à l'éclairer. Pourtant, avec un peu de persévérance, il est facile de vérifier ce que nous avançons. Parlerons-nous de l'Arc de l'Étoile, qui rappelle d'une façon si frappante la confusion des langues de Babel? Il est impossible d'imaginer une réunion de manières plus contradictoires, plus hostiles : à côté du style élégant et sobre de Chaponnière, nous avons le style glacé de M. Lemaire, les efforts courageux mais impuissants de M. Gechter, la pompe de M. Marochetti; l'emphase des trophées de M. Etex ajoute à l'insignifiance du Napoléon de M. Cortot, et permet à peine d'apprécier les bonnes parties qui se rencontrent dans le travail de M. Rude. N'eût-il pas mieux valu cent fois choisir, parmi les sculpteurs de la France, un homme qui eût donné des gages de son savoir, et lui confier la sculpture du monument tout entier?

Si le ministre eût pris sur lui de rompre en visière au préjugé public, s'il eût osé, soit en ne consultant que lui-même, soit en s'entourant d'avis éclairés et surtout désintéressés, dire à un homme capable : Voici un monument que je vous livre; pétrissez-le, animez-le selon votre volonté; écrivez sur les faces de ce bloc immense les plus belles pages de notre histoire militaire, depuis la convention jusqu'à la chute de l'empire; vous savez mieux que moi ce qui convient à la pierre que je vous livre; je ne vous donne aucun programme, car ce qui est, pour la plume de l'historien, l'occasion d'un magnifique récit, peut très-bien n'offrir au ciseau qu'une matière stérile; assurément l'Arc de l'Étoile ne serait pas ce qu'il est, et au lieu de compter parmi les monuments les plus incohérents, il serait pour nous un sujet d'étude, sinon d'admiration. Il aurait la double unité qui lui manque, l'unité intellectuelle et l'unité sculpturale. Une seule pensée circulerait autour de ce bloc aujourd'hui inanimé, un style unique régirait toutes les parties de cette pensée. Qu'on ne dise pas qu'il eût été scandaleux de donner à un seul homme les douze cent mille francs dépensés pour la sculpture de l'Arc, car une pareille assertion est contraire à toutes les lois du bon sens. Avec de pareils scrupules il eût été impossible de demander au seul Raphaël les cinquante-deux loges du Vatican, l'École d'Athènes, la Dispute du Saint-Sacrement, la Jurisprudence et le Parnasse qui décorent la salle de la Signature, et l'histoire entière de Psyché; il n'eût pas été permis de confier au seul Michel-Ange toute la voûte de la Sixtine, le Jugement dernier qu'il a exécuté, et la Chute des Anges qu'il devait peindre dans les mêmes proportions. Les conclusions suffisent pour juger le principe. Raphaël et Michel-Ange ont dû à l'étendue immense de leurs travaux la meilleure partie de leur éducation pittoresque. M. Sigalon, en copiant le chef-d'œuvre terrible du Florentin, en a plus appris qu'en peignant vingt toiles de galerie. M. Delacroix, en décorant le Salon du Roi, a conquis, dans l'espace de deux ans, ce qu'il eût peut-être poursuivi vainement, si cette occasion d'agrandissement ne se fût pas présentée à lui. Les travaux de peinture et de statuaire n'appartiennent pas à tout le monde, pas plus que le gouvernement du pays, mais bien aux plus dignes. Donner aux plus dignes ce qui leur est dû n'est pas une violation du droit commun : en pareil cas, le privilége est la seule justice.

1837.

LE PLAFOND DE LA GALERIE D'APOLLON.

M. Eugène Delacroix a franchement accepté le programme tracé par Lebrun pour la décoration de la galerie d'Apollon. A-t-il eu raison? Je le crois sincèrement. La donnée mythologique choisie par le premier peintre de Louis XIV ne rentre pas dans les études habituelles de M. Delacroix; cependant je pense qu'il a bien fait d'obéir aux idées primitives qui ont présidé à la composition de cette galerie. Il ne s'est pas inquiété des flatteries agenouillées qui se cachaient sous le projet de Lebrun. Peu nous importe, en effet, qu'Apollon vainqueur du serpent Python signifie Louis XIV vainqueur de l'Europe. Cent trente-six ans après la mort du grand roi, cette allégorie n'aurait aucune valeur. M. Delacroix s'en est tenu au premier livre des *Métamorphoses* d'Ovide. La destruction du serpent Python est un des premiers exploits du fils de Latone; ce serait même le premier, selon quelques mythographes, et ce n'est pas moi qui me chargerai de les mettre d'accord avec Ovide. Qui de nous tient aujourd'hui à savoir si le serpent Python avait été suscité contre Latone par la jalousie de Junon, si Apollon a tué le serpent Python pour venger sa mère persécutée par la sœur et l'épouse de Jupiter? Toutes ces questions n'intéressent guère que les antiquaires, et la mythologie, je l'avoue, ne m'inspire pas une assez vive passion pour que j'essaye de les résoudre. J'aime mieux admettre comme vrai le texte d'Ovide.

M. Delacroix, en acceptant le programme de Lebrun, a voulu prouver sans doute qu'il possède une imagination assez abondante pour intéresser le spectateur sans recourir à l'émotion dramatique; c'est une résolution à laquelle tout le monde doit applaudir. Pour ma part, je n'ai pas attendu le plafond de la galerie d'Apollon : je sais depuis longtemps tout ce qu'on peut attendre de la souplesse, de la fécondité de M. Delacroix. Ma sympathie pour son talent ne ferme pas mes yeux aux fautes qui le déparent : je n'ignore pas tout ce qu'on peut, tout ce qu'on doit lui reprocher, tout ce qu'il y a d'incomplet, d'indécis, d'incorrect dans le dessin de ses figures. Cependant ces objections n'attiédissent pas mon admiration pour la verve, pour la variété de ses compositions. Depuis la barque où sont assis Dante et Virgile jusqu'au plafond qui représente Apollon vainqueur du serpent Python, comptez les ouvrages que nous devons à M. Delacroix, et dites-moi quel homme nous a montré sa fantaisie sous des formes plus nombreuses. *Le Massacre de Scio, la Mort de Sardanapale, la Mort de l'évêque de Liége, Médée* poussée au meurtre de ses enfants par l'abandon et le désespoir, révèlent d'une manière éclatante toute l'étendue, toute la vigueur des facultés de M. Delacroix.

Trois fois déjà il nous avait montré comment il comprend la peinture monumentale. Dans le Salon du Roi, dans la bibliothèque de la Chambre des députés, dans celle de la Chambre des pairs, il nous avait donné la mesure de son intelligence. En acceptant le programme tracé par Lebrun, il se trouvait placé dans une condition toute nouvelle, et je proclame avec bonheur que cette nouvelle épreuve n'a été, pour lui, que l'occasion d'un nouveau triomphe. La donnée fournie par Ovide ne suffirait pas à remplir l'espace offert au pinceau, car Ovide nous représente Apollon comme luttant seul contre le serpent Python, et ce combat singulier, de quelque manière que s'y prenne le peintre, ne couvrira jamais une toile dont chaque côté n'a pas moins de vingt pieds. Il faut donc, de toute nécessité, que le peintre consente à élargir la donnée des *Métamorphoses*. C'est ce que Lebrun avait compris, et M. Delacroix s'est soumis docilement aux conseils de son habile devancier. Je ne m'arrête pas à réfuter les objections soulevées par cette donnée mythologique : je croirais, en entreprenant une pareille tâche, faire injure au bon sens du lecteur. Tous ceux qui aiment vraiment la peinture savent, depuis longtemps, que l'art vit de nu. C'est dans le nu seulement que le savoir se révèle. Les casques, les hauberts, les cuirasses, les tabards, les cottes de maille, quelle que soit l'habileté du peintre ou du statuaire, ne donneront jamais la mesure de ses connaissances positives. C'est au nu seul qu'il appartient de marquer nettement la place d'un homme qui pratique l'art de Phidias ou de Raphaël. Or, les sujets empruntés à l'antiquité païenne satisfont merveilleusement à cette condition. La mythologie, les âges héroïques nous présentent la forme humaine dans toute sa splendeur. Il n'est pas possible, en traitant de pareils sujets, de dissimuler son ignorance sous l'artifice d'une draperie. Il faut, bon gré, malgré, dire ce qu'on sait. Il n'y a pas moyen d'escamoter la difficulté, c'est pourquoi je sais bon gré à M. Delacroix d'avoir accepté la donnée mythologique choisie par Lebrun. C'était la seule manière de répondre victorieusement à ses détracteurs, ou de leur prouver du moins qu'il ne redoutait pas les sujets vraiment périlleux. Il avait trouvé dans Walter Scott, dans Byron, le thème de compositions émouvantes; mais les incrédules pouvaient toujours lui répondre : C'est au nu que nous vous attendons, et tant que vous n'aurez pas abordé le nu, nous garderons le droit de voir en vous un peintre incomplet. Vous savez à merveille imiter la laine et l'acier; c'est fort bien sans doute. Abordez hardiment la forme humaine, la forme sans voile, sans déguisement, et nous pourrons alors marquer votre place. Jusque-là trouvez bon que nous ajournions notre jugement, et ne vous plaignez pas, car les grands maîtres de toutes les écoles, depuis Raphaël jusqu'à Rubens, depuis Titien jusqu'au Corrège, ont cherché dans le nu la démonstration de leur savoir. Ils n'ont jamais cru que l'imitation la plus habile d'une armure ou d'un vêtement pût équivaloir à l'imitation de la forme humaine.

M. Delacroix, il est vrai, pouvait rappeler *la Mort de Sardanapale*, où le nu n'est certes pas ménagé; mais cet ouvrage, quelles que soient d'ailleurs les qualités éclatantes qui le recommandent, n'impose pas silence au doute, car si les femmes placées sur le bûcher du roi qui préfère la mort à la servitude réveillent dans toutes les mémoires le souvenir des naïades de Rubens, il faut avouer que les membres de ces figures sont attachés d'une façon quelque peu singulière, qui n'a rien à démêler avec le peintre de Cologne. D'ailleurs, *la Mort de Sardanapale* nous offre un intérêt dramatique, et l'émotion ressentie par le spectateur le rend naturellement indulgent pour l'incorrection du dessin. Apollon vainqueur du serpent Python place le peintre dans une condition bien autrement périlleuse. Où se trouve en effet l'intérêt dramatique d'un tel sujet? Qui de nous prendrait parti pour Junon contre Latone, ou pour Latone contre Junon? L'infidélité de Jupiter ne scandalise personne. La piété filiale d'Apollon n'excite en nous qu'une admiration assez tiède. Il s'agit, tout simplement, de nous montrer le frère de Diane, le fils de Latone dans toute la splendeur de sa force et de sa beauté. C'est aux yeux, aux yeux seuls qu'il faut parler, c'est-à-dire que la donnée choisie par Lebrun ne relève que de la peinture, et ne laisse aucune prise à l'imagination purement poétique. En présence d'une composition fondée sur une telle donnée, il n'est pas permis, il n'est pas possible de compléter par le souvenir le spectacle offert à nos yeux. Chacun de nous a pu rêver la richesse, la puissance, le triomphe ou la défaite et se réfugier par la pensée dans le suicide comme dans un dernier asile. Chacun de nous peut retrouver dans *la Mort de Sardanapale* quelque chose qui se rapporte à ses espérances, à ses douleurs; mais Apollon vainqueur du serpent Python ne se prête guère aux réminiscences. Pour traiter un pareil sujet, il faut se confier dans la seule beauté des figures, et c'est précisément parce que les quinze vers d'Ovide n'éveillent en nous aucun souvenir personnel, qu'ils sont pour le peintre une épreuve périlleuse. M. Delacroix est doué d'un esprit trop pénétrant pour n'avoir pas compris le danger d'un tel sujet; sa prédilection constante pour les écoles vénitienne et flamande n'a pas fermé ses yeux à l'importance du dessin. Il n'ignore pas d'ailleurs que Paul Véronèse et Rubens sont loin de mériter les reproches que la foule leur adresse, et que l'éclat de la couleur n'exclut jamais chez eux le respect de la forme réelle. Aussi j'imagine qu'en acceptant la tâche qui lui était confiée, il a dû se sentir partagé entre la défiance et l'orgueil : la défiance lui conseillait de choisir un thème mieux assorti à ses études habituelles; l'orgueil lui conseillait d'aborder franchement le thème proposé.

La composition de M. Delacroix est pleine de richesse et de grandeur. Les érudits pourront lui demander pourquoi il n'a pas respecté les données de la mythologie; quant à moi, je trouve qu'il a pris un parti fort sage. Il est très-vrai que le triomphe d'Apollon sur le serpent Python est singulièrement amoindri par l'intervention des autres dieux; il n'est pas moins vrai que la mythologie ne permet pas de confondre Apollon et Phébus : chacun de ces deux noms désigne un rôle particulier. Apollon se distingue de Phébus aussi bien que Diane se distingue de Phébé ou d'Hécate; mais il serait puéril d'insister sur ces misérables chicanes, et d'ailleurs la méprise ne doit pas être imputée à M. Delacroix, elle appartient tout entière au premier peintre de Louis XIV. Phébus-Apollon, lance du haut de son char, une flèche toute-puissante sur le serpent Python. Le monstre vomit des flots de sang, et son haleine impure obscurcit l'air qui l'environne. Les dieux et les déesses, témoins du triomphe d'Apollon, sont habilement groupés à la droite du spectateur. Diane, qui voit son frère lancer une dernière flèche, porte la main à son carquois. C'est là un détail qui ne s'accorde peut-être pas avec l'idée de la divinité. Apollon n'est pas un chasseur ordinaire, et nous ne pouvons guère admettre qu'il ne blesse pas à mort, du premier coup, l'adversaire qu'il a choisi. Cette réserve faite, je reconnais avec plaisir que le caractère des dieux et des déesses est nettement exprimé. Neptune, Mercure, Diane, Minerve ont bien la physionomie qui leur appartient. Junon seule fait exception. Sans le paon placé près d'elle, il serait assez difficile de deviner le nom de cette figure. La manière singulière dont elle s'offre à nous nous laisse dans une complète incertitude. C'est en effet le dos de Junon qui attire d'abord notre attention, et, quelle que soit la beauté de cette figure, peut-être eût-il mieux valu nous la présenter autrement. La sœur et l'épouse de Jupiter devait se montrer à nous dans tout son orgueil. Le fond du paysage s'accorde très-bien avec la nature de l'action à laquelle nous assistons, car la mort du serpent Python marque la fin du déluge et la retraite des eaux. La forme des montagnes a quelque chose d'antédiluvien. Le corps d'une jeune femme qui flotte sur les eaux est d'une grande beauté.

Ainsi, envisagée poétiquement, la composition de M. Delacroix nous charme et nous séduit. Il eût été difficile de tirer meilleur parti du programme tracé par Lebrun. Le char d'Apollon, bien que placé dans la partie supérieure de la toile, attire d'abord nos regards. Les chevaux ardents qui l'entraînent sont bien les chevaux du dieu de la lumière. Il y a dans ces coursiers une vigueur, un élan surnaturels. Heureusement le mérite poétique n'est pas le seul qui recommande cette belle œuvre; l'œil n'est pas moins satisfait que la pensée, c'est-à-dire que les conditions principales de la peinture sont rigoureusement respectées. Il est hors de doute que ce plafond comptera parmi les meilleurs ouvrages de M. Delacroix. Cependant, pour s'en faire une juste idée, il convient de l'examiner sous l'aspect purement technique, c'est-à-dire d'étudier le dessin et la couleur des figures. Depuis vingt-neuf ans, les peintres qui se donnent pour les disciples fidèles de David s'évertuent à prouver que M. Delacroix ne sait pas dessiner. Il y a dans ce reproche une telle exagération qu'il est inutile de le discuter. Que son dessin soit parfois incorrect, c'est ce qui demeure évident pour ses plus fervents admirateurs, et ce serait mal servir sa cause que de s'obstiner à vouloir trouver chez lui l'irréprochable pureté des lignes et des contours. Il vaut mieux cent fois accepter franchement son talent, tel qu'il est, que de le comparer sans relâche aux maîtres qu'il n'a pas choisis pour guides. A quoi bon lui opposer à tout propos les écoles de Florence et de Rome, puisqu'il a pris pour conseillers Paul Véronèse et Rubens? Dans le plafond de la galerie d'Apollon, je retrouve M. Delacroix tel que je le connais, tel que je l'ai vu à la Chambre des pairs, à la Chambre des députés. Son dessin est demeuré ce qu'il était. Il ne faut pas éplucher les contours, il serait trop facile d'avoir raison contre lui. Certes, on aurait le droit de lui demander pourquoi il n'a pas donné plus de noblesse, plus d'élégance au dieu du jour. Sans reproduire servilement les formes de l'Apollon du Vatican, qui, pour les disciples de David, est l'expression suprême de la beauté, sans copier l'Apollon du Parnasse de Raphaël, il pouvait trouver pour le frère de Diane une physionomie d'un caractère plus élevé, un corps qui offrît des contours plus purs, des lignes plus harmonieuses. Tout cela est très-vrai et n'a pas besoin d'être démontré. En faut-il conclure que MM. Heim et Abel de Pujol sont des prodiges de savoir, et que M. Delacroix eût agi sagement en consultant leurs œuvres? Je laisse au plus simple bon sens le soin de résoudre cette question. Que restera-t-il de MM. Heim et Abel de Pujol? Qui donc, dans dix ans, se souviendra de leurs noms? Ils enseignent le dessin, ils connaissent les contours et les lignes consacrés par la tradition; mais ils n'ont jamais rien conçu, jamais rien produit qui mérite d'être discuté, et depuis vingt-neuf ans, M. Delacroix a le privilége d'exciter l'attention par la nouveauté, par la variété de ses œuvres. Or, un tel privilége n'appartient qu'aux hommes richement doués. Malgré l'incorrection de son dessin, il émeut, il attendrit, il exalte le spectateur. Combien parmi les disciples de David peuvent se vanter de nous émouvoir?

Quant à la couleur du plafond, elle mérite les plus grands éloges, et nous rappelle les plus belles œuvres de l'école vénitienne. Dans cette partie de l'art, M. Delacroix est depuis longtemps maître consommé. Jamais pourtant il n'avait porté plus loin la magie de la couleur. Tous les tons sont assortis avec une harmonie qui ne laisse rien à désirer. Il faut remonter jusqu'à Titien, jusqu'à Giorgione, pour trouver des tons si splendides et si habilement choisis. M. Delacroix, n'eût-il fait que cette page, occuperait une place glorieuse dans l'école française. Quand je repasse dans ma pensée tous les noms qui ont obtenu de nos jours quelque célébrité, je ne vois personne qui soit en état de produire une telle œuvre. Les premiers plans sombres et désolés, le centre inondé de lumière, les dieux et les déesses de l'Olympe, beaux, jeunes et radieux, composent un ensemble ravissant : une telle puissance, une telle magie rachètent bien des défauts. Raphaël Mengs a peint un Parnasse dans la villa Albani, et l'on trouve, à Rome même, des esprits assez aveugles pour soutenir que ce Parnasse vaut mieux que celui du Vatican. Raphaël Mengs possédait toutes les recettes enseignées dans les académies pour atteindre aux dernières limites du beau, et pourtant il n'a produit qu'une œuvre inanimée. M. Delacroix, qui consulte sa fantaisie plus souvent que les traditions de l'école, a produit une œuvre puissante, énergique, une et variée. L'harmonie qui relie toutes les parties de cette vaste composition n'est pas au nombre des recettes qui peuvent se transmettre par l'enseignement. Il ne suffit pas, pour atteindre à cette harmonie, de vivre dans le commerce familier des Vénitiens. Ni Titien, ni Paul Véronèse, ni Giorgione, ni Bonifazio, ne livrent leurs secrets à tous les yeux : ils ne se laissent deviner que par les esprits assez heureusement doués pour retrouver en eux l'écho de leurs propres pensées. *L'Assomption de la Vierge* n'apprendra jamais grand'chose à ceux qui ne sont pas préparés dès longtemps à la comprendre, préparés par leur nature plus encore que par leurs études. M. Delacroix, en se plaçant sous la discipline des maîtres vénitiens, n'a pas fait un choix capricieux : il a suivi l'instinct de son talent. Il n'a pas marché servilement sur l'empreinte des pas de ces maîtres illustres : s'il leur a demandé conseil, c'est qu'il admirait en eux l'expression pure et harmonieuse de la beauté qu'il avait rêvée. Aussi, comme il a profité de leurs leçons ! Comme il a fidèlement suivi leur trace lumineuse, tout en gardant l'indépendance de sa fantaisie ! Il leur obéissait tout en agissant selon sa volonté. Un tel accord entre le maître et le disciple, entre la soumission et la volonté, a quelque chose qui tient de la prédestination. Heureux les esprits assez pénétrants pour choisir ainsi leur maître et leur guide ! Tous ceux qui ont suivi les travaux de M. Delacroix, depuis 1822, comprennent pourquoi il a préféré Paul Véronèse aux plus habiles peintres de Florence et de Rome. Éclairé par la conscience de ses instincts, il n'a pas voulu faire violence à sa nature, et c'est à cet heureux discernement que nous devons l'abondance et la spontanéité de ses œuvres.

Le plafond de la galerie d'Apollon démontre, d'une manière éclatante, l'intime parenté qui unit M. Delacroix aux maîtres de Venise. Bien que plusieurs figures réveillent le souvenir de Rubens, c'est une œuvre qui relève avant tout de l'école vénitienne. Cependant je ne voudrais pas qu'on se méprît sur la portée de ma pensée. Malgré l'analogie que je signale, analogie qui frappera tous les yeux exercés, je n'entends pas contester l'originalité de l'œuvre nouvelle. *Le Triomphe d'Apollon Pythien* appartient bien en propre à M. Delacroix. Dans cette page immense, il n'y a pas trace de plagiat : conception, composition, épisode, tout est sien, et mon intention n'a jamais été de le mettre en doute. Tout en suivant les Vénitiens, il est demeuré lui-même. Son imagination, depuis 1822, n'a jamais abdiqué son indépendance. Sa déférence pour Paul Véronèse n'est jamais descendue jusqu'à l'impersonnalité.

Cette œuvre si éclatante et si neuve a pourtant soulevé plus d'une objection, parmi ceux mêmes qui l'admirent. Entre ces objections, que je crois inutile de récapituler, il en est une qui se distingue au moins par le mérite de la singularité. Si je n'avais pas entendu moi-même, entendu de mes oreilles le développement de cette objection, je la prendrais pour un conte fait à plaisir; mais je suis bien forcé d'accepter comme réelles les paroles prononcées devant moi. Eh bien! l'harmonie merveilleuse qui règne dans toutes les parties de ce plafond paraît, à quelques esprits, un défaut plutôt qu'un mérite. Ils admirent l'abondance, l'énergie, la variété de cette composition, et souhaiteraient un peu moins d'harmonie. Étrange manière d'admirer, on en conviendra, et, si vous leur demandez pourquoi cette harmonie les blesse au lieu de les charmer, ils vous répondront que M. Delacroix, ayant à peindre le *Triomphe de la lumière sur les ténèbres*, aurait dû recourir à des oppositions plus marquées, à des contrastes plus vifs. Une telle subtilité n'a pas besoin de réfutation.

Ainsi l'œuvre nouvelle de M. Delacroix réunit toutes les conditions de durée. Conception poétique, éclat de la couleur, union de la splendeur et de l'harmonie : telles sont les qualités qui la recommandent à l'admiration. Il faudrait vraiment avoir reçu en partage un esprit bien chagrin pour ne pas applaudir. A quoi bon lutter contre le plaisir qu'il nous donne? A quoi bon protester contre le charme et l'entraînement au nom de l'exactitude géométrique, au nom des lois consacrées par une longue tradition? Quand vous aurez prouvé que tel membre n'est pas attaché au torse avec une régularité irréprochable, ce sera vraiment un beau sujet de triomphe! Glorifiez-vous de cette démonstration victorieuse : les hommes de sens et de goût continueront d'admirer le plafond de M. Delacroix sans tenir compte de vos chicanes. Pour ma part, je suis heureux de pouvoir louer une fois de plus ce talent si jeune, si varié, si fidèle à son passé, et pourtant si habile à se renouveler. Certes je suis loin d'accepter comme excellentes toutes les formes qu'il lui a plu de donner à sa pensée. Quand il lui est arrivé de prendre une ébauche pour un tableau, je n'ai pas cherché à déguiser mes impressions, et je me suis montré sévère comme je le devais; mais *le Triomphe d'Apollon* réunit tous les mérites de ses œuvres précédentes et nous révèle des mérites nouveaux. *La Bataille de Taillebourg, l'Entrée des croisés à Constantinople,* signes éclatants d'une imagination féconde, me plaisent moins que le nouveau plafond. L'énergie des combattants dans *la Bataille de Taillebourg,* la fierté des vainqueurs dans *l'Entrée des croisés à Constantinople,* n'enchaînent pas mon attention d'une façon aussi puissante que l'Apollon Pythien. Et puis, outre l'harmonie, il y a, dans cette toile immense, une combinaison heureuse de tous les dons que l'auteur a prodigués depuis son entrée dans la carrière. Attitudes variées, chairs lumineuses, chevelures blondes comme les épis, grâce des mouvements, vivacité des physionomies, tout est mis en usage pour nous éblouir, pour nous étonner. C'est pourquoi, malgré ma vive sympathie pour ses œuvres précédentes, je préfère son plafond à tout ce qu'il nous a donné jusqu'ici.

Au reste, la louange peut, en cette occasion, se passer du secours de la logique. Les colères, les antipathies soulevées par M. Delacroix se taisent devant *le Triomphe d'Apollon.* J'ai entendu plus d'un juge habitué à le maudire comme un fléau proclamer hautement les mérites de son œuvre nouvelle; l'évidence fermait la bouche à la rancune. Tout en condamnant ce qu'ils appellent les erreurs de sa jeunesse, ils ne peuvent s'empêcher de reconnaître dans *le Triomphe d'Apollon* une singulière puissance. J'en sais même qui, malgré leur fervente admiration pour les traditions de David, n'hésitent pas à dire que M. Delacroix a racheté, par ce dernier effort, toutes ses incartades. C'est un aveu généreux que je me plais à enregistrer.

M. Delacroix entame en ce moment une tâche délicate ; la ville de Paris vient de lui confier la décoration d'une chapelle à Saint-Sulpice. Je souhaite bien vivement qu'il sorte victorieux de cette nouvelle épreuve. La peinture religieuse demande une gravité, une simplicité, dont les sujets tirés de l'histoire peuvent parfois se passer. Je dis parfois, quoique la simplicité soit partout de mise. Je désire que les sujets proposés à M. Delacroix lui permettent de déployer librement toutes ses facultés, et je désire en même temps que, sans faire violence à sa nature, il tienne compte, dans l'accomplissement de sa tâche, des conseils qu'il a négligés jusqu'ici, qu'il interroge enfin Rome et Florence comme il a interrogé Venise. Il ne faut pas s'y méprendre en effet : ni *l'Assomption de la Vierge*, ni *la Présentation au Temple* de Titien ne dispensent d'étudier la peinture religieuse dans les écoles de Rome et de Florence. Léonard de Vinci et Raphaël, moins vivants peut-être, moins réels à coup sûr que les maîtres de Venise, sont plus savants, plus purs, plus élevés. A Dieu ne plaise que je conseille à M. Delacroix de renier sa nature, de renier son passé ! Il est entré, depuis trop longtemps, dans la carrière pour songer à une telle métamorphose. Ses œuvres sont trop nombreuses, ses habitudes enracinées trop profondément, pour qu'il puisse sans folie tenter une pareille épreuve. Non, qu'il demeure lui-même ; mais, tout en gardant son originalité, qu'il prenne l'avis des maîtres qui ne lui offriront pas, comme Venise, l'image de sa pensée. Rome et Florence ont traité la peinture religieuse avec une habileté, une élévation de style que personne ne peut méconnaître. Lors même que M. Delacroix sentirait que la nature de ses études ne s'accorde pas avec les enseignements de l'école florentine et de l'école romaine, ce voyage dans le passé ne serait pourtant pas sans profit, car il lui apprendrait à se mieux connaître lui-même; en comparant le style de ces maîtres au style de ses œuvres, il comprendrait tout ce qui lui manque, et le juste orgueil que doit lui inspirer sa vie si laborieuse et si bien remplie ne fermerait pas ses yeux à l'évidence.

A quelque parti qu'il s'arrête d'ailleurs, qu'il demeure fidèle à Venise, ou qu'il interroge Rome et Florence, nous sommes sûr que sa chapelle ne sera pas une œuvre vulgaire. Quoi qu'il fasse, il n'abdiquera jamais son originalité. La ville de Paris a très-bien fait de s'adresser à lui. Il se peut que son œuvre future étonne et scandalise: peu nous importe. J'aime mieux cent fois une œuvre incorrecte, mais vivante, qu'une œuvre correcte et inanimée. De la part de M. Delacroix, nous n'avons à craindre ni froideur ni vulgarité. Nous pouvons donc attendre en toute confiance.

1852.

XVI

M. DAVID

LE FRONTON DU PANTHÉON.

M. David était naturellement appelé, par sa renommée, à décorer le fronton du Panthéon ; M. Guizot a donc bien fait de confier à cet artiste éminent la traduction de la légende inscrite au-dessous du fronton de cet édifice : *Aux grands hommes la patrie reconnaissante.* Il a bien fait d'accepter le programme proposé par M. David, et de laisser au statuaire une entière liberté, car il est bien rare que les programmes rédigés dans les bureaux soient en rapport avec les moyens dont le peintre ou le sculpteur dispose. Si M. Guizot, en choisissant M. David, n'a consulté que l'opinion publique, nous devons lui savoir gré de sa docilité; s'il a obéi à son goût personnel, nous devons louer sa clairvoyance. M. d'Argout, qui, plusieurs fois, a prouvé à la Chambre combien il est incapable de comprendre l'importance et la dignité de l'art, s'était effrayé du programme de M. David, et avait arrêté les travaux préparatoires du fronton. Heureusement M. Thiers, en arrivant au ministère, s'est hâté de lever le *veto* de M. d'Argout, et les travaux ont été repris selon la volonté primitive de M. David. Il est fâcheux que le caprice, l'ignorance ou la timidité d'un homme parfaitement étranger à la peinture et à la statuaire, ait ralenti la décoration du Panthéon; mais, maintenant que l'œuvre est achevée, nous oublions volontiers M. d'Argout pour M. David. Nous étions d'autant plus impatient de voir et d'étudier le fronton du Panthéon, que, jusqu'ici, l'auteur n'avait pas encore rencontré un programme aussi magnifique, aussi digne de son habileté. Les bas-reliefs exécutés pour le tombeau du général Foy sont de petite dimension, et les batailles sculptées par M. David pour l'une des faces de l'arc de Marseille ne sont connues à Paris que par des modèles qui ont été triplés sur la pierre. Le fronton du Panthéon est donc pour nous le début de M. David dans la sculpture monumentale. Ce début a été ce qu'il devait être, c'est-à-dire une œuvre d'une science consommée, où la critique peut signaler quelques fautes de composition, mais dont l'exécution excitera, nous en sommes sûr, l'admiration unanime de tous les hommes habitués à contempler les plus beaux monuments de la statuaire antique. En présence du fronton du Panthéon, nous comprenons tout ce que M. David pourrait faire pour l'embellissement de nos édifices publics, si le ministère, au lieu de distribuer les travaux de sculpture et de peinture comme des aumônes, se décidait à les confier au plus digne. Les précédents ouvrages de M. David avaient éveillé en nous une espérance ambitieuse; nous sommes heureux de trouver dans le fronton du Panthéon une œuvre qui ne trompe pas notre espérance. Les bustes de Chateaubriand et de Bentham nous ont prouvé, depuis longtemps, que M. David n'a pas de rivaux dans l'art de comprendre et d'interpréter la tête humaine; le fronton du Panthéon nous prouve que cette merveilleuse faculté s'est agrandie de jour en jour, et nous ne croyons pas qu'il soit, désormais, possible à M. David de se surpasser dans cette partie importante de la statuaire. On sait que le talent de l'auteur consiste à deviner le sens intime d'une physionomie, et à rendre évidente, pour les yeux les moins clairvoyants, la pensée qui a dominé toute la vie de son modèle. Envisagés sous ce rapport, les bustes innombrables dont M. David a enrichi les principales villes de France et d'Europe, peuvent se comparer, sans exagération, aux plus beaux ouvrages de la Grèce. Sieyès et Merlin, Berzelius et Rauch ont la même finesse, la même précision, la même grandeur, que Bentham et Chateaubriand. Ces bustes savants expriment, avec une étonnante clarté, le caractère individuel de chaque modèle. Il est évident, pour tout homme familiarisé avec la réalité, que M. David s'est proposé, dans ces admirables ouvrages, quelque chose de plus que la reproduction littérale de la nature. Il règne dans tous les traits du visage une vie si abondante, une harmonie si pure, une logique si parfaite, qu'on devine difficilement la différence qui sépare le marbre sculpté de la réalité vivante; mais, pour peu qu'on prenne la peine de comparer le buste au modèle, on s'aperçoit bien vite que le mérite principal de M. David consiste à interpréter la nature, pour lutter avec elle. La jeune fille qui épelle, du doigt, le nom de Marco Botzaris se recommande par le même mérite. En effet, l'âge de cette jeune fille est celui qui offre à la statuaire les difficultés les plus nombreuses. Dans le passage de l'enfance à l'adolescence, le corps de la femme présente rarement des lignes harmonieuses; la femme qui sera belle à seize ans, est souvent disgracieuse à quatorze. Pour traduire en marbre une femme de quatorze ans, il faut une habileté consommée, et surtout une grande hardiesse d'interprétation. Profondément pénétré de la nécessité d'obéir à cette condition, M. David a trouvé dans une fille de quatorze ans le sujet d'une composition exquise : il a corrigé sans violence la sécheresse et la maigreur de plusieurs parties de son modèle, et en même temps

4.

il a su conserver les lignes, encore indécises, du torse et des membres. Si cette statue, destinée au tombeau de Botzaris, était enfouie à vingt pieds de profondeur aux environs d'Athènes ou de Marseille, je suis sûr qu'elle tromperait la sagacité d'un antiquaire.

La statue de Gouvion Saint-Cyr, placée sur le tombeau du maréchal, est composée d'après les mêmes principes. Désormais il n'est plus permis de croire que le costume moderne résiste obstinément à tous les efforts du statuaire; car M. David, sans omettre aucun élément de la réalité, a trouvé moyen d'unir la grandeur à l'élégance. S'il plaisait à l'administration de la liste civile d'ouvrir au public les portes du musée d'Angoulême, fermées depuis 1829, les partisans exclusifs de la draperie antique verraient, dans les œuvres de la renaissance, le parti que la statuaire peut tirer du costume moderne. Mais en attendant que ces élégantes figures du seizième siècle nous soient rendues, nous pouvons étudier, dans la statue de Gouvion Saint-Cyr, l'art d'assouplir et d'ordonner les différentes parties du costume moderne. Personne n'ignore que le costume du seizième siècle offre au ciseau bien plus de ressources que celui du dix-neuvième. La statue de Gouvion Saint-Cyr est donc un argument sans réplique. Le procédé employé par M. David dans la représentation fidèle, mais hardie, du maréchal, consiste à respecter, mais en même temps à élargir les différentes parties du vêtement, de façon à trouver des plis abondants et des lignes heureuses. Grâce à l'application de ce procédé, le maréchal offre à l'œil des masses bien distribuées, et son costume militaire que M. David a reproduit complétement, n'a plus rien d'étroit ni de mesquin. Si M. Desprez, en composant la statue du général Foy, aujourd'hui placée à la Chambre des députés, se fût pénétré, comme M. David, de la nécessité de l'interprétation, le plus populaire des orateurs de la restauration ne ressemblerait pas à un paysan endimanché.

Sans doute il est permis de comprendre et de traduire diversement la légende inscrite au-dessous du fronton du Panthéon; mais la diversité des commentaires et des traductions ne peut abolir le sens général de cette légende, et nous croyons que la reconnaissance de la patrie pour les grands hommes embrasse tous les moments de notre histoire et tous les ordres de mérites qui ont honoré notre pays : car s'il en était autrement, le Panthéon, au lieu d'être un monument national, serait un monument de circonstance; au lieu de s'adresser au peuple entier, il s'adresserait à une classe déterminée de la société française, et, si beau qu'il fût, il n'aurait plus qu'une importance secondaire. Je dis que cette légende : *Aux grands hommes la patrie reconnaissante,* doit embrasser tous les ordres de mérites; car la patrie, c'est-à-dire la conscience une et continue des générations qui se succèdent sur le sol que nous habitons, est nécessairement impartiale et clairvoyante. Elle ne met pas le guerrier au-dessus du magistrat, l'orateur au-dessus du poëte, l'homme d'État au-dessus de l'historien, l'industrie au-dessus de l'art; éclairée par les rayons qui lui arrivent de toutes parts, elle proclame dignes de reconnaissance toutes les œuvres qui peuvent servir à la gloire, à l'agrandissement, à l'indépendance, à la liberté de la nation. Elle est juste et généreuse, parce qu'elle est clairvoyante. Je dis que sa reconnaissance doit s'adresser à tous les moments de notre histoire, parce qu'elle n'est pas la conscience d'un siècle donné, mais bien celle de tous les siècles qui se sont succédé depuis que notre pays joue un rôle important dans l'histoire. La patrie est contemporaine de toutes les grandes actions, de tous les hommes éminents qui l'ont honorée; c'est pourquoi il ne lui est pas permis de couronner les héros de la révolution française, et d'oublier le premier législateur qui a réglé la conduite de nos ancêtres. Elle n'est pas obligée d'accepter comme illustres tous les hommes que les partis victorieux ont couronnés; mais à moins de mentir à sa personnalité, à moins de mutiler sa conscience, elle est forcée de distribuer ses couronnes à tous ceux qui ont laissé de leur passage une trace glorieuse. Seule elle peut juger ce que les grandes figures du seizième siècle doivent aux grandes figures du quinzième. Libre de toute passion, aimant d'un amour égal tous ceux qui ont travaillé pour elle, elle ne partage pas l'orgueil insensé qui égare plusieurs de ses enfants; elle ne méconnaît pas la lumière qui a disparu la veille derrière l'horizon, pour admirer la lumière qui nous éclaire aujourd'hui; son approbation ne va jamais jusqu'à l'injustice. Pour elle, il n'y a pas de génie poétique ou militaire qui ne relève que de lui-même et ne doive rien au passé. Elle sait que les hommes les plus singuliers, les plus inattendus, ne sont que les anneaux d'une chaîne qui commence avec la nation et qui ne finira qu'avec elle. C'est pourquoi elle doit témoigner une égale reconnaissance à Charlemagne et à Napoléon, à Sully et à Colbert. De la cime où elle est placée, elle n'aperçoit pas les petites passions, les petits intérêts, qui aux yeux des contemporains diminuaient le mérite des guerriers ou des hommes d'État; elle ne voit que les grandes œuvres accomplies par eux, et elle se reprocherait de couronner Colbert au détriment de Sully, Napoléon au détriment de Charlemagne. La patrie, telle que je la conçois, paraîtra, je n'en doute pas, à plusieurs esprits chagrins, froide et inanimée. L'universelle reconnaissance que je lui attribue, et sans laquelle je ne la comprendrais pas, passera auprès de bien des juges pour une lâche amnistie offerte à tous les partis; mais je maintiens ma pensée comme vraie.

Il me semble que le statuaire chargé d'exprimer la reconnaissance de la patrie pour les grands hommes devait tenir compte de tous les éléments du sujet. La science et la magistrature, la poésie et les arts, la politique et la guerre, avaient leur place marquée sur le fronton du Panthéon. Je suis loin de croire que M. David fût dans l'obligation de figurer tous les grands hommes de la France; mais il eût été logique et conforme au sens de la légende de choisir, parmi les grands hommes de tous les moments de notre histoire, les plus éminents, les plus populaires; à cette condition seulement, le statuaire pouvait se flatter d'avoir traité complétement le sujet qu'il avait accepté. Ainsi, j'aurais voulu voir parmi les magistrats, non-seulement les hommes célèbres qui ont présidé à l'administration de la justice, et contribué à la rédaction de nos lois, mais les courageux prévôts des marchands, les échevins dévoués, qui ont préparé l'affranchissement de la bourgeoisie. J'aurais désiré que Pascal et Descartes fussent placés à côté de Lagrange et de Laplace. Corneille et Molière devaient se trouver près de Voltaire et de Jean-Jacques Rousseau; Nicolas Poussin et Jean Goujon près de Lesueur et de Gros. La politique et la guerre devaient être représentées avec la même indépendance, la même impartialité. Avant Barnave et Mirabeau, il fallait placer l'Hospital et Colbert; avant Hoche et Napoléon, Charlemagne, Duguesclin et Bayard. Y avait-il sur le fronton du Panthéon place pour tous les hommes que je demande? Je crois pouvoir me prononcer pour l'affirmative. Et, dans le cas où la place eût manqué, il eût toujours été possible de respecter le principe que je pose. Quel que fût le nombre des hommes appelés à représenter la gloire de la France, la raison prescrivait de choisir ces représentants, non dans un moment donné de notre histoire, mais en parcourant la biographie entière de la nation. Toutefois, je reconnais qu'il valait mieux se montrer sévère sur le choix des figures que de les multiplier indéfiniment, afin de leur donner une importance convenable. Le point capital, selon moi, était de donner au fronton un caractère grave, impartial : or, pour atteindre ce but, il est évident que le statuaire ne devait pas circonscrire la reconnaissance de la patrie dans le cercle étroit d'un siècle donné. Quoique la destination actuelle du Panthéon remonte aux jours ardents de la révolution française, il n'y a aucune inconséquence à juger, à célébrer le passé avec une clairvoyance, une générosité que la révolution française ne connaissait pas. Elle avait sa tâche, et le siècle présent a la sienne. Engagée dans une lutte sanglante, elle n'avait pas le loisir de trier dans le passé ce qui mérite une éternelle reconnaissance ; elle continuait l'histoire et ne la comprenait pas. Son aveuglement ne doit pas être pour nous un sujet de reproche, mais il est bon, il est sage de le proclamer et de ne pas l'imiter. Les luttes réservées à la génération nouvelle sont d'une autre nature, et permettent à la pensée de comprendre et de juger le passé avec plus de clairvoyance et de sérénité. C'est pourquoi le fronton du Panthéon, destiné à traduire l'opinion de la France sur les grands hommes qui l'ont honorée, devait juger le passé, non pas avec les passions de la révolution française, mais avec l'impartialité de la génération contemporaine. Puisque la restauration avait brisé les bas-reliefs sculptés dans les dernières années du dix-huitième siècle, puisque le fronton était vide, le statuaire avait une entière liberté.

M. David a compris autrement la reconnaissance de la patrie pour les grands hommes. Il a cru devoir demeurer fidèle aux principes de la révolution française. A notre avis, cette manière de concevoir le sujet a moins de grandeur et de richesse, mais elle a du moins le mérite de l'unité. Le statuaire a cru qu'il devait plutôt restituer qu'agrandir la pensée qui avait changé la destination primitive de Sainte-Geneviève. Il a vu dans le fronton du Panthéon l'occasion d'exprimer une opinion politique, précisément conforme aux espérances, à la conduite de la révolution française. Le sujet, ainsi conçu, se rétrécit et perd le caractère d'impartialité qu'il devrait avoir ; mais si nous blâmons la conception de M. David, nous ne la condamnons pas absolument, car il a usé de son droit en choisissant dans notre histoire un moment déterminé, et le problème se réduit à savoir s'il a bien exprimé ce qu'il voulait. Éclairé par la discussion, peut-être eût-il consenti à élargir son programme ; mais sa pensée, en cessant d'être personnelle, serait devenue moins claire et moins précise ; et quelle que soit la sincérité de nos réserves, nous pensons que tous les ministres futurs feraient bien d'imiter la conduite de M. Guizot à l'égard de M. David, et de ne pas gêner les statuaires dans la conception des bas-reliefs qui leur sont confiés.

A gauche, nous voyons Bichat, Voltaire et Jean-Jacques Rousseau, David, Cuvier, la Fayette, Manuel, Carnot, Berthollet, Laplace, Malesherbes, Mirabeau, Monge, Fénelon à droite, le général Bonaparte et des soldats choisis dans toutes les armes ; au centre, la figure de la Patrie, ayant à sa droite la Liberté, à sa gauche l'Histoire. Ainsi, à la gauche du spectateur, de nombreux portraits d'hommes célèbres ; à droite, Bonaparte seul à la tête de l'armée. Il est évident que le statuaire n'a pas, sans dessein, établi entre les deux moitiés de son bas-relief une telle différence de caractère. Il ne faut pas une grande clairvoyance pour deviner qu'il a voulu personnifier le peuple dans l'armée. Cette pensée prise en elle-même ne serait pas inacceptable : mais une objection toute naturelle se présente. Ce que M. David a fait pour l'armée, ne pouvait-il pas le faire avec une égale justice pour la science et la magistrature? S'il y a parmi les soldats obscurs, dont l'histoire n'a pas recueilli les noms, des hommes qui auraient pu devenir des Turenne ou des Catinat, n'y a-t-il pas aussi parmi les esprits studieux à qui le temps et la liberté ont manqué, des hommes qui, placés dans une condition meilleure, auraient marché sur les traces de Descartes et de Pascal? L'intention de M. David a-t-elle été de montrer que la gloire est accessible à tous, et que la patrie n'est ingrate envers personne? Si telle a été son intention, il aurait pu l'expliquer plus clairement; et puisqu'il avait placé aux deux extrémités de son bas-relief des enfants et des hommes de vingt ans qui se préparent à la grandeur par l'étude, il n'avait pas besoin de figurer la gloire militaire de la France par les armes diverses de l'armée. Je ne voudrais pas exagérer l'importance de mes objections; mais je ne crois pas devoir les passer sous silence, car le parti adopté par M. David donne à la partie droite de sa composition une sorte d'obscurité. L'œil, après avoir reconnu les différents portraits qui occupent la partie gauche, cherche à reconnaître les guerriers en qui M. David a personnifié la gloire militaire, et cette étude inutile nuit à l'effet général de l'ouvrage. Autant je blâme l'expression anonyme de la gloire militaire, autant j'approuve la manière ingénieuse dont M. David a traduit les relations qui unissent l'étude à la grandeur. C'est là une pensée vraiment claire, qui s'explique par elle-même et qui n'a besoin d'aucun commentaire. Il était permis de craindre que le statuaire, ne sachant comment remplir les deux extrémités angulaires du fronton, ne se résignât à les garnir de figures inutiles; les élèves des écoles savantes, que M. David a placés derrière les grands hommes couronnés par la patrie, contentent l'œil et la pensée.

Quant aux portraits que l'auteur a placés à gauche du spectateur et qui appartiennent tous, moins un, au dix-huitième siècle, ils ne sont ni choisis ni ordonnés d'une façon bien naturelle. Pourquoi Bichat précède-t-il Jean-Jacques Rousseau et Voltaire? Manuel est assurément un des orateurs les plus habiles de la restauration ; mais le général Foy avait un talent plus populaire, et à ce titre M. David aurait dû le préférer à Manuel. David a produit dans la peinture française une réaction salutaire; si *les Sabines* et le *Léonidas* méritent des reproches nombreux, il serait injuste de méconnaître les services rendus au goût français par le retour violent de David aux types de la beauté antique. Mais David ne peut représenter dignement la peinture française, puisque la France a produit Nicolas Poussin et Lesueur, Gros et Géricault. Berthollet, Monge et Laplace ont laissé dans la science des traces glorieuses, et pour leur disputer la place qu'ils occupent, il faut s'appeler Lagrange ou Descartes. Pourquoi Fénelon se trouve-t-il au milieu des hommes illustres du dix-huitième siècle ? Est-ce en qualité de poëte ou de moraliste? M. David a-t-il voulu honorer dans l'évêque de Cambrai le précurseur des hardis esprits de la Constituante? S'est-il rappelé la satire du gouvernement de Louis XIV, présentée avec tant de réserve dans quelques chapitres de *Télémaque*? Mais il y a dans les tragédies de Corneille et dans les oraisons funèbres de Bossuet, des hardiesses bien autrement effrayantes pour la royauté absolue que la peinture du royaume d'Idoménée. M. David a-t-il voulu honorer dans Fénelon l'élégance et l'harmonie du style? Mais *Britannicus* et *Athalie* surpassent l'élégance et l'harmonie de *Télémaque*. Je déclare donc sincèrement ne pas savoir pourquoi Fénelon coudoie sur le fronton du Panthéon les grands hommes du dix-huitième siècle. Dans le système d'impartialité qui, selon moi, aurait dû régir toutes les parties du fronton, la présence de Fénelon n'aurait rien de singulier ; le parti adopté par M. David donne à l'évêque de Cambrai l'air d'un homme dépaysé. Malesherbes et Carnot sont à leur place.

La composition du fronton n'est donc pas précisément ce qu'elle devrait être. Non-seulement la partie droite n'est pas en harmonie avec la partie gauche ; mais la partie gauche elle-même n'est pas aussi claire qu'on pourrait le désirer. Il y a, dans la réunion des hommes que M. David a groupés autour de la Patrie reconnaissante, quelque chose de fortuit. L'ordre selon lequel sont disposés les portraits pourrait être changé sans inconvénient, et même avec avantage. Ce défaut, qui frappera tous les esprits sérieux, se rencontre fréquemment chez les sculpteurs contemporains. La statuaire trouve si rarement l'occasion de représenter de grandes scènes, ou d'exprimer des idées complexes, qu'elle oublie peu à peu la science de la composition proprement dite. Livrée tout entière au soin de l'exécution, elle se trouble dès qu'il faut établir des relations logiques entre des figures nombreuses. Pour relier étroitement les diverses parties d'un fronton tel que celui du Panthéon, il faudrait que les grands travaux ne fussent pas un hasard, mais une habitude.

Nous connaissions, depuis longtemps, l'habileté merveilleuse avec laquelle M. David comprend et traduit la physionomie des hommes illustres ; les portraits sculptés sur le fronton du Panthéon soutiendront dignement la gloire qu'il s'est acquise par ses bustes si variés et si vrais. Nous croyons même pouvoir affirmer qu'il a traité les portraits du fronton avec plus de largeur et de liberté que les portraits, si justement admirés, de Bentham et de Chateaubriand. Les bustes de Goethe et de Tieck, exécutés dans les mêmes proportions à peu près que les têtes du fronton, malgré la science que l'auteur y avait déployée, étaient loin de plaire à tous les hommes d'un goût exercé ; ces deux têtes gigantesques causaient plus d'étonnement que de plaisir. Les têtes du fronton placées sur les épaules de personnages complets ont peut-être une beauté plus simple, et n'étonnent personne. Je n'aime pas l'attitude de Bichat venant déposer sur l'autel de la Science son *Traité de la vie et de la mort*. La tête de Rousseau est pleine de grâce et d'intelligence ; jamais l'auteur d'*Émile* n'a été représenté sous des traits plus harmonieux et plus purs. Mais peut-être M. David a-t-il eu tort de nous montrer Jean-Jacques adolescent tel que nous le connaissons par ses *Confessions*, tel qu'il était à l'époque de ses premières aventures, de ses innocentes amours. Jean-Jacques avait quarante ans quand il écrivit sa première page, et le Jean-Jacques de M. David n'a pas plus de vingt-cinq ans. Quoique la tête que M. David lui a donnée soit très-belle, je l'eusse mieux aimée ayant vingt ans de plus. La tête de Voltaire est également rajeunie de quelques années ; cependant la saillie des pommettes est franchement accusée, les joues sont creusées par un sillon vertical, et le Voltaire de Houdon ne peut lutter, par la pénétration et la vivacité du regard, avec le Voltaire de M. David. L'auteur des *Sabines* est d'une grande ressemblance. Le sculpteur, sans se résoudre à nous présenter le côté difforme de la tête, n'a pourtant pas négligé d'indiquer la grimace des lèvres. Georges Cuvier n'était qu'un jeu pour M. David, qui, depuis longtemps, s'était familiarisé avec la tête de l'illustre naturaliste. Nous avons retrouvé dans le portrait du fronton, comme dans le buste du même auteur, l'intelligence, la sérénité, et en même temps l'absence complète de volonté. Il est permis, sans doute, de ne pas accepter littéralement les doctrines de Lavater ou de Gall ; mais un esprit habitué à juger les hommes, ne peut confondre la physionomie volontaire et la physionomie intelligente. Certes, la tête de Cuvier, livrée à la sagacité d'un homme qui ne le connaîtrait pas, ne sera jamais prise pour celle d'un capitaine ou d'un orateur habitué aux luttes de la tribune. Le portrait de Cuvier est digne d'étude et d'admiration. La tête de la Fayette est tout ce qu'elle pouvait être, pleine de douceur, de bonhomie, de probité ; mais la forme conique de la partie supérieure s'oppose impérieusement à ce que la tête soit belle. Toutefois, je préfère ce portrait au buste que l'auteur a fait du même modèle.

L'attitude que M. David a donnée à Manuel manque de naturel. Il n'est pas vraisemblable que l'orateur, pour recevoir de la Patrie la couronne méritée par sa courageuse éloquence, se drape dans son manteau; plus simplement posé, il serait plus grand. La tête exprime nettement l'énergique volonté à laquelle Manuel a dû la meilleure partie de son talent. Quoiqu'elle rayonne d'intelligence, elle signifie plutôt la hardiesse du caractère que la profondeur de la pensée. Carnot et Berthollet se distinguent également par la noblesse des lignes et la fermeté du modelé. Laplace, comme Georges Cuvier, est un chef-d'œuvre de finesse et de précision. Il est impossible de traduire plus clairement, avec plus d'élégance et de simplicité, l'intelligence arrivée aux dernières limites de son développement, suffisant seule à remplir toute la vie, et ne laissant place ni aux passions, ni à la volonté. La tête humaine, ainsi comprise, révèle dans le statuaire une science infinie et patiente ; le portrait de Laplace résume toute la biographie de l'illustre astronome, car le statuaire a écrit sur le front de son modèle en caractères lumineux : comprendre sans vouloir.

Au premier aspect, l'attitude de Malesherbes étonne par sa raideur et son emphase; mais peu à peu l'œil et la pensée se familiarisent avec la physionomie sévère du magistrat, et l'attitude que M. David lui a donnée ne tarde pas à paraître naturelle, car elle est en harmonie avec la tête. On sait d'ailleurs que l'habitude de porter la robe donne aux magistrats une gravité voisine de l'emphase. M. David a donc fait preuve de bon sens en ne soumettant pas Malesherbes aux lois de l'élégance.

La tête de Mirabeau comptera certainement parmi les œuvres les plus savantes de la statuaire. Les marquises du dix-huitième siècle admiraient la laideur de Lekain, et allaient même jusqu'à le trouver beau dans le rôle d'Orosmane; M. David, tout en respectant la laideur de Mirabeau, a su donner au monstre une grandeur, une énergie, qui sont bien près de la beauté. Il n'a omis ni l'expression libertine des lèvres, ni la colère du regard, ni la dilatation insolente des narines : il nous a rendu Mirabeau tel que nous le connaissons par le masque moulé sur nature; mais il a mis dans les traits du tribun une harmonieuse unité. La tête du Mirabeau de M. David est plus longue que celle du modèle, et cependant il faut une étude assez attentive pour s'apercevoir de cette différence. Je suis sûr que le Mirabeau de la Constituante, dans ses plus beaux élans d'éloquence, n'avait ni plus d'animation ni plus de grandeur que le Mirabeau de M. David. La tête sculptée sur le fronton du Panthéon enseignera aux statuaires de notre âge l'art si difficile d'embellir la laideur en l'interprétant.

Le portrait de Monge, qui n'offrait pas les mêmes difficultés, honore cependant l'habileté de l'auteur, car la tête du géomètre français peut passer pour vulgaire. M. David, en affermissant la ligne des orbites, lui a donné une sorte de sévérité; il l'a corrigée sans la transformer. Je regrette qu'il se soit mépris sur l'expression de la tête de Fénelon. Tout le monde sait que l'instituteur du duc de Bourgogne avait un visage long, quelque peu maigre, mais plein de finesse et de douceur. Or, M. David, en élargissant le diamètre de la face, a diminué la finesse de la tête ; il a modelé le front, la partie supérieure des orbites et surtout les tempes de telle façon, que la tête, au lieu d'exprimer la mansuétude et la mystique rêverie, signifie, pour tout homme habitué à l'analyse du visage, l'énergie et l'amour de la lutte. Il est probable que M. David, en modelant la tête de Fénelon, a plutôt consulté le rôle qu'il assignait à l'évêque de Cambrai, que le caractère historique de son modèle.

Le portrait du général Bonaparte sera proclamé, d'une voix unanime, admirablement beau. L'auteur a su concilier dans cette tête l'ardeur, l'élégance et la fierté. La courbe de l'orbite appartient à un cercle d'un si grand rayon, qu'elle paraît presque droite, et l'œil enchâssé sous cette voûte regarde la Patrie d'un air impérieux. Les lèvres minces et comprimées expriment l'impatience et l'obstination. Quant au front, il resplendit d'intelligence et de volonté, et quoique l'attitude du général victorieux soit un peu théâtrale, l'œil oublie la ligne du corps pour retourner au visage radieux.

Je n'approuve pas le parti adopté par M. David pour la personnification de la gloire militaire ; je pense que la partie droite du fronton n'est pas en harmonie avec la partie gauche ; mais je me plais à louer l'exécution des figures qui malheureusement n'ont aucun nom historique. L'artilleur, le marin de la garde, le grenadier, le dragon, le lancier, le hussard, le tambour et le cuirassier, sont traités avec une souplesse et une largeur qu'on ne pourrait méconnaître sans injustice. Chacune de ces figures, étudiée individuellement, est un prodige d'habileté. Cependant le grenadier de la trente-deuxième demi-brigade appelle particulièrement l'attention; la tête de ce vieux soldat est admirable de noblesse; il attend la récompense due à son courage avec une ardeur pleine de confiance. Dans l'exécution de cette figure, M. David a franchement abordé toutes les difficultés que présentait la reproduction de la réalité. Il n'a omis ni le chapeau à trois cornes, ni les cheveux nattés, ni la longue moustache, et il a résolu tous ces problèmes avec une adresse consommée. Je ne sais pas si le grenadier de M. David est un portrait, mais j'incline à le penser. Si l'auteur a composé librement toutes les parties de cette belle et grande figure, s'il n'avait pas sous les yeux les traits qu'il a sculptés dans la pierre, nous devons le féliciter du bonheur avec lequel il a su concilier l'invention et la réalité. Désormais il ne sera plus permis de croire que la statuaire est inhabile à reproduire le type du soldat moderne; car M. David a montré, dans le grenadier de la trente-deuxième demi-brigade, que le ciseau, conduit par une main savante, peut enrichir les détails les plus mesquins. Une fois résolu à personnifier la gloire militaire dans les armes diverses de l'armée, l'auteur était naturellement amené à traiter chacune de ces armes avec un soin patient. Décidé à ne placer, sur la partie droite du fronton, que des héros anonymes, il devait leur attribuer toute la noblesse, toute l'élégance, toute la vigueur dont l'imagination se plaît à douer les guerriers enthousiastes. Personne, je crois, n'osera contester à M. David le mérite d'avoir accompli rigoureusement la condition qu'il s'était imposée. Son grenadier prendra rang parmi les plus beaux ouvrages de la statuaire moderne.

Le tambour d'Arcole, placé au premier plan comme le grenadier, a été pour M. David l'occasion d'un nouveau triomphe. La tête de cet enfant respire une pieuse ardeur. Il est fier d'avoir, par son dévouement, assuré la victoire à l'armée française, et il se présente hardiment pour recevoir des mains de la Patrie la couronne acquise aux belles actions. Cette figure ne se recommande pas seulement par la pureté de l'expression, mais bien aussi par la jeunesse et la simplicité des plans du visage. Le tambour d'Arcole n'a pas plus de quinze ans, et l'on sait combien il est difficile de reproduire un modèle de cet âge. La forme n'est pas encore nettement accusée; en essayant de lutter avec la nature, le ciseau court le danger d'arrondir les chairs et d'effacer la vie. M. David a su éviter cet écueil, et conserver cependant la jeunesse de son modèle. L'attitude de cette figure est bien ce qu'elle devait être, animée, ardente, déduite logiquement de l'expression de la tête. La quatrième classe de l'Institut, à laquelle M. David appartient, mais dont il est loin de suivre les doctrines, ne manquera certainement pas de réprouver le tambour d'Arcole comme indigne de la statuaire; il se trouvera parmi les professeurs des Petits-Augustins des esprits assez judicieux pour affirmer que le ciseau déroge en traitant de pareils sujets, et que le tambour d'Arcole est et sera toujours la propriété exclusive de la lithographie. Il est facile de prévoir le rire dédaigneux avec lequel les défenseurs aveugles de la tradition accueilleront cette figure plébéienne; mais il est probable que ni la foule, ni les hommes éclairés, ne partageront l'avis de l'Académie. M. David, ayant à traiter un sujet moderne, a bien fait d'accepter toutes les conditions du programme qu'il s'était tracé. D'ailleurs il a prouvé, dans son tambour comme dans son grenadier, que le ciseau d'un artiste éminent ennoblit tout ce qu'il touche. Ce qui eût été pour un statuaire médiocre l'occasion d'une défaite, a été pour lui l'occasion d'une lutte glorieuse avec la réalité. La tête seule du tambour d'Arcole, par la finesse et la simplicité du modelé, suffirait à fonder la renommée d'un statuaire; l'énergie et l'ardeur de l'attitude, en complétant cette belle création, assurent à M. David la sympathie et les suffrages de tous les hommes de goût.

Le hussard et le dragon sont empreints d'une vigueur héroïque. Je crois que la tête du lancier serait plus belle si M. David n'eût pas confondu la ligne du nez avec la ligne du front. Tel qu'il est, le profil du lancier n'est pas sans analogie avec celui d'un oiseau. Je ne dis pas qu'il soit impossible de rencontrer dans l'armée de pareils profils; mais je pense que l'art doit s'abstenir de les copier.

Le cuirassier, qui, en expirant, présente à la Patrie un trophée composé des dépouilles de l'Égypte, a le malheur de rappeler presque littéralement l'attitude de Bichat, placé de l'autre côté du fronton. Je professe pour la symétrie un respect religieux; mais les lois de la symétrie ne sont pas applicables en toute occasion, et M. David, en donnant à deux personnages si différents une attitude presque identique, me paraît s'être mépris complétement. Que Bichat, déposant sur l'autel de la Science son *Traité de la vie et de la mort*, lève la tête et regarde d'un œil à demi éteint les couronnes que la Patrie distribue à ses glorieux enfants, je le conçois, et cependant je voudrais que Bichat fût composé plus simplement; mais un soldat, même à son dernier soupir, doit garder un reste d'énergie militaire et se ranimer en voyant la couronne pour laquelle il a combattu. Or, le mouvement du cuirassier est à peu près le même que celui de Bichat. Le casque, en se renversant, laisse au-dessus de la tête, entre le front et la visière, un espace effrayant. N'eût-il pas été plus naturel de présenter le cuirassier tête nue? La cuirasse n'eût-elle pas suffi à désigner clairement l'arme à laquelle appartient le soldat expirant? Il est permis de croire que M. David a été poussé à la faute que je signale par la forme du fronton. Il a voulu mettre à profit toutes les parties de l'espace qui lui était dévolu, et il a placé deux figures pareilles de chaque côté de sa composition. Il me semble qu'il pouvait, tout en respectant la symétrie des masses, l'harmonie linéaire, attribuer à Bichat et au cuirassier de l'armée d'Égypte des mouvements dissemblables.

Je dois louer sans restriction le parti que l'auteur a su tirer des deux extrémités du fronton. La raison défend de blâmer l'identité des attitudes attribuées aux élèves des écoles savantes. Les figures de chaque côté jouent le même rôle ; il est naturel qu'elles décrivent la même ligne. Les poëtes, les orateurs, les jurisconsultes futurs qui occupent l'extrémité gauche sont penchés sur leurs livres, comme les futurs officiers de génie et d'artillerie, qui occupent l'extrémité droite ; l'identité des mouvements était donc une nécessité.

M. David a bien fait d'accepter le costume moderne et de n'en rien retrancher ; préparé à la solution de cette difficulté par des études nombreuses, il a traité le vêtement de ses personnages avec hardiesse, avec liberté, et presque toujours avec élégance. Le vêtement de Voltaire est remarquable de souplesse et de largeur. Pourtant, si l'on veut bien parcourir d'un œil attentif les diverses parties de ce vêtement, on verra que M. David n'a rien négligé, rien omis. Depuis la cravate jusqu'au jabot, depuis les brandebourgs de la redingote jusqu'aux boucles de la culotte et des souliers, il a tout copié fidèlement d'après les portraits contemporains Cette littéralité si scrupuleuse n'a rien de raide ni de servile. Tout en respectant les lignes du costume du dix-huitième siècle, tout en s'interdisant les corrections violentes, l'auteur ne s'est cependant pas abstenu d'interpréter le costume comme il avait interprété la tête. Il a dégagé le cou, déboutonné la partie supérieure du gilet, simplifié le jabot, augmenté l'ampleur de la redingote, et, grâce à ces modifications à peine sensibles, il a donné au costume de Voltaire une grâce et une beauté au-dessus de tout éloge. Ce que je dis de Voltaire, je pourrais le dire de Rousseau; mais comme l'auteur d'*Émile* n'est placé qu'au second plan, les qualités que je signale seront moins généralement aperçues. Il y a six ans, quand M. David venait d'achever le tombeau du général Foy, nous lui reprochions d'avoir drapé à l'antique la statue du général, et ce dédain pour la réalité nous frappait d'autant plus, que les bas-reliefs du tombeau représentaient des personnages de notre temps, vêtus comme nous. La statue du maréchal Gouvion Saint-Cyr, postérieure de trois ans à la statue du général Foy, fut un premier retour vers la réalité. Le fronton du Panthéon achève de nous prouver que M. David ne croit plus à la nécessité des draperies académiques dans les sujets modernes. Il est fâcheux que la liste civile n'ait pas offert à cet artiste éminent l'occasion de compléter sa démonstration en lui demandant, pour les Tuileries, la statue d'un personnage choisi dans notre histoire. Sans doute la statue de Philopœmen, que nous verrons dans quelques semaines, se distinguera par des qualités précieuses, la richesse et la vérité de la musculature ne manqueront pas d'exciter notre admiration; mais nous sommes encore à comprendre pourquoi la liste civile, au lieu d'orner une promenade publique de sujets nationaux, propose à nos méditations Thémistocle et Périclès, Cincinnatus et Philopœmen.

La robe de Malesherbes est loin d'avoir la même grâce et la même élégance que le vêtement de Voltaire, et pourtant elle offrait à la statuaire des ressources plus nombreuses. Si M. David eût consenti à ne pas traiter les plis de cette robe d'une façon uniforme, s'il eût montré l'homme sous la draperie, il est certain que Malesherbes fût devenu l'une des meilleures figures de son bas-relief; mais les plis tombent en décrivant des lignes parallèles, et sont partout les mêmes. Ni les hanches ni les genoux ne sont indiqués; la draperie a l'air d'être là pour elle-même, elle ne traduit rien, elle ne révèle aucune forme, et c'est pour cela précisément qu'il est impossible de ne pas la trouver mauvaise. Autant il serait ridicule de montrer les rotules sous les plis de la toge, autant il est nécessaire de montrer l'homme sous l'étoffe, et de varier les lignes de la draperie selon la forme et le mouvement du personnage. Ajoutons que M. David eût bien fait de supprimer le bonnet carré de Malesherbes; cet élément de réalité est tout à fait inutile, et nuit singulièrement à la beauté des lignes. Tous les personnages placés près de lui ont la tête nue, et il n'y a aucune raison pour que Malhesherbes demeure seul tête couverte parmi tous les hommes que la Patrie couronne. J'insiste à dessein sur les défauts de la toge de Malesherbes, parce que l'exemple de M. David peut entraîner dans la même faute un grand nombre de statuaires qui ne se recommanderaient pas par les mêmes qualités. C'est aux maîtres surtout que la critique doit s'adresser; elle peut traiter avec indulgence, souvent même avec une bienveillance empressée, les premiers débuts d'un artiste encore inexpérimenté; il lui est permis de passer sous silence les taches qu'elle a remarquées, car l'auteur de l'œuvre qu'elle applaudit ne fait pas autorité et n'entraînera personne à sa suite. Mais lorsqu'il s'agit d'un homme qui s'est déjà rendu célèbre par des œuvres nombreuses, il est juste, il est nécessaire de juger cet homme sans ménagement, avec une sévérité rigoureuse. Si la figure de Malesherbes se trouvait dans une composition signée d'un nom obscur, nous nous contenterions de la blâmer personnellement sans nous croire obligé de publier notre blâme; nous la trouvons dans une composition signée d'un nom justement célèbre, nous croyons remplir un devoir en énonçant notre désapprobation et en déduisant les motifs sur lesquels repose notre opinion, car c'est à ces conditions seulement que la critique peut espérer de servir à quelque chose. L'inflexible rigueur qui blesserait un talent novice s'applique sans danger aux talents éprouvés.

C'est pourquoi je ne crains pas de blâmer avec la même franchise le manteau de Manuel. Lors même que l'orateur aurait une attitude calme et réfléchie, ce manteau serait inutile; puisque l'auteur, contre toute vraisemblance, a donné à Manuel un mouvement énergique et passionné, le manteau est encore moins acceptable que dans l'hypothèse précédente. Manuel à la tribune ne se draperait pas dans son manteau; pour recevoir une couronne des mains de la Patrie, ne doit-il pas se présenter comme à la tribune, avec simplicité? Qu'un statuaire inhabile à reproduire les expressions diverses de la tête humaine, essaye de compléter le sens d'une physionomie obscure par un geste violent et même emphatique, je comprends et j'excuse cette faiblesse; mais que M. David, qui pétrit et modèle toutes les parties de la tête humaine avec une si merveilleuse habileté, ne se renferme pas dans les limites de la vraisemblance et de la simplicité, qu'il tente d'exprimer le caractère de Manuel autrement que par les lignes et les plans de la tête, c'est une faute singulière, une faute grave, que nous ne pouvons lui pardonner. Habitué à étudier, à reproduire presque chaque jour des têtes d'une signification diverse, à résumer, dans un profil de quelques pouces ou dans un buste complet, tous les ordres de pensées qui ont rempli la vie de ses modèles, depuis la rêverie du poëte jusqu'aux spéculations politiques, mieux que personne, il sait que l'homme est tout entier dans l'expression de la tête, dans l'ardeur ou la limpidité du regard, dans les tempes jeunes ou dévastées. Il lui est arrivé si souvent d'exprimer, dans le bronze ou le marbre, la vie entière d'un homme sans nous donner autre chose que la tête de son modèle ; il s'est si souvent montré grand historien dans ses bustes et ses médaillons, que nous avons lieu de nous étonner en le voyant recourir à l'emphase du geste et de la draperie, pour exprimer l'énergie et la persévérance de Manuel. Si, au lieu d'envelopper l'orateur dans un manteau, il se fût contenté d'élargir les basques de son habit de façon à dissimuler la maigreur des lignes de notre costume, s'il lui eût donné un geste simple et calme, le geste qui convient à un homme pénétré de la sainteté de sa mission, je suis sûr que la tête de Manuel eût paru beaucoup plus belle. En multipliant les moyens d'expression, M. David, loin d'ajouter au sens de la tête, a donné au personnage une sorte de vulgarité ; car l'éloquence, comme la bravoure, lorsqu'elle est vraie, lorsqu'elle est sûre d'elle-même, se complaît dans la simplicité. M. David ne l'ignore pas, et s'il a drapé Manuel, c'est qu'il a douté de lui-même.

Les trois figures allégoriques placées au centre de la composition, la Liberté, la Patrie et l'Histoire, sont admirables de grandeur et de franchise. La Patrie reçoit des mains de la Liberté les couronnes qu'elle distribue, et l'Histoire inscrit les noms des grands hommes couronnés. La Patrie est debout, l'Histoire et la Liberté sont assises. La tête de la Patrie satisfait à toutes les conditions de la sculpture monumentale ; non-seulement l'expression est ce qu'elle devait être, calme et majestueuse, mais l'inflexion de la tête, combinée avec la direction du regard, donne à cette figure un merveilleux caractère de prévoyance. Il semble que la Patrie plonge déjà dans les profondeurs de l'avenir, et qu'elle prépare, pour les services futurs que lui rendront ses enfants encore à naître, les trésors inépuisables de sa reconnaissance. Les lignes et les plans de la tête sont d'une simplicité comparable aux plus beaux monuments de l'art antique; l'orbite est d'une ampleur prodigieuse, et la paupière supérieure, en se repliant sous la voûte de l'orbite, agrandit encore le champ du regard; les bras sont modelés avec une pureté qui défie l'analyse la plus patiente, et qui révèle, chez le statuaire, une science consommée. Pour agrandir la nature sur une pareille échelle sans violer l'harmonie des proportions, il faut connaître le modèle humain dans ses moindres détails, et surtout les relations qui régissent les diverses parties de ce modèle. Or, M. David est sorti victorieux de cette périlleuse épreuve; les deux bras de la Patrie sont traités avec tant de vraisemblance, l'harmonie des proportions est si religieusement respectée, que l'œil s'aperçoit à peine de l'agrandissement du modèle; malheureusement la draperie ne mérite pas les mêmes éloges. Je n'ai rien à dire des plis qui tombent sur les pieds; mais, depuis les épaules jusqu'à la ceinture, l'étoffe est mal ajustée, les plis sont lourds et ne traduisent aucune forme. Phidias et Jean Goujon ajustaient leurs draperies sur le modèle vivant, et l'étoffe ciselée par leurs mains n'avait jamais une souplesse égoïste. Certes, si M. David eût suivi l'exemple de ses illustres devanciers, il n'aurait pas commis la faute que je lui reproche, et la draperie de sa figure, au lieu d'accabler le corps qu'elle recouvre, le dessinerait et continuerait, sous l'étoffe obéissante, les lignes et les contours des parties nues.

La tête de la Liberté est pleine d'ardeur et d'énergie; les narines dilatées et palpitantes respirent l'enthousiasme; l'œil levé vers la Patrie a quelque chose d'impérieux; les lèvres fines et comprimées ajoutent encore à l'expression de la physionomie; le profil entier de cette tête se recommande par les qualités les plus rares. La Liberté, telle que l'a conçue, telle que nous la montre M. David, est jeune, hardie, amoureuse du combat et de la mêlée; mais sa hardiesse n'a rien de vulgaire. L'exaltation de ses traits concilie très-bien la noblesse et la vivacité. Je ne blâme pas le bonnet phrygien dont M. David a coiffé la Liberté, car la tête et l'attitude de la figure, sans contredire les souvenirs de la révolution française, produisent, dans l'âme du spectateur, une émotion qui n'a rien de tumultueux. Or, cette émotion est précisément ce qui assure le triomphe du statuaire. Si M. David, en effet, eût donné à la Liberté une attitude militaire, s'il l'eût représentée appelant aux armes la jeunesse de la France, elle eût perdu en véritable grandeur ce qu'elle eût gagné en animation. L'auteur a vu l'écueil placé devant lui, et il a su l'éviter. La Liberté qu'il nous montre aime les combats, mais comprend toute la valeur de la paix; son ardeur belliqueuse ne s'oppose ni au développement, ni à l'exercice de la clairvoyance. Elle tourne ses yeux vers la Patrie reconnaissante, mais elle est assise de telle sorte que, sans changer de place, en tournant la tête, elle pourra porter ses regards sur les représentants glorieux de l'art, de la science, de la magistrature. L'expression de la tête se concilie admirablement avec l'attitude. La draperie de cette figure, sans avoir toute la légèreté, toute la souplesse que l'œil pourrait désirer, est cependant très-supérieure à celle de la Patrie; la gorge se dessine sous l'étoffe avec précision; la saillie des hanches est clairement indiquée. Les bras de la Liberté se distinguent comme les bras de la Patrie, par la grandeur et la simplicité du modelé, par la logique et l'harmonie des proportions. M. David a bien fait de confier à la Liberté le soin de tresser les couronnes que la Patrie distribue. Il ne faut pas voir, dans le rôle qu'il a donné à cette vierge belliqueuse, l'intention de taquiner le pouvoir, mais bien la complète intelligence, l'explication précise de la liberté qui convient aux peuples civilisés. Si la Patrie prend des mains de la Liberté les couronnes qu'elle distribue, c'est que toutes les conquêtes scientifiques, comme les conquêtes militaires, tournent au profit de la liberté, c'est que le développement de l'intelligence, aussi bien que le développement de la force, sert à l'affranchissement des nations. La Patrie agit donc sagement en consultant la Liberté.

L'Histoire, placée pour le spectateur à droite de la Patrie, obtiendra peut-être des suffrages plus nombreux que les deux figures précédentes : quoique traitée avec une grande largeur, elle se rapproche cependant, d'une façon plus évidente, du type de la beauté grecque. Les cheveux sont relevés avec une élégance ionienne; les yeux respirent l'admiration et l'amour des grandes actions; les lèvres sont modelées avec une finesse exquise, et la tête, légèrement inclinée en arrière, donne à la figure une grâce voluptueuse; mais cette grâce pourtant n'a rien de frivole ni de mondain, et ne contredit pas la gravité de cette muse divine. La Clio sculptée par M. David est si naturellement belle, si bien familiarisée avec tous les mouvements qui révèlent une nouvelle face de la beauté, qu'elle rejette le cou en arrière sans se rendre coupable de coquetterie. Tout en choisissant la pose qui lui sied le mieux, elle n'oublie pas la tâche auguste qui lui est dévolue. Elle inscrit sur son livre les grandes actions que la Liberté juge et que la Patrie récompense. La main de l'Histoire fait le plus grand honneur à M. David; le type de cette main est de la beauté la plus élevée; les doigts sont longs, les phalanges distantes, et l'intervalle qui sépare du poignet la naissance de la première phalange assez richement mesuré pour donner une souplesse élégante à tous les mouvements de la main. La draperie de cette figure est plus légère, mieux conçue et mieux rendue que celles de la Patrie et de la Liberté. Les plis qui s'attachent sur l'épaule offrent une ligne heureuse, et les diverses parties du corps sont habilement indiquées par le mouvement de l'étoffe. La draperie de l'Histoire satisfait à toutes les lois enseignées par les maîtres de la statuaire; elle ne se compose pas de plis capricieusement variés; elle suit et elle explique la forme qu'elle enveloppe. Loin de cacher les parties nues qu'elle recouvre, elle ajoute à la beauté du corps le charme de l'indécision; elle le dessine sans le montrer, et donne à l'œil le plaisir de deviner ce qu'il n'aperçoit pas. Je ne doute pas que la muse de l'Histoire ne contente les esprits les plus sévères.

Il y a donc beaucoup à louer dans les diverses parties du fronton de M. David. Si nous avons jugé sévèrement la composition, c'est que l'importance du sujet et le nom du statuaire nous prescrivaient la sévérité; mais nous sommes heureux de pouvoir, sans manquer à la justice, à la vérité, recommander à l'admiration publique le plus grand nombre des figures que M. David a sculptées sur le fronton du Panthéon. Nous ne connaissons pas les bas-reliefs dont l'exécution a été confiée à M. Nanteuil, et qui seront placés au-dessus de la porte principale de l'édifice; quels qu'ils soient, nous sommes sûrs d'avance qu'ils ne s'accorderont pas avec le fronton de M. David, car la manière de M. Nanteuil et la manière de M. David se contredisent formellement. M. David, par la nature même de ses études habituelles, est porté à chercher dans l'histoire moderne le sujet de ses compositions. Familiarisé par le travail de chaque jour avec la vie et la physionomie des contemporains, il doit se proposer et il se propose, en effet, de trouver pour les sujets modernes un style moderne. Lorsqu'il lui arrive de rappeler les monuments de l'art antique, c'est une rencontre plutôt qu'une imitation. Il est, avant tout, homme de son temps, et c'est à l'intelligence de son temps qu'il doit la meilleure partie de sa popularité. Pour sculpter dans le marbre ou la pierre les grands épisodes de notre histoire, il n'a pas besoin de faire violence aux affections traditionnelles de l'Académie ; il n'est séparé de la scène qu'il veut reproduire par aucune doctrine inviolable. Il se souvient de la Grèce et de l'Italie, comme tous les statuaires qui aiment sincèrement la beauté suprême ; mais pour se trouver face à face avec l'histoire de son pays, il n'est pas forcé de traverser une haie de statues et de bas-reliefs, hors de laquelle la quatrième classe de l'Institut ne voit pas de salut pour l'art moderne. Il sait la juste valeur de l'imitation, et voit dans les monuments de l'antiquité un conseil, un enseignement qui ne le dispense pas de l'invention. Résolu à l'indépendance, à la personnalité, ne comprenant pas son art comme l'expression obéissante d'une tradition immuable, mais comme soumis à la fois au passé par l'intelligence, à l'avenir par la volonté, il n'a qu'à être lui-même pour se trouver à la hauteur des sujets qu'il accepte. Il modèle sans effort la tête d'un général ou d'un orateur, et n'est jamais troublé dans l'achèvement de son œuvre par le souvenir d'Ajax ou de Périclès. C'est pourquoi la sculpture du fronton convenait parfaitement à son talent ; et si la composition de M. David mérite plusieurs reproches, nous croyons pouvoir affirmer que personne, parmi les sculpteurs contemporains, n'aurait exécuté les morceaux qui assurent à cette composition l'admiration unanime de tous les esprits exercés.

M. Nanteuil est loin d'être placé sur le même terrain que M. David, car il est tellement absorbé dans le culte de la tradition, qu'il ne représente absolument rien par lui-même. Pour se ranger à l'avis que nous énonçons, il suffit de jeter les yeux sur l'Alexandre de M. Nanteuil. Cette statue, qui est aux Tuileries depuis plusieurs mois, semble proposée comme une énigme à la sagacité des promeneurs, et jamais, sans doute, il ne se fût rencontré un Œdipe capable de baptiser cet inintelligible guerrier. Heureusement, la liste civile a bien voulu nous révéler le nom du héros sculpté par M. Nanteuil, et nous savons aujourd'hui que cette figure académique, dont l'attitude inspire à tous les spectateurs un rire si expansif, s'appelle Alexandre. Pourquoi Alexandre plutôt que Darius? En vérité, je ne le devine pas; car le casque et le bouclier sont loin de caractériser le conquérant choisi par M. Nanteuil. Il est évident que l'auteur s'est proposé exclusivement de composer une figure, et de montrer son savoir. Il s'est efforcé de montrer, dans le torse et les membres, tous les muscles dont l'académie recommande le volume plutôt que la beauté. C'est à peine s'il a tenu compte de la peau qui les recouvre, tant il désirait nous prouver qu'il les avait comptés. Nous aurions mauvaise grâce à nier l'accomplissement de son désir. La figure de M. Nanteuil ne ressemble à aucun homme vivant, il serait impossible de se tenir pendant vingt secondes dans l'attitude qu'il lui a donnée; mais l'auteur a prouvé qu'il avait copié plusieurs centaines de fois tous les bras, toutes les jambes, tous les torses que M. Jacquet a moulés sur les marbres grecs et romains, et qui servent aux études de l'école. La statue de M. Nanteuil est complétement nulle, complétement inexplicable; mais il est impossible de ne pas reconnaître dans M. Nanteuil un disciple docile, sinon intelligent, des traditions académiques. Quelle est, en effet, selon l'Académie, la manière la plus claire de prouver son respect pour les traditions? N'est-ce pas de s'effacer si bien, de s'absorber si parfaitement dans l'imitation des monuments antiques, d'assembler dans une œuvre sans nom tant de morceaux connus, qu'il soit impossible au spectateur de dire : Cette œuvre est sortie des mains d'un homme nouveau ? Et l'Alexandre de M. Nanteuil ne satisfait-il pas à toutes ces conditions ? Il y a certainement, parmi les élèves des Petits-Augustins, vingt personnes capables de faire une statue pareille à celle de M. Nanteuil ; donnez-leur du marbre, ils vous le prouveront.

Quels que soient donc les sujets proposés à M. Nanteuil par le ministère, il est impossible que M. Nanteuil les ait traités dans un style qui s'accorde avec le fronton de M. David. L'homme qui, ayant à représenter une des figures de l'antiquité, n'a trouvé sous son ébauchoir que la statue sans nom que nous voyons aux Tuileries, n'est pas et ne sera jamais capable de traiter un épisode de l'histoire moderne. Il est probable qu'il aura suivi la méthode prudente adoptée par Gérard pour les pendentifs de la coupole. Il aura cherché dans la pierre une série d'allégories fécondes en significations diverses, tellement souples qu'elles peuvent s'appliquer à tous les ordres d'idées ; et dans chacune de ces figures allégoriques, il aura trouvé moyen d'utiliser ses souvenirs. Sans vouloir juger des compositions qui nous sont inconnues, ce qui serait absurde, nous avons le droit d'affirmer que ces compositions auront toutes les qualités et tous les défauts de l'Alexandre. Or, il n'y a pas une partie de l'Alexandre qui indique le désir sincère de créer une œuvre personnelle, et sans ce désir il n'est pas possible de décorer le Panthéon.

De ce rapide parallèle de MM. David et Nanteuil, nous sommes forcé de conclure que la décoration sculpturale du Panthéon manquera d'unité aussi bien que la décoration pittoresque de la coupole et des pendentifs. Le style de Gérard ne s'accorde pas avec le style de Gros ; le style de M. Nanteuil ne s'accordera pas davantage avec le style de

M. David. Lors même que les bas-reliefs de M. Nanteuil nous révéleraient chez l'auteur un mérite inattendu, lors même qu'ils réfuteraient victorieusement les conclusions tirées de l'Alexandre, et pour notre part nous le souhaitons vivement, il n'y aura jamais d'harmonie possible entre les bas-reliefs et le fronton. Or, supprimer l'harmonie, c'est supprimer la beauté. Des épreuves nombreuses, qui toutes ont eu le même résultat, je veux dire l'incohérence, auraient dû enseigner au ministère la nécessité de ne pas émietter les travaux de peinture et de statuaire, et de les confier aux plus dignes, sans tenir compte des murmures de l'impuissance. Qu'il se trompe et qu'il oublie ceux qui ont des droits réels, ce sera une faute ; mais du moins la faute commise ne sera pas volontaire, et l'opinion publique ne tardera pas à réformer le goût du ministre. Ce qui importe à la nation qui paie la décoration des monuments, c'est d'avoir des monuments splendidement décorés ; elle ne s'inquiète pas du nombre des hommes entre lesquels le ministre a partagé l'œuvre à faire. Il ne faut donc pas nous lasser de protester contre la division des travaux, car nous soutenons la cause du bon sens.

Il nous reste à demander pourquoi le fronton de M. David n'est pas encore découvert. Nous ne comprenons pas la différence qui sépare les considérations politiques des considérations administratives, et, si c'est à ce dernier ordre de considérations que nous devons attribuer la volonté du ministère, il nous semble que le ministère eût bien fait d'expliquer quelles sont les considérations administratives qui s'opposent à ce que le fronton soit découvert. Les bas-reliefs de M. Nanteuil ne sont-ils pas achevés ? Il n'y a aucun inconvénient à montrer le fronton sans les bas-reliefs. Si nous sommes bien informé, et nous avons lieu de le croire, le fronton était terminé dès les premiers jours de juillet, et

M. Destouches, architecte du Panthéon, pouvait, dans l'espace d'une semaine, enlever la charpente et les châssis qui masquent le fronton; pourquoi donc s'est-il abstenu de les enlever? Le temps est la seule considération administrative que le ministère puisse faire valoir. Or, le temps n'a pas manqué. Nous sommes donc forcé de croire que des considérations politiques s'opposent à ce que le ministère découvre l'œuvre de M. David.

Sans doute le clergé veut garder le Panthéon pour retrouver Sainte-Geneviève; il ne veut pas que le fronton d'un édifice autrefois consacré au culte catholique offre aux yeux de la foule l'image de Voltaire et de Rousseau; il ne veut pas que les guerriers, les orateurs et les hommes d'état prennent la place de la croix et des rayons qui décoraient autrefois le fronton du Panthéon. Il nous semble que la religion n'a rien à voir dans ce débat, et si le clergé élève de pareilles prétentions, il est permis d'affirmer, sans impiété, que ces prétentions n'ont rien de raisonnable. Paris renferme des églises nombreuses, et chaque jour voit s'élever de nouvelles églises. La religion, bien comprise, ne proscrit pas la reconnaissance de la patrie pour les grands hommes qui l'ont honorée. D'ailleurs, le clergé a d'autant moins raison de protester contre la destination présente du Panthéon, qu'il n'a négligé aucune occasion de témoigner au gouvernement nouveau son mauvais vouloir. Lui céder sur ce point serait de la part du ministère une impardonnable faiblesse.

Le pouvoir craint-il, en découvrant le fronton de M. David, de réveiller des passions assoupies? Voit-il dans cette œuvre une provocation au mépris des lois? Mais, à l'exception de M. d'Argout, qui, en voyant le modèle de M. David, n'a dit précisément ni oui ni non, tous les ministres qui depuis sept ans ont siégé dans les conseils de la couronne, ont accepté le programme du statuaire. M. Guizot et M. Thiers se sont associés par leur approbation à l'œuvre que vous cachez, et personne n'accusera M. Thiers ou M. Guizot de porter aux passions démocratiques un amour effréné. Tous deux ont prouvé, en mainte occasion, qu'ils aiment et qu'ils sont prêts à soutenir les institutions qui régissent aujourd'hui la France. Cacher l'œuvre de M. David, c'est déclarer que MM. Thiers et Guizot sont inhabiles au gouvernement du pays. Comment concilier cette déclaration, avec les éloges décernés chaque jour à MM. Thiers et Guizot, par ceux-là mêmes qui n'approuvent pas ce que MM. Thiers et Guizot ont approuvé? La contradiction est évidente et frappera les moins clairvoyants.

Et comme le fronton du Panthéon a été vu par plusieurs centaines de personnes, comme M. David a ouvert son atelier à tous ceux qui, sans le connaître, désiraient contempler son œuvre et l'étudier à loisir, avant que le regard n'en fût séparé par un intervalle qui ne permettra pas de saisir la finesse de tous les morceaux, tout le monde sait à quoi s'en tenir sur les craintes du ministère. Il n'y a rien dans le fronton de M. David qui puisse exciter à la lutte les passions politiques. Chacun se plaira, sans doute, à chercher sur le fronton le profil d'un homme préféré; mais cette curiosité n'aura jamais rien de dangereux pour le gouvernement établi. Chaque jour la tribune entend retentir des paroles auprès desquelles le fronton de M. David n'est qu'une œuvre inanimée; car le statuaire n'a mis en présence de la Patrie, de l'Histoire et de la Liberté que les morts illustres, et cette imposante réunion, tout en inspirant la passion des grandes choses, n'a rien qui excite au mépris du présent. Impartiale et désintéressée, cette assemblée de grands hommes, qui reçoit le prix de son dévouement, encourage la foule à bien faire, mais ne la pousse pas aux luttes tumultueuses. Les vertus civiles occupent dans cette page immense autant de place que les vertus militaires; pourquoi les premières seraient-elles sans autorité sur la foule? pourquoi les secondes seraient-elles seules comprises?

Nous ne pouvons croire que le ministère songe à mutiler le fronton de M. David. Si l'auteur a refusé de modifier sa composition, il a bien fait. Quoique le droit écrit accorde au pouvoir la faculté de cacher l'œuvre qu'il a payée, le bon sens public protesterait, nous n'en doutons pas, contre une pareille mesure; car les 80,000 francs donnés à M. David par le ministère sont loin d'acquitter la nation envers le statuaire. Sans parler des dépenses matérielles, qui ont absorbé la moitié du salaire, et qui réduisent à 40,000 francs le prix de sept années de travail, nous croyons que la gloire entre, comme élément nécessaire, dans la récompense due à M. David. Il n'est pas plus juste de priver le statuaire de la gloire à laquelle il peut légitimement prétendre, en mettant son œuvre sous clef, que de priver un général d'armée de la gloire qu'il a conquise dans une bataille, en rayant son nom des bulletins victorieux. Les tribunaux, répondront les légistes, ne peuvent apprécier un pareil dommage. Le statuaire et le général d'armée sont payés; la seule injustice dont nous puissions connaître se réduit à l'exécution incomplète des conditions convenues. L'administration a passé un traité, avec le statuaire et l'homme de guerre, pour un fronton et une victoire. Si toutes les conditions du traité ont été respectées, la plainte n'est qu'un enfantillage. Mais le bon sens parle plus haut que la loi écrite, et le bon sens veut que M. David obtienne la gloire qui lui appartient; et comme la seule manière de réaliser l'espérance, de satisfaire au droit du statuaire, est de montrer son œuvre, il faut la montrer. Le ministère, nous l'espérons, éclairé par l'opinion publique, réduira au silence le mauvais vouloir du clergé, ou du moins ne pliera pas devant l'archevêque de Paris; il comprendra qu'en mettant sous clef le portrait de Manuel, il s'expose à la raillerie. M. David obtiendra justice, et le fronton sera découvert.

1837.

LE PHILOPOEMEN.

Le *Philopœmen* de M. David n'a pas trompé nos espérances ; c'est un ouvrage très-remarquable et qui soutient dignement la réputation de l'auteur. L'étude de cette statue ne sera pas sans profit pour les sculpteurs de notre âge ; cependant il y a lieu de discuter la composition et le style de cette statue, soit en consultant l'histoire de la sculpture, soit en interrogeant la nature du sujet et les intentions du statuaire. Le sujet choisi par M. David ne manque certainement pas d'intérêt ; mais pour le plus grand nombre des spectateurs Philopœmen est une figure plutôt qu'un personnage. La biographie du guerrier mégalopolitain est non-seulement étrangère aux hommes du monde, mais à demi effacée de bien des mémoires studieuses, et cet oubli est un malheur pour M. David. Quand on lit les noms gravés sur la plinthe des statues récemment placées aux Tuileries, il est difficile de s'expliquer quelle pensée a présidé à la décoration de ce jardin. Nous ne contestons pas la valeur sculpturale des sujets grecs ; nous croyons au contraire que la patrie de Phidias offre au ciseau des thèmes excellents et innombrables ; mais la décoration d'un jardin doit être conçue autrement que celle d'un musée. Il ne s'agit pas de placer aux Tuileries des statues remarquables par leur mérite individuel, mais bien d'assortir et d'ordonner les idées exprimées par ces statues, de telle sorte qu'elles intéressent les promeneurs, non-seulement par le mérite de l'artiste, mais encore, et selon nous ce dernier point est fort important, par l'ensemble des sujets traités. Or, est-il possible de deviner pourquoi *Périclès* précède *Phidias*, pourquoi *le Soldat laboureur* des Géorgiques est placé près de *Cincinnatus*, pourquoi *Spartacus* et *Thémistocle* séparent *Cincinnatus* de *Philopœmen*? Le *Minotaure* et *Prométhée*, *Alexandre* et *le Soldat de Marathon* donnent lieu à la même question. Avec la meilleure volonté du monde, il n'est pas permis de croire que M. Fontaine, qui prétend continuer Philibert Delorme et Lenôtre, et qui même s'attribue le droit de les corriger, ait délibéré pendant une matinée sur le choix des figures qu'il place aux Tuileries. Livré tout entier aux soucis de la maçonnerie, il n'a pas daigné discuter avec l'intendant de la liste civile le nom et la patrie des personnages qui devaient garnir les piédestaux; pour lui, toute la question se réduit à distribuer en face du château un certain nombre de blocs de Carrare. Que les personnages soient grecs, romains ou français, peu lui importe. S'il n'eût consulté que son goût, si personne ne fût intervenu dans la distribution des travaux de sculpture, il est probable que M. Fontaine eût préféré aux statues que nous venons de nommer une douzaine de vases exécutés par M. Plantard; heureusement l'intendant de la liste civile ne partage pas le goût de M. Fontaine pour la caricature des vases antiques et des vases florentins, et si la plupart des statues nouvelles placées aux Tuileries sont au-dessous de la critique, du moins faut-il reconnaître qu'elles sont préférables aux vases, aux lions et aux candélabres de

M. Plantard. Si l'on excepte le *Phidias,* le *Prométhée* et le *Philopœmen,* pas une de ces statues ne mérite l'honneur de l'analyse ; *Périclès* et *Thémistocle* sont d'une égale médiocrité. Mais il était certainement possible de tirer bon parti de ces figures, et quoiqu'elles soient d'une vulgarité rebutante, nous les préférons aux œuvres de M. Plantard. N'y avait-il donc pas moyen de concevoir pour la décoration des Tuileries une série de statues en harmonie avec le bon sens, avec le goût des promeneurs, avec les idées qui préoccupent la société contemporaine? N'eût-il pas été naturel de demander aux statuaires français un choix de figures prises dans l'histoire de France ? Le caractère païen des figures et des groupes distribués dans le jardin ne s'opposait pas à l'accomplissement de cette idée; car il n'était pas nécessaire de soumettre la décoration sculpturale des Tuileries aux lois d'une impérieuse unité. Ce qui eût été sage dans un jardin nouveau, devenait puéril dans un jardin commencé depuis longtemps. D'ailleurs, je le demande, comment *Phidias* et *Philopœmen* s'accordent-ils avec les groupes de Coustou et de Lepautre? Sans imiter le ridicule exemple du patriotisme anglais, qui a représenté le duc de Wellington sous les traits d'Achille, il est permis de placer aux Tuileries les guerriers et les hommes d'état qui ont consacré leur vie au bonheur et à la gloire de la France. Pour exciter l'admiration et la sympathie, il n'est pas nécessaire de prêter à Bayard et à Duguesclin les traits d'Hector et d'Agamemnon. La cuirasse et la cotte de mailles, quoique moins belles sous le ciseau que la chair vivante, seront toujours, pour un sculpteur habile, l'occasion d'un triomphe. Pourquoi la liste civile n'a-t-elle pas placé aux Tuileries des figures tirées de l'histoire de France? Je ne crois pas qu'elle puisse le dire. Elle a trouvé plus simple de demander à chaque sculpteur une statue, quelle qu'elle

6.

fût ; et voyez ce qui est arrivé. Chacun a suivi son penchant sans s'inquiéter de ce que les autres allaient faire, et la médiocrité, commune au plus grand nombre de ces ouvrages, est devenue plus frappante encore par le caprice individuel qui a présidé au choix des sujets. Puisque chacun n'a consulté que lui-même, et a déployé librement toutes ses facultés, nous sommes en droit de demander à chacun un bon ouvrage ; l'indulgence n'est pas permise, en face de ces œuvres insignifiantes dont les auteurs ont choisi le thème et le programme. Les statues des Tuileries confirment victorieusement, et d'une façon déplorable, ce que nous avons si souvent répété en parlant de la distribution des travaux de peinture et de sculpture. Si la composition et l'exécution de ces statues eussent été confiées à un seul homme, et certes une pareille hypothèse n'a rien d'extravagant, nous n'aurions pas à regretter l'incohérence que nous signalons. Si un seul homme eût été chargé de cette décoration, quelle que fût la pente de ses préférences, qu'il se décidât pour la Grèce ou pour la France, pour la Judée ou l'Italie, du moins il eût mis de l'unité dans son travail ; il n'aurait pas mis en loterie les noms des personnages destinés à orner le jardin. Mais la raison voulait que le statuaire, libre dans la composition et l'exécution de son œuvre, acceptât et ne choisît pas les personnages confiés à son ciseau. Et comme il est assurément plus facile d'appeler l'intérêt sur l'histoire nationale que sur l'histoire grecque ou romaine, tout se réunissait pour prescrire à la liste civile le choix de personnages français. En livrant au hasard le sujet des ouvrages qu'elle demande, elle manque à la mission qu'elle s'est donnée, dont elle se glorifie ; au lieu d'encourager les arts, que les chambres négligent comme inutiles, elle les déprave et les abâtardit. En plaçant sur la même ligne M. Lemaire et M. David, M. Debay et Pradier, en mettant le talent éprouvé au même rang que la médiocrité authentique, elle trahit les intérêts qu'elle prétend protéger.

Le *Philopœmen* de M. David est assurément la meilleure de toutes les statues nouvelles placées aux Tuileries. Il y a dans le *Phidias* et le *Prométhée* des morceaux excellents; mais la figure de Philopœmen, envisagée sous le double rapport de la composition et de l'exécution, est un ouvrage plus harmonieux et plus logique. Le moment choisi par M. David est la bataille de Sellasie où Philopœmen, blessé dangereusement, retire de sa cuisse un javelot que personne n'osait arracher. Plutarque dit formellement que les deux cuisses de Philopœmen furent traversées, et que le guerrier mégalopolitain brisa d'abord le javelot en deux morceaux par la violence de ses mouvements, et retira séparément les deux tronçons; mais je conçois très-bien que M. David n'ait pas suivi la version de Plutarque, car il eût été difficile, dans un morceau en ronde bosse, de trouver, pour cette double blessure et pour les mouvements convulsifs de Philopœmen, un ensemble de lignes heureuses; le respect littéral du texte grec n'eût été qu'une puérilité. Il est vraisemblable que M. David a voulu exprimer le courage militaire; et si telle a été son intention, le trait cité par Plutarque n'a pas besoin d'être scrupuleusement traduit pour exciter notre admiration et notre sympathie. L'omission d'un détail sans importance ne peut inquiéter que les archéologues, et ne nuit en rien à l'œuvre du sculpteur. A mon avis, la mort de Philopœmen offre plus d'intérêt que le trait choisi par M. David; le guerrier septuagénaire qui, avant de boire la ciguë que lui envoie le vainqueur, s'informe du sort des cavaliers qui l'ont abandonné, et qui, en apprenant qu'ils sont sauvés, remercie le bourreau de cette bonne nouvelle, est plus grand que le guerrier de trente ans qui surmonte la douleur pour retourner au combat; mais ce glorieux épisode ne convient qu'au bas-relief, et M. David ne pouvait le traiter, dans les conditions qui lui étaient imposées. Le sujet qu'il a choisi exige l'expression de trois sentiments, le courage, la souffrance et l'enthousiasme. Si ces trois sentiments sont nettement exprimés, quelle que soit l'ordonnance des lignes, quel que soit le style des morceaux, le statuaire peut s'applaudir, et aux yeux du plus grand nombre son œuvre est complète. Or, nous nous plaisons à reconnaître que le *Philopœmen* de M. David exprime clairement le courage, la souffrance et l'enthousiasme. La douleur est empreinte sur le visage; mais la tête tournée vers le ciel révèle chez le héros une pieuse espérance, une belliqueuse ardeur; quant au courage, il est écrit en caractères éclatants dans la contraction de la main gauche qui serre la cuisse blessée, tandis que la main droite arrache le javelot. Ainsi M. David n'a manqué à aucune des conditions impérieuses du sujet, il a respecté fidèlement le caractère du personnage, et le sens de l'action qu'il avait à retracer. Au premier aspect, j'en conviens, son *Philopœmen* ne semble pas exempt d'une certaine emphase; mais si l'étude n'efface pas cette impression, elle ne tarde pas à l'expliquer et à la justifier. L'action de Philopœmen n'a pu s'accomplir que sous l'empire d'une vive exaltation; en arrachant le javelot qui venait de lui traverser la cuisse, il a dû exprimer, dans son attitude, dans les traits de son visage, l'emphase que M. David lui attribue. J'excuse pareillement l'arme placée dans la main gauche de Philopœmen. Il ne faut pas oublier, en effet, que le chef de la cavalerie achéenne brûle de retourner au combat, à l'ennemi qui est devant lui, et malgré sa blessure, il ne peut quitter le fer dont il va se servir. Toutefois l'emphase de cette figure serait moins sensible et ne choquerait personne, si l'auteur se fût abstenu de supprimer l'armure de

Philopœmen. Je sais que le nu, la chair proprement dite, est le triomphe de la statuaire; je sais que les sculpteurs de l'antiquité étaient habitués à représenter les héros, comme les dieux, complétement nus, ou les enveloppaient tout au plus d'une draperie légère pour donner aux lignes de la figure plus de grâce ou de majesté; mais la pratique des sculpteurs grecs et l'importance du nu dans la statuaire, sont loin de justifier le parti adopté par M. David. Car la plupart des statues antiques représentent des personnages immobiles, le type idéal d'un héros plutôt qu'un homme engagé dans une action déterminée. Si donc M. David eût été chargé de restituer pour un musée la statue de *Philopœmen*, placé, lui vivant, dans le temple de Delphes, je concevrais très-bien l'absence de l'armure; mais il a voulu nous montrer Philopœmen à la bataille de Sellasie; et ce moment est tellement déterminé, tellement précis, que nous désirons naturellement retrouver dans la réalité du personnage la réalité de l'action. Nous concevons difficilement le casque sans la cuirasse, et le baudrier suspendu à l'épaule nue du héros étonne les yeux les plus complaisants. L'absence de l'armure est d'autant plus singulière que Philopœmen aimait la magnificence militaire presque autant qu'un guerrier ottoman. Il avait décidé la jeunesse opulente de Mégalopolis à briser toutes ses coupes ciselées, à déchirer la pourpre de ses manteaux et à dépenser le plus clair de ses revenus en casques et en cuirasses. Les jeunes femmes, par son conseil, s'empressaient à orner de broderies les armures destinées à la défense du pays. Philopœmen avait cherché à exciter parmi ses soldats une émulation qui n'est pas sans analogie avec la chevalerie du moyen âge. Je regrette que M. David n'ait pas tenu compte de cette donnée; car il pouvait, en la respectant, conserver toute l'énergie du personnage. Sans sacrifier la chair à l'airain, sans cacher l'homme sous la cuirasse, il pouvait couvrir une partie de la poitrine, et traiter le casque de Philopœmen avec moins de simplicité. Il avait dans le casque d'Ajax un bel exemple à suivre; il pouvait semer sur l'airain les quadriges haletants. Le bouclier surtout appelait la magnificence; car Philopœmen, qui lisait tantôt la tactique d'Evangelus, tantôt les poëmes d'Homère, portait dans le gouvernement de son armée le même goût que dans ses lectures. Non-seulement il surveillait, il multipliait, il variait les manœuvres de ses escadrons avec cette sagacité que Polybe et Folard ont admirée; mais il s'occupait d'élargir et d'enrichir les boucliers de ses soldats, et ses lieutenants s'abritaient derrière un chant de l'Iliade. Je crois sincèrement que le *Philopœmen* de M. David, couvert d'une riche armure, n'eût rien perdu de sa grandeur ni de son idéalité; car les armures grecques étaient loin d'avoir le même poids et d'offrir la même sécurité que les armures du moyen âge; elles ornaient plutôt qu'elles ne couvraient le corps; elles rehaussaient la beauté, et laissaient aux parties nues toute leur valeur sculpturale. Il eût été bien facile à M. David d'éviter ces légers reproches, et de faire entrer dans son œuvre les éléments que l'histoire lui indiquait; il est évident qu'il a négligé l'armure pour la chair, le général de l'armée achéenne pour l'homme pris en lui-même, l'archéologie pour la sculpture.

L'étude successive des différentes parties du *Philopœmen* est pleine d'intérêt et diminue les regrets que nous inspire l'omission de plusieurs détails historiques. La tête, le torse et les membres sont traités avec tant de soin, et je puis dire avec tant d'amour, que la préférence accordée par M. David à l'homme pris en lui-même semble justifiée. Quant à nous, sans méconnaître les droits de l'histoire dans un sujet historique, nous placerons toujours la vérité humaine au-dessus de la réalité locale et passagère, et c'est au nom de la vérité humaine que le *Philopœmen* de M. David nous paraît digne de la plus haute estime. Le style de la tête s'accorde très-bien avec la nature des sentiments que le statuaire a voulu exprimer; les plis du front et le regard inspiré peignent fidèlement les émotions diverses du général achéen. Le type du visage s'éloigne heureusement des types consacrés dans l'école; rien de systématique dans la division des plans, nulle symétrie officielle dans l'ordonnance des lignes, mais de l'animation, de l'ardeur et de la souffrance. Les narines dilatées, les lèvres palpitantes, retracent énergiquement ce qui se passe dans l'âme du héros. On sait que Philopœmen ne fut jamais célèbre pour sa beauté; M. David a donc bien fait de ne pas prêter à son modèle une élégance inutile. Il a cru pouvoir se priver de cette ressource vulgaire, et il a eu raison. Peut-être serait-il permis de lui reprocher sans injustice l'âge qu'il a donné à sa figure. Philopœmen est mort à soixante-dix ans, mais le moment choisi par M. David se rapporte aux débuts militaires de Philopœmen; car le général achéen n'avait que trente ans à la bataille de Sellasie, et n'avait pas encore pris le commandement en chef de l'armée. Je m'explique facilement pourquoi le statuaire a vieilli son modèle; mais cette explication, qui se présente naturellement, décèle chez l'auteur une injuste défiance. Il a voulu évidemment se donner le plaisir et la gloire de chercher dans le marbre la chair d'un vieillard; il a craint, en laissant à son modèle l'âge viril que lui donne l'histoire, de demeurer trop loin des monuments de l'art grec. Il a violé la chronologie pour donner à son œuvre l'attrait de la nouveauté, pour présenter le modèle humain sous un aspect que l'art grec s'est rarement proposé. A notre avis cette pusillanimité doit être blâmée d'autant plus sévèrement que le style adopté par M. David pour toutes les parties de sa figure s'éloigne absolument de l'art antique.

Si l'on cherchait dans l'histoire de la sculpture un homme dont les ouvrages rappelassent le style du *Philopœmen*, le nom du Puget se présenterait sur-le-champ à la mémoire; car entre le *Philopœmen* et le *Milon* il y a une évidente parenté. Il eût donc été facile à M. David de respecter l'âge viril de son modèle, et de traiter cette donnée d'une façon originale. En donnant au général achéen cinquante ans au lieu de trente, il a été nouveau comme il le voulait, mais il a diminué la gloire du succès en diminuant le nombre des points de comparaison. Les épaules et la poitrine sont pleines de vie et de puissance, et seul entre tous les statuaires contemporains, M. David pouvait les traiter avec une telle largeur; cependant le goût conseillait, je crois, d'omettre, ou du moins de combler partiellement les fossettes claviculaires, et de donner aux chairs de la poitrine plus de fermeté. La réalité, je le sais, donne à peu près constamment ce que M. David nous montre, mais le devoir du sculpteur n'est pas, et ne sera jamais, d'adopter la réalité tout entière. Pour lutter avec la nature vivante, il ne faut pas oublier les éléments dont l'art dispose; or, le ciseau n'a que la forme à pétrir, c'est à la forme seule qu'il emprunte ses moyens d'action. La couleur, la transparence, la vie qui lui sont refusées, modifient singulièrement la forme du modèle humain; c'est pourquoi la raison conseille au statuaire d'omettre les détails que la forme est inhabile à traduire sans le secours de la couleur et de la transparence. Il n'est permis qu'aux esprits frivoles d'identifier l'art et la réalité; la différence profonde qui les sépare est, depuis longtemps, une vérité vulgaire pour M. David, et pour tous les artistes qui prennent la sculpture au sérieux. La partie abdominale du torse, sans donner lieu aux mêmes objections que la poitrine, n'est peut-être pas traitée avec assez de simplicité. L'attitude imprimée au modèle justifie certainement les plis du ventre, mais il n'était pas nécessaire d'indiquer avec tant de précision la topographie anatomique des parties latérales et inférieures. Moins de science et plus de simplicité eussent été d'un meilleur effet.

La cuisse et la jambe gauche ne laissent rien à désirer. La jambe porte bien, et les détails ne sont pas trop multipliés; la force est évidente, et le style est pur. La cuisse droite, celle qui est traversée par le javelot, mérite les mêmes éloges. Le dessin et le mouvement de la jambe droite sont d'une énergique vérité; mais il me semble que l'espace laissé entre le premier et le second orteil n'est pas nécessaire et donne au pied droit un mauvais aspect. Il eût été possible de conserver l'énergie du mouvement en omettant ce détail mesquin. La partie antérieure des bras est généralement excellente; il serait difficile d'exprimer la force avec plus d'élégance. Mais je reprocherai à M. David d'avoir trop multiplié les détails réels dans le coude des deux bras; les plis de la peau, qu'il a cru devoir traduire fidèlement, me semblent très-inutiles et nuisent à l'effet général. Ici, comme pour la poitrine, le goût conseillait impérieusement la simplicité. M. David, en cédant au désir de reproduire la réalité, a troublé l'harmonie de son œuvre.

L'avis que j'exprime sera, je crois, partagé par les admirateurs les plus sincères de M. David. Personne ne voudra contester le mérite éminent du *Philopœmen;* mais les ennemis les plus résolus de la couleur locale regretteront que l'auteur, par amour pour la sculpture du nu, ait négligé plusieurs détails historiques, dont l'art pouvait très-bien s'accommoder. Sans exagérer la valeur de ce reproche, ils croiront que le devoir de M. David était de concilier la vérité humaine et la réalité de l'histoire. Ils s'accorderont à louer la science et l'habileté qui se révèlent dans toutes les parties du *Philopœmen,* mais ils penseront, comme nous, que plusieurs détails, utiles à connaître, eussent été omis avec avantage. Le statuaire n'en sait jamais trop ; mais le goût lui commande souvent de ne pas montrer tout ce qu'il sait. L'art grec, si justement admiré, et dont les monuments seront, pour les générations futures, un éternel motif d'émulation, un sujet inépuisable d'études, se distingue surtout par la simplicité. Mais simplifier, qu'est-ce autre chose qu'omettre les éléments mesquins et agrandir les éléments importants? C'est à la pratique assidue de l'exagération et de la simplification qu'il faut rapporter la beauté de l'art grec; c'est au nom de ce double principe que nous avons jugé le *Philopœmen.*

1837.

LA STATUE DE LARREY.

Le nom de M. David est depuis longtemps en possession d'une légitime popularité. Personne en effet, parmi les sculpteurs contemporains, n'a jamais rendu avec autant de précision et de vérité la physionomie et le caractère de ses modèles. Il y a dans toutes ses statues une énergie, une vivacité, qu'on trouverait difficilement parmi les œuvres les plus vantées au de là des Alpes, du Rhin ou de la Manche. Et en parlant ainsi, je suis très-sûr de ne pas me laisser abuser par une puérile prédilection pour mon pays. Personne ne peut lutter avec M. David dans aucune des questions qui se rattachent à l'expression du visage, à la reproduction complète du masque humain. Personne n'a étudié comme lui, avec le même soin, la même ardeur, la même persévérance, les signes extérieurs de la passion, du sentiment et de la pensée. Cependant, quels que soient le talent et le savoir de M. David, il s'en faut de beaucoup que les statues sorties de ses mains soient à l'abri de tout reproche. S'il excelle à représenter la réalité, il n'obéit pas toujours aux lois du goût. C'est pourquoi je saisis avec empressement l'occasion qui m'est offerte d'étudier le talent de M. David.

Je n'ai rien dit du monument élevé à la mémoire du général Gobert, quoiqu'il y ait dans ce monument beaucoup à louer, beaucoup à blâmer. La statue équestre du général et les bas-reliefs qui décorent le piédestal m'auraient suggéré plus d'une réflexion. Toutefois j'ai cru devoir m'abstenir. Le sujet des pensées que j'aurais eu à présenter était placé trop loin des regards de la foule pour lui permettre de vérifier la justesse ou l'inexactitude de mon jugement. Le Guttemberg placé à Strasbourg soulevait la même objection. La statue de Larrey, placée dans la cour du Val-de-Grâce, défend à la critique de garder le silence. Chacun pourra, en effet, s'assurer par soi-même de la valeur de mes pensées. Guttemberg, le général Gobert, étudiés avec l'attention la plus scrupuleuse, analysés avec une précision mathématique, n'auraient peut-être pas porté la conviction dans l'esprit du lecteur ; l'analyse de la statue de Larrey me permet d'espérer que je serai pleinement compris, et, si je me trompe, mon erreur sera facilement démontrée, puisque le sujet de la discussion est devant les yeux du lecteur.

La tête de Larrey est certainement d'une ressemblance frappante. Cet homme vénérable qui a rendu à l'armée des services si éclatants, si nombreux, et dont le nom est associé à jamais à celui de Napoléon par quelques lignes de son testament gravées dans toutes les mémoires, proclamé par l'empereur le plus honnête homme qu'il eût jamais connu, avait gardé depuis la chute de l'empire la coiffure et le costume qu'il portait pendant les glorieuses campagnes où il s'était signalé par son héroïque bravoure ; comme s'il eût senti qu'il était une figure historique et que la postérité avait déjà commencé pour lui, il se conservait tel que nos soldats l'avaient vu sur le champ de bataille. S'égaye qui voudra au souvenir de ce respect pour le passé ; je ne veux pas y voir un enfantillage, mais la conscience du devoir accompli. Grâce au soin que Larrey avait pris de demeurer, autant qu'il le pouvait, toujours comparable à lui-même, sa physionomie était connue de la foule. Que de fois ne l'ai-je pas rencontré sur le pont des Arts, sortant de l'Institut avec sa longue chevelure qui tombait sur ses épaules comme celle de Bernardin de Saint-Pierre! Il y avait dans son visage un mélange d'énergie et de bonhomie qui frappait tous les yeux. Chacun aimait à retrouver dans les traits de ce vieillard l'homme de bien, l'homme de courage, dont toute la vie avait été vouée au service de l'humanité, que nos soldats admiraient comme Ney, comme Murat, comme Lannes, qui allait sur la brèche, sous le feu de la mousqueterie et du canon, panser les blessés, qui n'a jamais reculé devant le danger, qui, au milieu des boulets et des balles, poursuivait intrépidement l'accomplissement de sa tâche. Eh bien! ce mélange heureux d'énergie et de bonhomie, M. David l'a compris et rendu avec une rare précision. Tous les vieux compagnons d'armes de Larrey retrouvent dans l'œuvre de M. David l'homme brave et dévoué qu'ils ont connu au bivouac. Le bronze nous a rendu fidèlement le modèle qui a si souvent posé à son insu devant le statuaire; car, le jour où M. David a été chargé d'exprimer, dans une œuvre durable, dans un monument offert à tous les yeux, la reconnaissance publique, il n'a pas été obligé de consulter les souvenirs d'autrui; il lui a suffi d'interroger ses propres souvenirs, et, sans doute, c'est à cette heureuse circonstance que nous devons attribuer la vie qui anime le regard et le sourire de Larrey, dans la statue placée au Val-de-Grâce. Chacun sait en effet que les meilleurs portraits sont ceux dont les modèles ont posé à leur insu, c'est-à-dire, avant de poser officiellement devant le peintre ou le statuaire, ont souvent passé devant ses yeux. Van-Dyck et Lawrence le savaient bien, et attendaient, pour copier leurs modèles, l'heure où ils les savaient par cœur au point de pouvoir détourner la tête.

M. David connaissait depuis longtemps la tête de Larrey, lorsqu'il a entrepris de la modeler. A-t-il profité librement de cette condition privilégiée? Je ne le pense pas. M. David, comme chacun de nous a pu s'en convaincre en étudiant la nombreuse collection des médaillons signés de son nom, attache beaucoup trop d'importance à la phrénologie. Il ne s'agit pas ici d'estimer la valeur de cette doctrine dans le domaine de l'éducation et de la politique; notre tâche, beaucoup plus modeste, n'embrasse que le domaine purement esthétique. Or, je me demande si la doctrine de Gall et de Spurzheim, appliquée à la statuaire, ne doit pas nécessairement exagérer l'importance géométrique de la tête, et introduire ainsi dans la composition de toutes les figures un élément de trouble et de discorde. Est-il possible, en effet, de s'attacher à reproduire sur le crâne humain toutes les protubérances qui, d'après la doctrine de Gall, signalent les facultés, les penchants, les instincts de l'âme humaine, sans se trouver, à son insu, entraîné à méconnaître le volume normal de la tête? C'est une question qui pourrait sembler difficile à résoudre, si l'on se bornait à l'envisager théoriquement; mais, dès que l'on appelle en témoignage les œuvres accomplies sous l'empire de cette doctrine, on ne tarde pas à comprendre toute la légitimité de nos craintes. Déjà le Corneille de Rouen, le Guttemberg de Strasbourg, le Cuvier du Jardin des Plantes nous avaient révélé très-clairement les conséquences désastreuses de la phrénologie dans le domaine de l'art; la statue de Larrey est une preuve ajoutée à toutes celles que je viens d'énumérer. Si la phrénologie est appelée à rendre de véritables services, ce n'est certes pas dans les arts consacrés à l'expression de la beauté.

Qu'elle puisse nous éclairer sur les instincts des animaux, c'est une vérité acquise depuis bien longtemps à la discussion; qu'appliquée à l'étude des degrés supérieurs de l'échelle zoologique, elle puisse introduire dans la science un intérêt nouveau, un intérêt de l'ordre le plus élevé, c'est ce qui ne saurait être mis en doute; mais, en passant de la région scientifique dans la région esthétique, la phrénologie, utile tout à l'heure, devient évidemment dangereuse. Les plus beaux ouvrages de l'art grec n'ont rien à démêler avec l'enseignement phrénologique; or, voulût-on accepter sans réserve les prophéties fastueuses de Condorcet et de Garat sur le perfectionnement indéfini de l'esprit humain dans le domaine scientifique, bon gré, mal gré, il faut bien reconnaître que l'art grec n'a jamais été surpassé, j'ajouterai même sans témérité qu'il n'a jamais été égalé. L'art grec s'est très-bien passé de la phrénologie; l'art moderne, en acceptant les lois de cette science nouvelle, n'a-t-il pas oublié les préceptes suivis par l'art antique? Je ne veux pas m'arrêter à le démontrer. Les artifices de la logique seraient ici absolument superflus. De quoi s'agit-il en effet? Il s'agit de savoir si la ferme résolution d'exprimer par la forme de la tête humaine toutes les passions, tous les appétits, toutes les facultés dont le modèle proposé a donné des signes éclatants dans le cours de sa vie, ne doit pas introduire dans l'œuvre du statuaire une multitude de détails qui, vrais en eux-mêmes, arrivent, par leur nombre, à troubler l'harmonie, l'unité dont l'art ne peut se passer. Si la phrénologie était ignorée des Grecs, les artistes éminents du siècle de Périclès n'avaient pas négligé l'étude du masque humain dans ses expressions les plus diverses. Quoique le temps nous ait envié les œuvres de Pythagore de Rhége, qui avait consacré son talent à la représentation de la douleur, nous avons, parmi les monuments qui nous restent, de quoi mesurer en toute sécurité le savoir des artistes grecs. Le Laocoon du Vatican, le masque de Jupiter placé dans le même musée et faussement appelé Jupiter Olympien, l'Apollon Pythien qui participe à la fois de la Grèce et de l'Italie, nous offrent des types assez variés, et nous pouvons, d'après ces types, marquer clairement jusqu'où les anciens avaient poussé l'étude de la physionomie humaine. Eh bien ! prenez le Laocoon, le Jupiter, l'Apollon, bien qu'aucune de ces œuvres ne puisse être considérée comme originale, il n'y a cependant aucune présomption à les appeler en témoignage. Si le Jupiter de Phidias, fait d'ivoire et d'or, a péri dans le douzième siècle de l'ère chrétienne, il n'y a rien d'invraisemblable à supposer que le masque placé au Vatican est une réduction éloquente et fidèle de l'œuvre originale ; la triple signature placée sur la plinthe du Laocoon, sans prouver que nous possédions le premier groupe connu sous ce nom, établit au moins que le marbre du Vatican est la réplique d'une œuvre grecque. Si l'Apollon Pythien, plus connu sous le nom d'Apollon du Belvédère, a dû, d'après la ténuité de la draperie, être fondu en bronze avant de se montrer à nous tel que nous le voyons, sans vouloir comparer l'Apollon Pythien au Thésée de Phidias, il faut bien y voir cependant l'expression de la beauté virile dans l'antiquité. Le style de cette figure, bien que secondaire, n'en détruit pas l'autorité. Or, est-il probable que le Jupiter, le Laocoon, l'Apollon, soumis aux lois de la phrénologie, garderaient la simplicité, l'unité, l'harmonie qui les recommandent ? Pour ma part, j'en doute, et je crois que mon avis sera partagé par tous ceux qui auront pris la peine d'étudier ces trois figures.

Assurément la tête de Larrey, dans l'œuvre de M. David, est d'un beau caractère. Cependant elle serait plus belle encore, si l'auteur se fût borné à reproduire fidèlement ce qu'il avait vu, en négligeant toute imitation servile. Le désir d'ajouter à la réalité, qu'il avait observée, les renseignements que la phrénologie lui fournissait sur le caractère et les facultés de son modèle, a multiplié les détails dans le masque de Larrey, et l'œuvre, en raison même de cette complication, a perdu une partie de sa grandeur. Livré à lui-même, M. David nous eût donné l'image vivante de Larrey; livré aux conseils de la phrénologie, il a troublé l'harmonie et la simplicité de son œuvre. L'ambition d'effacer tous ses devanciers et d'introduire dans l'art toute une science nouvelle n'a pas permis à son talent de se déployer avec la liberté, la spontanéité qui seules donnent la vie au travail de l'ébauchoir ou du pinceau.

M. David a-t-il eu raison de reproduire littéralement le costume de son modèle? A mon avis, cette question est résolue depuis longtemps, et ne doit plus être posée. Quoiqu'il soit nécessaire, dans la composition d'une statue, de faire appel à l'idéal, d'agrandir, d'interpréter plusieurs points de la réalité, je ne conseillerai jamais à personne, peintre ou statuaire, de substituer au costume historique un costume de convention. Il faut que le modèle soit vêtu dans l'œuvre du statuaire comme il était vêtu; il faut que le costume donne la date du sujet. Cette obligation une fois acceptée, il n'est pas défendu de modifier, d'assouplir tout ce qui pourrait donner à l'ensemble de la figure de la sécheresse ou de la maigreur. M. David connaît depuis longtemps cette partie délicate de sa tâche et la remplit à merveille. Le costume que nous portons prend sous son ébauchoir une ampleur, une souplesse, une grâce à laquelle nos yeux ne sont pas habitués. L'étoffe enveloppe le corps et le dessine; les plis naissent du mouvement de la figure. M. David sait mieux que personne triompher de toutes les difficultés qui peuvent se présenter dans l'exécution du costume moderne. A cet égard, il a fait ses preuves, et la statue de Larrey ne laisse rien à désirer sous ce rapport. Depuis les bottes jusqu'au manteau, tous les détails sont traités avec une hardiesse, une habileté qui sans doute seront difficilement surpassées. Le manteau, rejeté sur l'épaule, accuse nettement la forme de la poitrine et des hanches. Certes, j'aime bien mieux Larrey ainsi vêtu qu'affublé d'un costume romain. Que la toge eût donné des plis plus riches, plus abondants, des lignes plus harmonieuses, je ne le conteste pas ; mais je crois très-sincèrement que Larrey, vêtu à l'antique, eût appelé le rire sur nos lèvres, et je pense que M. David a très-sagement agi en ne prêtant pas à son modèle la toge de Cicéron. Il a franchement accepté la difficulté, et l'a résolue d'une façon victorieuse.

Et pourtant cette statue si habilement modelée, drapée avec tant d'élégance, dont le masque, malgré sa complication, rappelle d'une manière si frappante les traits du modèle, ne satisfait pas l'œil habitué à la contemplation des œuvres dont l'autorité est consacrée. Rien ne peut, en effet, atténuer l'erreur géométrique commise par M. David. Il a méconnu volontairement ou involontairement, peu importe, les proportions établies par les maîtres de l'art, proportions vérifiées mainte et mainte fois, qui n'ont rien d'arbitraire, et sans lesquelles il n'y a pas de vraie beauté. Depuis vingt-deux siècles, il est parfaitement établi que l'homme, de la plante des pieds au sommet du front, compte sept têtes et demie ; les femmes comptent une demi-tête de plus. M. David a méconnu cette vérité élémentaire. Certes il n'a pas péché par ignorance. Le principe qu'il a violé, il l'enseigne à ses élèves ; la relation géométrique de la tête et de l'axe du corps est une des premières notions dont se compose la science du dessin. Il n'est pas permis de crayonner ce appelle une *académie* sans connaître cette relation. Pourquoi donc M. David, dont le savoir ne peut être révoqué en doute, a-t-il si dédaigneusement traité la loi dont je parle? C'est, je crois, la phrénologie qu'il en faut accuser. Certes, il s'en faut de beaucoup que le volume de la tête exprime fidèlement le développement, naturel ou acquis, de l'intelligence. Chacun de nous, en consultant ses souvenirs, mettrait sans peine le nom d'un sot sur une tête énorme, et le nom d'un savant ou d'un poëte, d'un peintre habile, d'un musicien éminent, sur une tête dont le volume n'étonne personne. Cependant, quoique les travaux de Camper sur l'angle facial aient démontré, longtemps avant les travaux de Gall et de Spurzheim, toute l'inanité des conjectures fondées sur le volume de la tête, la foule continue de voir dans une tête énorme un signe éclatant d'intelligence. Je ne ferai pas à M. David l'injure de croire qu'il partage ce ridicule préjugé : il sait très-certainement à quoi s'en tenir sur le sens réel de l'angle facial et sur la vraie manière de le mesurer; mais il a beau posséder la vérité, il agit, à son insu, comme s'il ne la possédait pas. Le désir constant de montrer son savoir phrénologique l'entraîne à exagérer le volume de la tête. Il n'ignore pas que le volume pris en lui-même ne signifie absolument rien, et il se conduit comme s'il attribuait au volume une immense importance. Pour accuser nettement toutes les protubérances indiquées par la phrénologie comme les signes extérieurs de la mémoire ou de la volonté, de la persévérance ou du courage, il viole les relations géométriques du front avec le reste du corps. La statue de Pierre Corneille démontre, bien mieux encore que la statue de Larrey, jusqu'où la préoccupation phrénologique peut entraîner M. David. Toutefois, dans l'œuvre nouvelle, l'erreur, quoique moins évidente au premier aspect, n'est pas moins complète.

La statue de Larrey n'a guère plus de six têtes et demie. Il est possible que le compas ne donne pas raison d'une façon absolue à l'œil du spectateur; mais cette dissidence inévitable n'infirme pas la valeur du reproche que j'adresse à M. David. Chacun sait, en effet, que la hauteur apparente des corps varie selon la position de l'observateur. Il est clair qu'une figure regardée de bas en haut paraît, nécessairement, plus courte qu'elle n'est en réalité. Or, c'est la condition dans laquelle se trouvent placées toutes les statues, puisque la plinthe correspond habituellement à l'axe de l'œil, de telle sorte que, pour laisser à la figure sa hauteur normale, il est indispensable d'ajouter, selon l'élévation du piédestal, quelques lignes à la hauteur réelle. M. David a négligé cette précaution, et la statue de Larrey n'a pas pour le spectateur plus de six têtes et demie. Il serait inutile d'insister plus longtemps sur ce point; l'erreur que je signale est si facile à constater, qu'il y aurait de la puérilité à vouloir la démontrer.

En attribuant à la phrénologie la méprise de M. David, je ne crois pas me prononcer légèrement. L'auteur de l'œuvre que j'analyse connaît trop bien toutes les lois de son art pour qu'il soit permis de l'expliquer autrement. Est-ce à dire que je veuille proscrire, absolument, les conquêtes de la science moderne comme dangereuses pour les arts d'imitation? Telle n'est pas ma pensée; mais je crois qu'il faut interroger avec réserve la science toutes les fois qu'il s'agit d'exprimer la forme des corps, car la science, en raison même de sa nature, par cela même qu'elle se propose la connaissance de la vérité pure et non des apparences qui frappent tous les yeux, peut induire l'art en erreur en exagérant à ses yeux l'importance de certains détails. Sans la phrénologie, je suis convaincu que M. David ne fût jamais arrivé à méconnaître, comme il l'a fait, un des principes élémentaires du dessin. Si je prends la peine de rappeler ce principe, ce n'est certainement pas pour engager l'auteur à s'en pénétrer, car il le connaît mieux que moi, et nous a prouvé cent fois l'usage qu'il sait en faire ; mais, sous l'empire d'une préoccupation exclusive, il a trahi les doctrines mêmes qu'il enseigne, et la faute commise par un maître habile ne doit pas être passée sous silence. M. David occupe dans la statuaire, dans l'art européen, une place trop élevée pour qu'il soit permis de le traiter avec indulgence. Il a signé de son nom des œuvres nombreuses ; il nous a montré son savoir et son talent sous des faces variées, il a le droit d'être jugé avec sévérité, et, si je relève avec un soin minutieux tout ce qui, dans la statue de Larrey, viole les lois du goût, les lois du dessin, c'est pour témoigner plus clairement à M. David l'estime qu'il m'inspire. Si j'avais à examiner un travail signé d'un nom nouveau, je ne pousserais pas si loin l'analyse, je ne déduirais pas avec tant de précision les motifs de mon avis, et j'espère que l'auteur ne s'y trompera pas.

Les bas-reliefs qui décorent le piédestal donnent lieu à des remarques d'une autre nature. Pour exprimer l'héroïsme de Larrey, M. David a choisi quelques-unes des batailles auxquelles se trouve associé le nom de son modèle. Quoi qu'on puisse dire, je ne pense pas qu'il pût faire autrement. Sans doute, la figure de Larrey, bien que placée au premier plan, n'attire pas d'abord les regards de la foule ; mais tous ceux qui étudient avec sympathie le monument élevé à la mémoire de l'illustre vieillard, et le nombre en est grand, Dieu merci, découvrent sans peine le chirurgien au milieu des blessés. Dire que l'importance de la bataille atténue, efface le personnage qui donne son nom au monument, c'est ne rien dire de sérieux. Quel sens, en effet, est-il possible de prêter à cette objection ? Larrey a prodigué sa vie sur les champs de bataille. Pour nous représenter son dévouement héroïque, ne faut-il pas nécessairement le placer au milieu des balles et des boulets? Que les batailles des Pyramides, d'Austerlitz, de Somo-Sierra et de la Bérésina occupent dans l'histoire une place plus considérable que l'abnégation et le courage de Larrey, qui songe à le nier? Que sa figure n'appelle pas d'abord l'attention du spectateur indifférent, la chose est toute simple; il est impossible qu'il en soit autrement. Toute la question se réduit à savoir si M. David pouvait agir autrement qu'il n'a fait. Quant à moi, je ne le pense pas. Il devait et il a voulu nous représenter Larrey aux différentes époques de sa vie; le choix auquel il s'est arrêté répond parfaitement au dessein qu'il avait conçu. Le reproche que je crois devoir lui adresser n'a rien à démêler ni avec le choix des sujets, ni avec l'amoindrissement inévitable du personnage. Ces deux sortes d'objections me paraissent dépourvues de toute valeur. Il y a, je le reconnais volontiers, dans les quatre bas-reliefs qui m'occupent une incontestable énergie. L'auteur s'est efforcé de nous montrer la guerre dans toute sa vérité, et l'ordonnance des bataillons n'a rien de capricieux ni d'académique. Le canon gronde, les balles sifflent à nos oreilles; les fantassins immobiles envoient et attendent la mort; les escadrons s'ébranlent et la mêlée s'engage. A ne considérer que la conception générale de ces bas-reliefs, il est impossible de ne pas les admirer; mais si, de la conception générale, l'esprit du spectateur passe à l'étude individuelle de chaque figure, l'admiration s'attiédit singulièrement. Si la composition semble à l'abri de tout reproche, l'exécution ne supporte pas une étude attentive. Ce n'est pas qu'il ne se rencontre presque partout des têtes animées d'un enthousiasme sauvage; les attitudes sont vraies, les mouvements vigoureux, les coups bien portés. Malheureusement l'exécution du torse et des membres ne s'accorde presque jamais avec l'exécution de la tête. Ou bien le torse n'a pas l'épaisseur voulue, ou bien les membres sont trop courts; c'est toujours et partout une ébauche très-habile, jamais une forme définitive. Que M. David soit capable de mieux faire, je n'en doute pas un seul instant. Qu'il ait en lui-même toutes les ressources nécessaires pour mener à bonne fin, pour revêtir d'une forme pure et précise l'ébauche qu'il nous a offerte, je n'hésite pas à le croire. Ma conviction toutefois ne m'ôte pas le droit de lui demander pourquoi, dans ces bas-reliefs, il nous offre une ébauche au lieu d'une œuvre définitive. La statuaire, en effet, se contente plus difficilement d'une ébauche que la peinture, surtout lorsqu'elle prend le bronze pour interprète. Bien que le marbre, par la finesse même de la matière, semble destiné à l'expression d'une pensée nettement arrêtée, le spectateur se montre volontiers plus indulgent pour le marbre que pour le bronze, car le ciseau peut achever ce que le ciseau a commencé; mais le bronze une fois refroidi ne change plus de forme, le moule une fois brisé ne commande plus au métal. C'est pourquoi une ébauche en bronze est quelque chose d'inintelligible, et pourtant je ne crois pas qu'il soit permis de donner, aux bas-reliefs de M. David, un autre nom que le nom d'ébauches. On aura beau me vanter tous les mérites qui recommandent ces bas-reliefs, me dire qu'ils nous offrent l'image fidèle de la guerre, appeler mon attention sur les épisodes sanglants qui donnent à la composition un accent de vérité : tous ces mérites, que je ne songe pas à nier, ne ferment pas mes yeux aux défauts que je signale. L'énergie ne dispense pas de la correction. A cet égard, le statuaire est placé dans la même condition que le peintre ou le poëte. Il ne lui suffit pas d'inventer, il faut qu'il exprime sa pensée avec élégance, avec précision. Or, les bas-reliefs de M. David sont très-loin de satisfaire à cette loi impérieuse.

Il y a, dans ces quatre batailles si énergiquement conçues, exécutées d'une manière si incomplète, une méprise très-grave qui ne sera peut-être pas aussi facilement aperçue, mais qui, à coup sûr, blessera tous les hommes du métier. M. David, lorsqu'il s'agit d'un bas-relief, ne semble établir aucune différence entre les devoirs du peintre et les devoirs du statuaire. Il paraît croire que l'ébauchoir doit lutter avec le pinceau, et tenter de reproduire par la forme tout ce que le pinceau reproduit par la couleur. C'est une erreur singulière contre laquelle proteste l'histoire entière de l'art, et pourtant c'est à cette erreur qu'il faut rapporter la multiplicité des plans imaginés par M. David pour chacun de ces bas-reliefs. S'il ne confondait pas les devoirs de la statuaire avec les devoirs de la peinture, il n'aurait jamais songé à modeler des fonds de paysage que l'œil distingue avec peine, comme dans la bataille des Pyramides, ou qui prennent trop d'importance, comme dans la bataille de Somo-Sierra. Je ne dis pas que le statuaire chargé de nous représenter une bataille moderne doive chercher dans les marbres d'Athènes ou de Phigalée le type de sa composition : les cavaliers du Parthénon n'enseignent pas le mouvement de nos armées, mais il y a dans la frise du Parthénon une leçon qu'il ne faut jamais oublier. L'école antique pensait, et le temps lui a donné raison, que la sculpture ne doit se permettre que deux plans, trois tout au plus, dans les cas exceptionnels. Ce précepte est fondé sur la nature même des organes à l'aide desquels nous percevons la lumière et la forme. Dans un bas-relief, au bas du second plan, la confusion commence ; au delà du troisième, elle devient presque toujours complète. Vouloir lutter d'abondance et de variété avec la peinture l'ébauchoir à la main, c'est méconnaître les vraies limites de la sculpture et s'abuser sur les ressources dont elle dispose. Or, c'est là précisément la méprise que je reproche à M. David. Dans les quatre batailles qu'il vient de nous donner, il a traité l'espace en maître souverain. Tout ce qu'il aurait pu tenter sur la toile, il l'a tenté sur la glaise, et ne s'est guère inquiété de la limite assignée à la puissance du regard. Il a franchi hardiment le troisième, le quatrième plan, comme si nos yeux pouvaient embrasser, sans fatigue et sans effort, tout ce qu'il lui plaît de modeler ; il a manié l'ébauchoir comme il aurait manié le pinceau. Qu'est-il arrivé? Les derniers plans sont pour l'œil du spectateur comme s'ils n'étaient pas. Je me trompe ; s'ils ne sont pas doués d'une existence précise, ils réussissent pourtant à troubler la composition. Si l'œil ne les distingue pas nettement, il cherche pourtant à les distinguer, et c'en est assez pour qu'il jouisse moins librement des premiers plans, des seuls qu'il devrait étudier.

Je sais qu'on peut opposer à la doctrine que je soutiens l'autorité de Ghiberti, qui, dans les portes du baptistère de Florence, a multiplié les plans à l'infini, sans tenir compte des lois établies par l'école attique. Il y a deux manières de répondre à cette objection. En premier lieu, rien ne prouve que Ghiberti ait connu, même indirectement, la frise du Parthénon. Et si, comme tout porte à le croire, le dessin ne lui a jamais révélé les principes qui dominent cette composition, on ne saurait sans puérilité affirmer qu'il a violé ces principes. Qui oserait dire que Ghiberti, averti par l'exemple des Grecs, eût traité les portes du baptistère comme il les a traitées? Bien que nous soyons réduits aux conjectures sur le parti qu'il aurait adopté, le doute ne semble pas permis. En second lieu, Ghiberti, en s'éloignant de la voie tracée par les Grecs, en s'écartant à son insu de principes qu'il ignorait, semble avoir pris à tâche de justifier sa hardiesse par la finesse et la précision des détails. Il n'y a pas en effet, parmi les bas-reliefs signés de son nom, une seule composition dont toutes les parties ne soient rendues avec la même perfection. Chez Ghiberti, rien n'est demeuré à l'état d'ébauche : figures, plantes, terrains, tout est modelé d'une façon définitive. Si les plans, dans les conditions générales de la sculpture, sont trop nombreux, au moins faut-il reconnaître que l'inconvénient attaché au nombre des plans est singulièrement atténué par la précision constante de la forme. Si l'œil n'embrasse pas toujours du premier regard tous les détails du bas-relief, du moins le spectateur patient est sûr de n'en perdre aucun, grâce à la persévérance avec laquelle l'auteur a rendu toutes les parties de son œuvre. L'admirateur le plus sincère peut regretter que Ghiberti n'ait pas apporté plus de sobriété dans l'invention : la pensée de l'auteur se montre à lui dans toute sa richesse, dans toute sa variété. On peut demeurer toute une journée devant les portes du baptistère, et s'éloigner avec la certitude que l'étude n'est pas épuisée. Le lendemain, en effet, on découvre, sinon de nouveaux épisodes, au moins des parties accessoires qui d'abord n'avaient pas frappé le regard, et, bien que cet appât offert à la curiosité détourne la pensée du véritable sujet de la composition, la curiosité ne fait jamais place à l'ennui, parce qu'elle trouve toujours à se contenter.

Ainsi je ne pense pas que l'autorité de Ghiberti justifie M. David. Si les portes du baptistère, comme les bas-reliefs destinés à nous retracer la vie de Larrey, s'éloignent de la tradition grecque par le nombre des plans, ils se séparent nettement de l'œuvre nouvelle par la précision de la forme. Est-il besoin d'ailleurs d'invoquer l'antiquité, la renaissance, pour estimer la valeur de ces bas-reliefs? Est-il besoin d'appeler en témoignage Athènes et Florence, pour déclarer qu'une ébauche ne peut être confondue avec une œuvre définitive? Les quatre batailles placées devant nous, excellentes si l'on veut y voir une esquisse, un projet, appellent la sévérité dès qu'on veut y chercher une œuvre définitive.

A Dieu ne plaise que je conseille à M. David de renoncer brusquement à toutes ses habitudes, d'oublier l'énergie empreinte dans tous ses ouvrages, et de se proposer comme but constant, comme but unique, l'ordonnance, qui jusqu'ici ne l'a guère préoccupé! Pour juger un homme, quel qu'il soit, avec équité, il faut commencer par se placer à son point de vue, et ne pas lui demander les facultés qu'il ne possède pas. Aussi me garderai-je bien, pour estimer le mérite de M. David, de consulter la tradition grecque; ce serait faire fausse route et me condamner à l'injustice. M. David n'a rien de commun avec les leçons de l'antiquité. Ce n'est donc pas au nom de l'antiquité que nous devons nous prononcer sur la valeur de ses travaux. Il faut avant tout bien définir ce qu'il a voulu, ce qu'il veut, et chercher dans l'histoire un homme qui ait pris la même volonté pour règle de sa vie.

Or, cet homme n'est pas difficile à rencontrer; il s'appelle Puget. L'auteur du *Milon*, comme l'auteur du *Philopœmen*, se propose plutôt l'expression de la force que l'expression de la beauté, ou, pour parler plus nettement, c'est dans la force même qu'il espère trouver la beauté. C'est à cette doctrine que nous devons le *Milon* et le *Philopœmen*, et l'identité de la doctrine se révèle pleinement par l'identité des moyens employés. Si le *Milon* en effet est assuré de garder dans l'histoire une place éminente; si, quelle que soit l'école qui ait obtenu leur prédilection, tous les statuaires sont obligés de l'admirer, à moins de nier l'évidence, de renier le bon sens, il est certain pourtant que le *Milon*, malgré son immense mérite, blesse le goût en plus d'un point. Je ne parle pas de la draperie, qui n'est qu'un hors-d'œuvre ; je me borne à demander s'il n'était pas possible, tout en laissant au visage son expression douloureuse, aux membres leur vigueur, à la poitrine sa contraction énergique, de trouver pour la figure entière des lignes plus harmonieuses. Je n'hésite pas à poser cette question, bien que les disciples de Puget ne puissent l'entendre sans colère. Ne peut-on pas exprimer le même doute à propos du *Philopœmen*?

Ainsi, M. David appartient à l'école de Puget, et, s'il récuse l'autorité des Grecs, il ne peut récuser l'autorité de son maître. Interrogé sous le rapport géométrique, le *Milon* ne donne pas raison à la statue de Larrey ; la tête de l'athlète s'accorde parfaitement avec les lois établies par l'art antique. Venons aux bas-reliefs. Puget ne s'est pas souvent exercé dans ce genre de travaux. A Gênes, à Marseille, à Toulon, il n'a guère laissé que des figures ronde-bosse, et je comprends dans cette dernière catégorie ses cariatides. Cependant nous avons de lui deux bas-reliefs, le *Diogène* et *la Peste de Milan*. Je ne dis rien du premier, parce que, le nombre des personnages étant limité par le sujet même, il ne saurait servir d'exemple dans la discussion ; mais *la Peste de Milan*, bien que conçue d'une manière toute pittoresque, donne tort à M. David aussi bien que Ghiberti, car, dans ce bas-relief, qui se voit à Marseille même au bureau de la Santé, les détails, quoique très-nombreux, sont traités avec un tel soin, rendus avec une telle précision, que le regard ne laisse rien échapper. Assurément, si Puget n'eût jamais signé de son nom que *la Peste de Milan*, il n'occuperait pas dans l'histoire de son art une place considérable. Cependant, si c'est au *Milon*, aux belles figures de Gênes, qu'il faut demander la raison de sa gloire, il n'est pas permis de voir dans ce bas-relief l'ouvrage d'un homme ordinaire. Si le parti adopté par l'auteur est contraire aux vrais principes de la sculpture, ce parti une fois accepté, le spectateur admire volontiers l'expression énergique et variée des physionomies. Pour nous, la seule chose qui nous importe, c'est de constater que, dans ce bas-relief, rien ne mérite le nom d'ébauche, et qu'ainsi l'exemple de Puget ne peut être invoqué par M. David. *La Peste de Milan*, comparée aux *Batailles d'Austerlitz* et de *Somo-Sierra*, justifie nos conclusions.

M. David tient, parmi les statuaires français, une place à part. Bien qu'il se rattache à l'école de Puget par la manière dont il comprend la réalité, il y aurait cependant de l'injustice à voir en lui un disciple servile. De tous les hommes qui ont laissé dans l'histoire une trace glorieuse de leur passage, Puget est certainement le seul qui puisse le revendiquer comme sien, et pourtant je dois reconnaître que rien, dans les ouvrages de M. David, ne révèle un respect aveugle pour les leçons de son maître. S'il se rapproche du style de la sculpture française au dix-septième siècle, il n'y a dans cette imitation rien qui contrarie la spontanéité de son talent. A proprement parler, M. David, bien qu'il manifeste en toute occasion sa prédilection pour les œuvres de Puget, bien qu'il traite la chair comme l'auteur du *Milon*, relève directement de la réalité. S'il prête à ce qu'il voit un accent particulier que la réalité ne lui suggère pas, il faut reconnaître cependant que cet accent n'est emprunté à aucune tradition. Après avoir achevé ses études dans l'atelier de Roland, statuaire obscur, qui toutefois n'était pas dépourvu de mérite, il a séjourné plusieurs années en Italie; il a pu contempler d'un œil attentif toutes les richesses du Vatican et du Capitole, de la tribune de Florence et du musée de Naples. Aucun des trésors de l'antiquité n'a échappé à ses regards; mais sa prédilection pour Puget a résisté à toutes les épreuves. Rome, Naples, Florence, sont demeurées sans action sur ce goût passionné pour le statuaire de Marseille. Il est revenu d'Italie plus savant sans doute, mais aussi fermement résolu à ne jamais consulter les traditions de l'art antique pour la composition d'un ouvrage, quel qu'il fût. Qu'il s'agisse d'un groupe, d'une figure ou d'un bas-relief, M. David se préoccupe avant tout de la réalité. Parfois la réalité le sert à merveille; parfois aussi la réalité, interrogée à plusieurs reprises, ne lui fournit aucune donnée vraiment poétique. L'excellence de l'imitation prend alors la place de l'invention, et le charme que nous éprouvons à regarder le marbre palpitant, le marbre qui frémit et qui respire, nous laisse rarement une assez grande liberté d'esprit pour blâmer dans ces œuvres si énergiques, si puissantes, l'absence d'harmonie linéaire. S'il est vrai en effet que l'harmonie linéaire se rencontre dans la réalité, il faut le plus souvent corriger la réalité pour la trouver.

En face de l'école réaliste, qui reconnaît M. David pour son chef, se place une école qui relève de la seule tradition et traite M. David avec un dédain superbe. Pour les disciples de cette école, qui se dit classique, M. David, malgré tout son talent, n'est qu'un profane ou plutôt qu'un sacrilège. Il gaspille le marbre et le bronze, et les modèles qui naissent sous son ébauchoir ne méritent pas de durer. Cette école ne voit pas de salut hors de la tradition et fulmine l'excommunication, sans hésiter, contre ceux qui prétendent prendre la nature pour point de départ. Et pourtant, malgré les hymnes qu'elle entonne en l'honneur de la tradition, malgré le dédain fastueux qu'elle affiche pour la réalité, elle ne connaît pas la vraie tradition, elle ne sait pas à quel moment de l'histoire il faut la prendre pour trouver en elle un guide fidèle et sûr. Elle confond, avec une obstination qui tient du prodige, la tradition grecque et la tradition romaine, et ne semble pas comprendre l'immense intervalle qui sépare la première de la seconde. Elle met sur la même ligne le *Germanicus* et l'*Hercule au repos*, et, pour être sincère, je dois ajouter qu'elle préfère volontiers le premier au second. L'admirable fragment conservé dans une salle du Vatican, que Michel-Ange aveugle se plaisait à palper, ne lui paraît pas aussi correct, aussi pur que le *Germanicus*. Pourtant elle parle toujours de la tradition, qu'elle ignore, avec une emphase qui séduit la foule. Elle ne modèle pas une figure, elle ne choisit pas un mouvement sans invoquer un précédent. A l'entendre, il n'y a pas, dans ses œuvres, un détail, si minime qu'il soit, qui ne puisse invoquer une autorité imposante. C'est une illusion qui dure depuis longtemps, et qui ne paraît pas près de se dissiper.

Franchissons la tradition romaine, remontons jusqu'à la tradition grecque, et nous verrons se combler, comme par enchantement, l'abîme qui sépare la réalité que tous les yeux aperçoivent, de la beauté dont la perception n'est accordée qu'aux intelligences privilégiées. L'art grec en effet, malgré son caractère idéal, qui lui assigne le premier rang dans l'histoire, touche à la nature même par son extrême simplicité. Pour reprendre et continuer son œuvre, il faut consulter tour à tour les modèles que la nature a placés devant nos yeux et les monuments qu'il nous a laissés. Jusqu'ici, M. David n'a compris que la moitié de cette tâche ; mais il l'a poursuivie avec tant de persévérance, il a trouvé dans la réalité, en négligeant la tradition, tant d'œuvres éclatantes et variées, qu'il semble défier nos reproches. Cependant sa renommée ne m'aveugle pas, et j'engage les statuaires à consulter tour à tour la tradition et la nature.

1850.

XVII

M. BARYE

Depuis vingt ans, les œuvres de M. Barye sont sous les yeux du public; elles sont nombreuses, justement admirées, et pourtant personne encore n'a pris la peine d'en étudier l'ensemble. Je veux essayer de réparer cette lacune. Le talent de M. Barye est aujourd'hui en pleine maturité; cependant il n'a pas dit encore son dernier mot. Malgré la persévérance et la variété de ses études, il est douteux qu'il s'arrête au point où il est parvenu. Ainsi, ce que je dirai de l'ensemble de ses œuvres n'aura pas un caractère définitif. Ai-je besoin d'ajouter que je ne prétends pas, en exprimant ma pensée, prévoir le sentiment de la postérité? En pareil cas, le bon sens prescrit toujours la modestie. Si je me hasarde à formuler dès à présent mon opinion, c'est que le talent de M. Barye, sans mentir à son origine, a pourtant subi déjà une série de transformations; et qu'il y a dans ces transformations mêmes le sujet d'une étude intéressante. M. Barye, j'en ai la ferme assurance, garde aujourd'hui les convictions qu'il avait il y a vingt ans; mais, tout en épiant avec la même ardeur les secrets de la nature, qu'il a prise pour modèle et pour guide, il n'a pu s'empêcher d'attribuer, d'année en année, une importance, une autorité de plus en plus grande aux traditions, aux monuments de l'art antique. Esprit éminemment progressif, sans déserter les principes qu'il avait adoptés au début, il a su pourtant profiter des enseignements du passé aussi bien que du modèle vivant placé devant ses yeux. Entre le lion exposé au Louvre en 1833 et *le Combat du Lapithe et du Centaure* que nous avons admiré cette année, il y a une grande différence de style, quoique l'auteur, dans le dernier comme dans le premier de ces ouvrages, se soit efforcé de lutter avec la nature. Il me semble utile de marquer la route parcourue depuis le point de départ jusqu'au point d'arrivée.

Le lion exposé au Louvre en 1833 excita un cri général d'étonnement parmi les partisans de la sculpture académique. Bientôt l'étonnement fit place à la colère, car le public, en dépit des remontrances que lui adressaient les professeurs et tous ceux qui juraient d'après leurs maximes, s'obstinait à louer M. Barye comme un artiste aussi hardi qu'habile. On avait beau lui répéter que ce n'était pas là de la sculpture; il ne tenait aucun compte de ces bruyantes déclamations, et répondait au reproche d'ignorance en se pressant autour de l'œuvre nouvelle. Quand le modèle, acheté par la liste civile et fondu à la cire par Honoré Gonon avec une rare précision, fut placé aux Tuileries, on raconte qu'un artiste, connu depuis longtemps par l'inébranlable fermeté de ses principes, s'écria avec une colère pleine de naïveté : « Depuis quand les Tuileries sont-elles une ménagerie? » Il y a dans cette boutade, que je n'ai pas entendue de mes oreilles, mais qui m'a été rapportée par un homme digne de foi, tous les éléments d'une critique judicieuse et complète. Sous l'apparence de l'ineptie se cache une admiration qui s'ignore elle-même; la colère même est un hommage involontaire à la puissance du talent. Les lions que nous sommes habitués à voir dans nos jardins, les lions placés aux Tuileries du côté de la place de la Concorde, n'ont rien de commun avec les lions de la ménagerie. Figures sans nom, affublés de perruques à la Louis XIV, ils ne rappellent guère le roi des forêts. Ce type de lion, glorieusement inauguré par M. Plantard et multiplié à l'infini par ses élèves, s'appelle, dans la langue des architectes, lion d'ornement. Vouloir imiter avec l'ébauchoir le lion qui rugit, dont les yeux étincellent, dont la crinière se hérisse, qui guette et dévore sa proie, c'était manquer de respect pour ce type bienheureux. Il y avait donc dans la hardiesse de M. Barye quelque chose d'irrévérencieux, et la colère dont je racontais tout à l'heure l'expression naïve n'a pas besoin d'être expliquée.

Le lion de M. Barye étreint un serpent entre ses griffes et s'apprête à le dévorer. L'expression du regard, le mouvement des épaules, l'attitude entière de la figure, concourent admirablement à l'explication du sujet. Personne ne peut se méprendre sur l'intention de l'auteur. Le spectateur a devant les yeux ce qu'il pourrait voir à la ménagerie. Malgré la singulière inintelligence avec laquelle ce groupe a été placé, bien que le regard plonge sous l'aisselle du lion, tandis qu'il devrait se trouver en face de l'épaule, toutes les parties du modèle sont traitées avec une précision si savante, il y a dans l'imitation de tous ces détails tant de finesse et d'habileté, que l'aspect de cet ouvrage produit une sorte d'épouvante. Je ne crains pourtant pas qu'il agisse sur les femmes de Paris comme les Euménides d'Eschyle sur les femmes d'Athènes. Oui, dans ce groupe attaqué avec tant de violence par les partisans de la sculpture académique et défendu par la foule avec tant de bon sens, l'imitation est poussée à ses dernières limites. Il me semble impossible d'aller plus loin dans cette voie : c'est un prodige d'énergie et d'exactitude. Cependant le rare mérite qui recommande cette œuvre ne ferme pas mes yeux aux défauts qui la déparent. Les détails, rendus avec tant d'adresse, sont trop multipliés. La souplesse des membres, qui nous étonne à bon droit dans ce bronze palpitant, ne dissimule pas l'absence des masses dont la sculpture ne peut se passer. La chair est traitée d'une façon magistrale, les contractions musculaires sont traduites avec une évidence qui ne laisse rien à désirer; mais la charpente osseuse n'est pas accusée assez largement : aussi la figure manque de masses. On insisterait vainement sur la fidélité merveilleuse de l'imitation; cette fidélité même, pour être complète, impose au statuaire le devoir de diviser sa figure, quelle qu'elle soit, homme ou lion, par grandes masses. Sans l'accomplissement de cette condition impérative, l'art, quoique vrai, n'atteint cependant pas à la beauté suprême. Dans le groupe de M. Barye, le pelage de la figure principale n'est pas traité avec assez de simplicité : il eût mieux valu effacer une partie de ces détails, et aborder franchement la division dont je parlais tout à l'heure. L'absence de masses ne permet pas de voir dans ce groupe, si admirable d'ailleurs, une œuvre d'un caractère vraiment monumental. Malgré la joie farouche qui éclate dans ses yeux, malgré la puissance avec laquelle le lion saisit sa proie, on sent que la main qui a modelé ce groupe ne connaît pas encore tous les secrets de l'art. M. Barye n'avait pas besoin d'être averti pour reconnaître les défauts que je signale : à peine son œuvre était-elle achevée, qu'il devinait mieux que personne tout ce qui lui manquait. Ce groupe, en lui montrant sa pensée sous une forme définitive, dessillait ses yeux, et lui révélait tout le chemin qu'il avait à parcourir avant de toucher au but qu'il avait rêvé.

Quoi qu'il en soit, M. Barye, n'eût-il créé que le lion exposé au Louvre en 1833, mériterait à coup sûr un rang très-élevé parmi les sculpteurs modernes, car personne n'a poussé aussi loin que lui, dans un pareil sujet, la puissance de l'imitation; mais il avait trop de clairvoyance pour se contenter aussi facilement que la foule. Malgré l'admiration qui avait accueilli son début, malgré les applaudissements très-légitimes obtenus par ce premier ouvrage, il comprenait qu'il devait, qu'il pouvait mieux faire encore, et, pour reconnaître dignement les sympathies qu'il avait rencontrées, il résolut de combler les lacunes qu'il découvrait dans l'expression de sa pensée, d'obéir aux conditions qu'il avait violées à son insu, et je prouverai sans peine qu'il a tenu parole.

Entre le lion dont je viens de parler et le lion au repos qui lui fait face, il y a un intervalle de treize ans, car ce dernier porte la date de 1847. Le plus rapide examen suffit pour démontrer que l'auteur, en le modelant, ne gardait plus pour la réalité un amour aussi exclusif qu'en 1833, et surtout qu'il avait compris la nécessité de diviser la figure par grandes masses. Les épaules et les cuisses sont vigoureusement accusées, l'échine est marquée d'une façon puissante, la charpente osseuse est indiquée avec précision. Pour tout dire, cette seconde figure a plus de solidité que la première, et n'a pourtant pas moins de souplesse. L'opinion que j'exprime ici n'est pas généralement adoptée, et cependant je la crois vraie. Il ne faut pas, en effet, se laisser abuser par la première impression que produit cet ouvrage. Au lieu d'une excellente fonte à cire perdue, nous avons devant les yeux une fonte au sable qui laisse trop à désirer; de là une certaine rondeur dans le modelé que la figure ne présentait pas en sortant des mains du statuaire, dont le bronze est seul responsable. Tous ceux qui combattent ma préférence ne manqueraient pas d'embrasser mon avis avec empressement, s'ils consentaient à faire abstraction des imperfections de la fonte. Pour peu qu'on ait pris la peine d'étudier les procédés de la fonte à la cire et de la fonte au sable, on demeure convaincu que la première de ces deux méthodes offre seule au statuaire la certitude de voir son œuvre fidèlement, littéralement reproduite, telle enfin qu'elle est sortie de ses mains. Dans l'application de cette méthode, tout réussit à merveille, ou bien tout est à recommencer ; c'est ce qui explique, outre la différence des frais, pourquoi les statuaires y recourent si rarement. Dans la fonte au sable, au contraire, si la reproduction est moins fidèle, si elle est presque toujours incomplète, d'une exactitude contestable dans les détails les plus délicats, il n'arrive jamais qu'elle échoue complétement. Une partie quelconque de la figure vient-elle d'une façon trop grossière, on la coupe, on la recommence, et l'ouvrier ajuste les morceaux ; mais, lors même que toutes les parties viennent également, il n'est guère possible d'éviter la ciselure. Or, la ciselure est un des fléaux de la statuaire. Il y a bien peu d'ouvriers assez habiles, assez sensés pour respecter le modèle qui leur est confié, assez adroits pour enlever les bavures du métal sans entamer ce qui doit rester, assez familiers avec les lois du dessin pour comprendre où finit la forme vraie, où commence le caprice. La plupart des ciseleurs, et je suis loin de m'en étonner, préfèrent, comme tant de graveurs en taille-douce que je ne veux pas nommer, le maniement de l'outil au respect de la forme. Au lieu de chercher la précision, la pureté, la vérité, ils prodiguent les coups de lime et les coups de ciseau jusqu'à ce que toutes les parties du modèle soient bien polies, bien lisses. Que la forme demeure ce qu'elle était, ou qu'elle s'altère, peu leur importe, et l'engouement de la foule pour le bronze nettoyé se charge de les absoudre. Cette déplorable habitude n'est-elle pas d'ailleurs une nécessité ? Étant donné le prix moyen du travail, comment l'ouvrier ciseleur trouverait-il le temps d'étudier le dessin? et comment, sans l'étude du dessin, pourrait-il respecter les contours et la forme primitive? La question, posée en ces termes, se réduit pour lui à respecter ce qu'il ignore. Le lion de 1847 a subi les outrages de la ciselure, tandis que le lion de 1833 est devant nous tel que l'auteur l'a conçu. Le métal, en prenant la place de la cire, a reproduit jusqu'aux moindres coups d'ébauchoir. Ces détails, purement techniques, disent assez clairement pourquoi dans le lion au repos plusieurs détails, dont l'importance ne peut être contestée, semblent omis par l'auteur, tandis qu'ils ont été effacés par la ciselure. Cette apparence d'omission, par un motif que je ne me charge pas de déterminer, est plus sensible dans les membres antérieurs. L'infernal outil qu'on nomme *riffloir* a poncé les cuisses du lion comme une planche de sapin, tandis que les épaules ont échappé à ses coups. Toutefois, pourvu qu'on veuille bien reculer de quelques pas et contempler la silhouette et la masse de la figure, au lieu d'éplucher les détails, il me semble impossible de méconnaître la supériorité du lion au repos sur le lion qui tient le serpent dans ses griffes. Quelques pas suffisent, en effet, pour restituer à la pensée du statuaire toute sa grandeur, toute sa vérité. Les divisions que l'art grec a si bien établies, et dont il a usé avec tant de réserve, que l'art romain a trop souvent appliquées avec sécheresse, sont ramenées par M. Barye à leur sens primitif; le lion de 1833 est une œuvre habile, le lion de 1847 est une œuvre monumentale. Si Honoré Gonon eût fondu le second, comme il avait fondu le premier, il ne resterait aucun doute à cet égard.

Aujourd'hui non-seulement la foule, qui consulte ses impressions sans prendre la peine de les analyser, mais plusieurs esprits sérieux dont l'autorité en pareille matière doit être prise en considération, préfèrent le premier ouvrage au second. Je constate le fait sans l'accepter comme un argument décisif ; j'ai foi dans l'action du temps, et j'espère que le temps démontrera aux plus incrédules que la transcription littérale de tous les détails observés sur le modèle vivant ne saurait jamais dispenser des grandes divisions établies par les écoles d'Égine, de Sicyone et d'Athènes. Le lion au repos, fût-il même fondu par Honoré Gonon, mort depuis quelques années, et que personne n'a remplacé, n'offrirait pas le même caractère que le lion étreignant sa proie. Lors même que le métal eût reproduit toutes les intentions de l'auteur, cette œuvre se distinguerait encore par le sacrifice volontaire de plusieurs détails très-vrais, mais très-inutiles à l'effet général. Pour ma part, j'accepte et j'admire ce sacrifice volontaire, comme la preuve d'une intelligence initiée aux secrets les plus délicats de l'art. Pour faire le lion de 1833, il fallait un œil très-attentif et une main très-habile ; pour faire le lion au repos, la finesse du regard, l'habileté de la main, ne suffisaient pas. L'œuvre nouvelle exigeait quelque chose de plus, la connaissance parfaite des lois générales de l'art et des moyens dont il dispose, et le sacrifice est tout à la fois une de ces lois, un de ces moyens. Négliger en apparence, laisser dans l'ombre une partie de la chose vue pour mieux montrer la partie sur laquelle doit se fixer l'attention, est une ruse que les maîtres les plus illustres ont souvent pratiquée, et leur exemple ne doit pas être perdu pour nous. M. Barye s'en est souvenu, et je lui en sais bon gré.

J'aurais eu à deviner le maître de M. Barye, le maître qui lui a mis l'ébauchoir à la main, il y a cent contre un à parier, qu'après de nombreux efforts de pénétration, je me serais trompé. Qui pourrait en effet, en regardant les deux lions placés aux Tuileries, deviner que M. Barye a fait ses premières études dans l'atelier de Bosio? Pour comprendre, pour s'expliquer une si singulière contradiction, il faut se dire que M. Barye, en voyant naître et s'achever sous ses yeux les ouvrages de Bosio, a tiré de ce spectacle un profit qui n'est pas le profit habituel de l'enseignement. Au bout de quelques semaines, il savait comment il ne fallait pas faire. C'est quelque chose à coup sûr; mais on conviendra que, pour s'instruire à pareille école, il faut posséder de rares facultés. Heureusement M. Barye, doué d'un bon sens très-sûr et possédé d'une passion ardente pour l'observation, n'a pas tardé à mesurer le péril qu'offraient les leçons d'un tel maître. Tout en acceptant docilement les traditions de pur métier qui sont toujours inoffensives, il réagit avec une énergie persévérante contre les principes exclusifs sur lesquels repose la pratique de Bosio. Si cette énergie se fût démentie un seul instant, M. Barye, au lieu d'occuper dans l'art moderne une place considérable, serait confondu dans la foule des artistes sans signification déterminée, sans caractère défini. Il est curieux de comparer le cheval de la place des Victoires et les chevaux de l'arc du Carrousel aux deux lions des Tuileries. C'est en mesurant l'intervalle immense qui sépare les œuvres du maître, des œuvres du disciple qu'on arrive à comprendre tout ce que ce dernier a dû dépenser de résolution et de force pour ne pas se laisser entraîner par la pente sur laquelle il se trouvait placé. Le cheval de Louis XIV sur la place des Victoires est d'un ridicule si généralement reconnu, que je n'ai pas besoin d'insister : il est prouvé depuis longtemps qu'il n'a d'autre point d'appui que la queue. Dans cet ordre de niaiseries, nous devrions être habitués à l'indulgence ; le cheval de Louis XIII de la place Royale, qui prend son point d'appui sur un tronc d'arbre, devrait nous rendre moins sévère pour le cheval de Louis XIV. Pourtant il n'en est rien. Le cheval de Louis XIII, protégé par la solitude et le silence, laisse éclater dans toute sa splendeur l'ignorance qui a présidé à la composition du cheval de Louis XIV. Je ne parle ni du roi ni des bas-reliefs du piédestal; le cavalier est digne du cheval et les bas-reliefs dignes du cavalier. Quant aux chevaux placés sur l'arc du Carrousel et destinés à remplacer le quadrige de Saint-Marc que Napoléon avait pris et que la restauration a rendu à Venise, ils ne valent pas mieux que le cheval de Louis XIV, bien qu'ils soient moins ridicules. Au moins ils ne se trouvent point en équilibre sur leur queue, et s'ils n'offrent aux regards que des formes tantôt sèches, tantôt rondes, s'ils manquent de force et de vie, ils ont l'avantage de ne pas attirer l'attention des passants. Leur parfaite insignifiance les sauve de toute discussion; on peut même dire qu'ils sont demeurés ignorés, tant est restreint le nombre de ceux qui ont pris la peine de les regarder. Le cheval de Lemot, placé sur le Pont-Neuf est un chef-d'œuvre à côté des chevaux du Carrousel. Bien que la monture d'Henri IV ne soit certainement pas modelée d'une façon puissante, c'est pourtant un prodige d'énergie et de vérité en comparaison des chevaux de Bosio; car, à la rigueur, le cheval d'Henri IV pourrait marcher, tandis que les chevaux de Bosio sont tout au plus bons à placer sur une bascule pour amuser les marmots.

C'est après avoir subi les leçons d'un tel maître que M. Barye est devenu ce qu'il est aujourd'hui. C'est après avoir eu sous les yeux l'afféterie, la manière, la convention, qu'il s'est pris d'un ardent amour pour le naturel, la franchise, la vérité. La contradiction lui a si bien réussi que je suis tenté de voir, dans la contradiction même, une des sources les plus fécondes de son talent. C'est peut-être, à la méthode timide et incertaine de Bosio, que nous devons la hardiesse qui éclate dans toutes les œuvres de M. Barye. Sans doute, s'il eût reçu les leçons d'un maître plus habile, d'un maître pénétré de respect pour la vérité, il serait arrivé plus vite à produire des ouvrages satisfaisants; mais j'incline à croire qu'il a trouvé dans l'indépendance, devenue pour lui une nécessité, une force, une originalité que des leçons meilleures ne lui auraient pas données. Ainsi, loin de gourmander le hasard qui a livré à l'enseignement de Bosio un des esprits les plus pénétrants et les plus fins de notre temps, félicitons-nous plutôt de ce caprice; car si M. Barye n'eût pas été obligé de se frayer sa voie, de marcher seul sans guide pendant quelques années, il est probable qu'il n'aurait pas acquis le talent individuel et nouveau que nous admirons. Il ne faut pas d'ailleurs exagérer l'influence de Bosio sur l'artiste qui nous occupe; car Bosio, qui lui mit l'ébauchoir à la main, ne fut pas son seul maître. M. Barye a étudié le dessin et la peinture dans l'atelier de Gros, et l'auteur d'*Aboukir*, d'*Eylau* et de *Jaffa* avait de quoi combattre, de quoi effacer tout ce qu'il y avait de mesquin et de faux dans les leçons de Bosio. Tous les connaisseurs se rappellent les belles aquarelles envoyées au Louvre par M. Barye, ses lions, ses tigres, ses panthères, ses gazelles, dont la vérité n'a jamais été surpassée. Il ne se contente pas de traiter avec le plus grand soin, avec l'exactitude la plus scrupuleuse, la partie vivante de la composition; il n'apporte pas moins de zèle dans le choix des fonds; il s'efforce de mettre les ciels et les terrains en harmonie avec le caractère de la figure, et il arrive bien rarement qu'il échoue dans sa résolution. Grâce à cet artifice trop souvent négligé, une seule figure, fidèlement étudiée, a toute l'importance, tout l'intérêt d'un groupe. Si Gros n'a pas enseigné à M. Barye la merveilleuse simplicité empreinte dans ces aquarelles, il lui a du moins donné le goût de l'entrain et de la vie qui animent ses toiles vraiment épiques. Ainsi la nature, à qui l'élève infidèle de Bosio doit la meilleure partie de son talent, n'a pourtant pas été son unique institutrice ; les leçons de Gros ont certainement exercé sur lui une action puissante. Ce serait mutiler l'histoire de la biographie que de ne pas tenir compte de cette action. Ce n'est qu'après avoir indiqué nettement toutes les sources auxquelles l'artiste a puisé qu'il est permis de l'envisager en lui-même. A ce titre, Gros et Bosio, que je ne songe pas à mettre sur la même ligne, méritaient d'être mentionnés.

Les commencements de M. Barye ont été des plus humbles, et la connaissance de ses premières années ajoute encore à mon admiration pour son talent. Quand je compare son point de départ au but qu'il a touché, je ne puis m'empêcher de voir en lui un des témoignages les plus éclatants de ce que peut obtenir la volonté. Né sous le directoire, quatre ans avant la fin du siècle dernier, à treize ans il entrait en apprentissage chez Fourier, qui gravait pour les orfévres des matrices d'acier destinées à faire ce qu'on appelle des *repoussés*. Ainsi, à peine sorti de l'enfance, M. Barye s'initiait aux premiers éléments de l'art qu'il devait bientôt embrasser dans toute son étendue, dans toute sa variété. Le maître que son père avait choisi était alors accepté, d'un consentement unanime, par ses confrères comme le plus habile. C'est dans l'atelier de Fourier que M. Barye a puisé la connaissance complète de tous les secrets qui se rattachent à l'orfévrerie, depuis les nielles jusqu'aux plus délicates ciselures. Il a successivement abordé toutes les épreuves que se proposait l'art florentin du quinzième et du seizième siècle ; il ne s'est pas contenté de contempler avec une admiration stérile les œuvres tour à tour ingénieuses et hardies de Benvenuto Cellini : il s'est efforcé de lutter avec cet artiste incomparable, dont le talent fait le désespoir de tous ses émules. Il serait curieux de rassembler et de consulter les matrices gravées par le jeune élève de Fourier de 1809 à 1817 ; malheureusement le zèle le plus sincère ne réussirait pas à réunir ces documents. A cet égard, nous sommes réduit aux conjectures : nous ne pouvons juger le passé que d'après le présent ; c'est dire assez clairement qu'il vaut mieux nous abstenir. Cependant, quoique je n'aie pas sous les yeux un seul des poinçons gravés par l'élève de Fourier, je ne crois pas inutile de mentionner ce premier apprentissage, car ces études obscures qui semblaient destinées à ne faire de M. Barye qu'un artisan habile ont porté des fruits glorieux. En 1819, l'école des Beaux-Arts mettait au concours, pour la gravure en médaille, Milon de Crotone, et le jeune élève de Fourier n'hésita pas à se mettre sur les rangs. J'ai sous les yeux cette œuvre de 1819, la première qui marque dans la vie de M. Barye, la première qui ait laissé une trace durable, et je crois pouvoir affirmer qu'elle se recommande par toutes les qualités qui ont assuré plus tard la popularité de son talent. Le sujet traité au dix-septième siècle par Pierre Puget avec tant de verve et d'énergie a été compris par l'élève de Fourier avec une merveilleuse précision. Le lion qui mord la cuisse de l'athlète est rendu avec une habileté qui se rencontre bien rarement parmi les élèves de l'académie. La tête et l'attitude de Milon expriment éloquemment la lutte du courage contre la souffrance. Le poinçon de M. Barye, malgré l'approbation des connaisseurs, n'obtint qu'une mention honorable, une médaille d'encouragement. Le premier prix fut adjugé à M. Vatinelle.

L'année suivante, l'école des Beaux-Arts proposait, pour le prix de sculpture, Caïn maudit par Dieu après le meurtre d'Abel. M. Barye qui venait de passer un an dans l'atelier de Bosio, fut reçu en loge, c'est-à-dire admis à concourir. Sa figure, empreinte à la fois de honte et de rage, obtint le second prix. Le premier prix fut donné à M. Jacquot.

9

En 1821, l'école choisissait, pour sujet de concours, Alexandre assiégeant la ville des Oxydraques. M. Barye se remit sur les rangs; le premier prix fut donné à M. Lemaire. En 1822, la robe de Joseph rapportée à Jacob par ses frères. M. Barye concourt pour la troisième fois, et le prix est donné à M. Seurre jeune. En 1823, Jason enlevant la toison d'or. Pas de prix. L'année suivante, M. Barye n'était plus même reçu en loge et quittait l'école.

Ce rapide exposé des faits n'est certes pas dépourvu d'intérêt. MM. Vatinelle, Jacquot, Lemaire et Seurre, couronnés par la quatrième classe de l'Institut, jouissent aujourd'hui d'une très-légitime obscurité; M. Barye, repoussé après cinq années d'épreuves laborieuses, a trouvé moyen d'attirer, d'enchaîner l'attention. Quelle mémoire obstinée se souvient aujourd'hui des femmes lourdes et lascives, couvertes de colliers et de bracelets, envoyées au Louvre par M. Jacquot, et de ses portraits en pied de Louis-Philippe, dont le manteau royal ressemblait à une chape de plomb? Où sont les admirateurs du fronton de la Madeleine? Je laisse aux érudits le soin de découvrir les œuvres de M. Vatinelle. Quant aux œuvres de M. Seurre jeune, je n'ai jamais ouï dire qu'elles aient soulevé aucune discussion. Insignifiantes et vulgaires, elles ne blessent les principes d'aucune école, et sont protégées par l'indifférence.

M. Barye eût-il agi sagement en s'obstinant à concourir pour le prix de Rome? Je ne le pense pas. Sans doute, les musées d'Italie lui auraient enseigné, en peu d'années, ce qu'il a dû apprendre plus lentement en demeurant dans notre pays; mais je ne crois pas cependant que nous devions regretter l'échec qui l'a retenu parmi nous, car les neuf dixièmes des lauréats revenus d'Italie sont aujourd'hui parfaitement oubliés, parfaitement ignorés, et le nom de M. Barye est répété par ceux qui admirent son talent, sans l'analyser, et par ceux qui trouvent, dans l'analyse même, une raison nouvelle de l'admirer. Les vices de l'école de Rome ont été trop souvent démontrés pour qu'il soit besoin d'y revenir. Chacun sait en effet que la plupart des lauréats, une fois arrivés dans la ville éternelle, se considèrent comme ayant touché le but. Par cela seul qu'ils ont été couronnés, ils savent tout ce qu'il est possible de savoir. Ils ne voient pas dans la pension qui leur est accordée un encouragement à mieux faire, mais une récompense pour la science complète qu'ils ont acquise. Aussi combien y en a-t-il qui mettent à profit leur séjour en Italie? Il serait trop facile de les compter. Malgré les épreuves qui leur sont imposées, malgré les ouvrages qu'ils envoient chaque année pour obéir au programme de l'Académie, le loisir est à leurs yeux le premier de leurs droits; et quand ils reviennent en France, ils s'étonnent que les travaux ne leur soient pas distribués avec empressement; ils trouvent singulier que l'État ne leur confie pas toutes les chapelles qui attendent une décoration. Il est probable que M. Barye, envoyé à Rome par la quatrième classe de l'Institut, ne se fût pas engourdi, comme tant d'autres, sous le soleil d'Italie. Cependant je crois que son échec académique a été pour lui un puissant aiguillon. Une fois convaincu qu'il ne devait rien attendre de ce côté, que les juges chargés de prononcer sur l'avenir des élèves ne lui donneraient jamais cinq années de sécurité, d'indépendance, il s'est remis au travail avec une nouvelle ardeur, et la sévérité de l'Académie lui a peut-être été plus utile qu'une couronne.

De 1823 à 1831, M. Barye emploie tout son temps à modeler des animaux pour M. Fauconnier, orfèvre qui jouissait alors d'une certaine célébrité. Sans se laisser décourager par les récompenses prodiguées à ses camarades, il accomplit la tâche obscure qui lui est dévolue. L'espérance le soutient; il sent que le jour de la justice ne peut manquer de venir. Ces huit années remplies par un travail assidu n'ont pas laissé plus de traces que les cinq ans passés chez Fourier. M. Fauconnier aurait seul pu nous dire combien d'œuvres ingénieuses, combien de figures gracieuses ou hardies sont nées sous l'ébauchoir de M. Barye. C'est l'unique témoignage que nous pourrions invoquer, et M. Fauconnier n'est plus là pour répondre.

Ainsi M. Barye a traversé des épreuves nombreuses avant d'arriver à la popularité. Quand son nom fut, pour la première fois, révélé au public, je veux dire à la foule qui ne se préoccupe guère des concours académiques, il avait trente-cinq ans, et depuis vingt-deux ans il étudiait sans relâche toutes les branches de son art. Graveur de poinçons pour les orfévres, graveur en médailles, modeleur d'animaux et de figurines qui se multipliaient sans répandre son nom, il n'a pas un seul instant désespéré de l'avenir, et le bon sens de la foule, d'accord avec l'opinion des connaisseurs, a pris soin de justifier sa confiance.

La vie laborieuse de M. Barye peut être offerte en exemple à tous les esprits impatients qui se plaignent d'être méconnus. Voilà un homme dont la valeur est aujourd'hui évidente pour tous, qui a travaillé vingt-deux ans avant de se faire jour, qui s'est vu préférer par l'Académie MM. Jacquot, Lemaire, Seurre, Vatinelle, qui avait conscience de sa force, et qui pourtant n'a pas songé à se plaindre de ses juges. Exclu du concours après quatre épreuves qui ne laissaient aucun doute sur l'étendue de son savoir, il n'a pas jeté le manche après la cognée; il s'est dit que tôt ou tard le public lui rendrait justice, et, en attendant le jour de la réparation, il n'a eu d'autre souci que de compléter ses études. L'orgueil ne l'aveuglait pas. Il sentait bien qu'il valait mieux que MM. Vatinelle, Jacquot, Seurre et Lemaire; mais il savait aussi tout ce qu'il lui restait à apprendre pour offrir sa pensée aux regards de la foule. Les animaux modelés pour M. Fauconnier, que je n'ai pas vus, ont obligé M. Barye d'étudier avec une égale vigilance les mœurs aussi bien que les formes des personnages qu'il avait à représenter. Pendant huit ans, il a épié, il a surpris tous les instincts qui donnent aujourd'hui la vie à ses compositions. Il s'est initié, pour les besoins de son art, à tous les mystères que les savants semblent se réserver comme un patrimoine sacré, interdit aux profanes. Depuis la gazelle jusqu'à la panthère, depuis le colibri jusqu'au condor, il n'y a pas un chapitre de Buffon qui ne soit familier à M. Barye. Il a étudié la série entière des animaux avant d'essayer de les reproduire. Aussi, quand il a pu secouer le joug de l'obscurité, quand il a pu signer ses œuvres et les soumettre au jugement du public, il s'est trouvé en possession d'un savoir tellement varié, tellement éprouvé, qu'il s'est joué de toutes les difficultés. Il n'avait plus à tâtonner, il avait frayé lui-même la route où il marchait; il connaissait à fond le caractère des modèles qu'il entreprenait de reproduire; il était désormais à l'abri de toute hésitation, de toute incertitude; il allait recueillir le fruit de sa persévérance.

Les groupes composés par M. Barye pour le duc d'Orléans, et destinés à former les pièces principales d'un surtout, ont une importance bien supérieure à leur destination. Ces sortes d'ouvrages sont habituellement confiés à des ouvriers plus ou moins adroits; il est bien rare qu'ils soient demandés à des artistes vraiment dignes de ce nom. Pourvu que les pièces du surtout soient bien fondues et bien ajustées, l'acquéreur se déclare satisfait. Le duc d'Orléans avait conçu l'heureuse pensée de s'adresser à M. Barye, et de lui laisser pleine liberté pour le choix des sujets comme pour la disposition des pièces; cette pensée, inspirée par un goût judicieux, n'a pas été fidèlement suivie. M. Barye a composé neuf groupes, dont cinq représentent des chasses; le reste du surtout a été partagé entre un grand nombre de mains. Je n'ai pas à m'occuper de l'ensemble du surtout dessiné par M. Aimé Chenavard. Que l'architecture joue dans cette composition un rôle beaucoup trop important, c'est ce qui est hors de doute; que M. Barye, travaillant librement selon la pensée primitive du duc d'Orléans, fût capable de produire une œuvre plus élégante, plus harmonieuse, plus sensée que le surtout dessiné par M. Aimé Chenavard, c'est ce qui n'a pas besoin d'être démontré. Ma tâche présente se réduit à l'étude des neuf groupes. Les sujets choisis par M. Barye se distinguent à la fois par la richesse et par la variété. La *Chasse au Tigre*, la *Chasse au Taureau*, la *Chasse aux Ours*, la *Chasse au Lion*, la *Chasse à l'Élan*, lui ont fourni l'occasion de montrer tout le savoir qu'il avait amassé depuis vingt ans.

Dans le premier de ces groupes, les chasseurs indiens sont placés sur un éléphant et brandissent le javelot. De chaque côté de l'éléphant, un tigre s'élance et monte à l'assaut, car la monture des chasseurs ressemble à une place forte. Une opinion généralement accréditée déclare l'éléphant éternellement laid, quels que soient sa couleur et son âge. Je n'entreprendrai pas de le réhabiliter en le comparant au tigre, au lion, à la panthère; ce serait pure folie. Il n'a certainement ni leur souplesse ni leur élégance, et pourtant, quoi qu'on puisse dire, il a sa beauté propre, la beauté attachée à l'expression de la force. Pour traduire ce genre de beauté, il faut s'être préparé à cette tâche difficile par de solides études, il faut connaître parfaitement la forme, les mouvements et les habitudes de l'éléphant. M. Barye réunissait toutes ces conditions; aussi a-t-il résolu sans peine le problème qu'il s'était posé. Il y a dans la construction de son éléphant une précision, une puissance qui ne laissent rien à désirer. Il s'avance majestueusement; les griffes et les dents des deux tigres attachés à ses flancs, qui grimpent sur ses côtes comme un lézard sur une muraille, n'entament pas sa robuste enveloppe. Les deux tigres sont d'une merveilleuse souplesse. Il n'y a dans leur mouvement rien qui relève de la convention. C'est un mouvement pris sur nature, saisi avec finesse et rendu avec fidélité. Ils grimpent avec tant d'agilité, que les chasseurs ne peuvent manquer de sentir bientôt leurs griffes acérées, leurs dents furieuses, s'ils ne se hâtent de les attaquer vigoureusement; ils sont perdus, si leurs coups sont mal adressés.

Les deux chasseurs ne sont pas traités moins heureusement que l'éléphant et les tigres. Du haut de leur tour vivante, ils regardent sans trembler l'ennemi qu'ils vont frapper. Leur visage exprime le courage sans mélange d'inquiétude. La présence du danger les anime et ne les effraye pas. Ainsi la *Chasse au Tigre*, considérée sous le rapport de l'invention, est de nature à contenter les juges les plus sévères, et l'invention n'est pas le seul mérite de cette œuvre. Tous les personnages qui prennent part à l'action, éléphant, tigres, chasseurs, sont exécutés avec un soin, une patience qui donnent un nouveau prix à la composition. Ici la verve n'exclut pas l'exactitude. Les ignorants vont répétant à tout propos, en toute occasion, que l'inspiration ne peut se concilier avec la précision des détails; c'est une maxime commode à l'usage de la paresse. Si elle avait besoin d'être réfutée, si depuis longtemps le bon sens n'en avait pas fait justice, la *Chasse au Tigre* de M. Barye serait un argument victorieux. Ce groupe si ingénieusement conçu, dont tous les acteurs remplissent un rôle si net, si évident, où la vie se montre sous trois formes diverses, également vraies, également empruntées à la nature, est pourtant d'une correction irréprochable. Tous les membres sont vigoureusement attachés, et les mouvements n'ont rien de capricieux. Mais à quoi bon insister sur ce point ? N'est-il pas prouvé depuis longtemps que l'art le plus hardi se concilie très-bien avec la science la plus profonde ? Ceux qui soutiennent le contraire ont d'excellentes raisons pour persister dans leur opinion, ou du moins dans leur affirmation. Comme ils se sont mis à l'œuvre avant d'avoir étudié toutes les parties de leur métier, il est tout simple qu'ils accusent la science de stérilité. Eh bien ! qu'ils regardent les ouvrages consacrés par une longue admiration, qui ont résisté à tous les caprices de la mode, et ils comprendront que la science, loin de gêner la fantaisie, la rend au contraire plus libre et plus puissante, puisqu'elle met à sa disposition des moyens plus nombreux et plus précis.

La *Chasse au Taureau* n'est pas composée moins habilement que la *Chasse au Tigre*. C'est la même hardiesse de conception, la même finesse d'exécution. Deux cavaliers, en costume de chasse du temps de François Ier, poursuivent un taureau sauvage. Le taureau vient de faire face et se prépare à se défendre vigoureusement ; il se baisse pour éventrer d'un coup de corne le cheval qui arrive sur lui ; le cavalier, animé par la vue de son ennemi, se dispose à le frapper : chevaux, cavaliers et taureau, tout est rendu avec un mélange heureux d'élégance et d'énergie. J'admire surtout le mouvement de ce dernier acteur, sur qui se concentre l'attention. La tête baissée, exaspéré par l'éclat du fer qui le menace, il va passer sous le poitrail du cheval, entre ses deux épaules, et lui déchirer les entrailles, si le cavalier ne se hâte de sauver sa monture par un coup hardi. L'auteur ne paraît pas s'être préoccupé de l'arrangement des lignes, ou du moins, s'il y a pensé, il a si bien concilié l'harmonie linéaire avec la vérité des mouvements, que cette préoccupation échappe au spectateur. M. Barye, dans la composition de ce groupe, a trouvé moyen d'arriver à l'effet sans se départir de la simplicité, et l'artifice est poussé si loin, qu'un observateur peu exercé pourrait croire que cet ouvrage n'a pas coûté une heure de réflexion. Et c'est là précisément le triomphe de l'habileté. Deux chevaux, deux cavaliers et un taureau, quoi de plus facile à copier? Il faut pourtant bien consentir à reconnaître que cette tâche n'est pas à la portée de tous les sculpteurs, puisqu'il leur arrive si rarement de modeler un cheval capable de courir, un taureau dont les proportions soient d'accord avec la réalité. L'exactitude n'est pas le seul mérite du groupe qui nous occupe. Pour peu qu'on prenne la peine d'étudier attentivement les diverses parties dont il se compose, on demeure convaincu que l'auteur ne s'est pas borné à transcrire ce qu'il avait vu. Il y a dans cette œuvre si *réelle* par le savoir, par la précision, une part très-large réservée à l'imagination, et ce n'est pas à nos yeux le moindre sujet de louange. Pour représenter la *Chasse au Taureau* avec une pareille élégance, sans rien enlever à la scène de l'énergie qui doit la caractériser, il ne suffit pas de bien voir le modèle; il faut s'en souvenir après qu'il a disparu, et ajouter au témoignage des sens la puissance de la réflexion.

Tous ceux qui ont regardé à plusieurs reprises la *Chasse au Taureau* ne conservent aucun doute sur le rôle que l'imagination a joué dans la composition de cet ouvrage. Il est impossible en effet de transcrire littéralement une pareille scène. Où trouver des modèles qui consentent à poser? Un tel spectacle ne dure qu'un instant. Le taureau se courbe et vomit des flots de sang, ou le cheval éventré s'affaisse et entraîne le cavalier. Il n'est pas question alors de copier ce qu'on a devant les yeux, il faut se contenter de bien voir ; puis, quand vient l'heure de se mettre à l'œuvre, l'imagination agrandit les éléments réels conservés par la mémoire. M. Barye, par un heureux privilége, a respecté tout à la fois les droits de l'imagination et les droits de la science ; je dis par un heureux privilége, car il est bien rare de voir l'exactitude se concilier avec l'invention. Et pourtant les belles œuvres, les œuvres destinées à une longue durée, ne peuvent pas se concevoir sans l'accomplissement de cette condition. Cette affirmation ne s'accorde pas avec l'opinion généralement reçue; est-ce une raison pour ne pas la maintenir ? J'entends dire chaque jour que la science étouffe l'imagination, et cette billevesée trouve de nombreux échos : tant de gens en effet sont intéressés à la prendre pour une vérité ! c'est une maxime si commode pour la paresse ! L'ignorance volontaire est un premier pas vers le génie. Cependant j'interroge l'histoire, et l'histoire me répond que le génie le plus fécond n'a jamais pu se passer de la science. S'il a débuté par des compositions naïves, spontanées, s'il a produit sans le secours de l'étude, il n'a pas tardé à reconnaître que, livré à ses seules forces, il serait bientôt obligé de s'arrêter, et il se met à l'étude pour continuer la lutte et assurer sa victoire. Dans toutes les branches de l'art, je retrouve le même témoignage. Mozart, Beethoven, Rossini, génies spontanés par excellence, connaissent à fond tous les secrets de la science, et la science, loin d'étouffer en eux l'imagination, loin d'entraver leur essor, d'engourdir leur élan, les soutient et les mène d'un vol rapide aux plus hautes cimes de l'art. Dans la poésie, je vois Dante et Milton, qui possèdent le savoir entier de leur temps, et qui, malgré ce riche bagage, trouvent moyen d'écrire *la Divine Comédie* et *le Pa-*

radis perdu. Dans les arts du dessin, je rencontre Vinci et Michel-Ange, qui ont étudié toute leur vie, qui nous ont laissé des œuvres immortelles, et qui ont quitté la terre sans être rassasiés de savoir.

Dans la *Chasse aux Ours*, les cavaliers portent le costume du temps de Charles VII, et ce costume a été traité par M. Barye avec beaucoup d'élégance. Les chevaux, vigoureux et hardiment modelés, rappellent la manière de Géricault, et ce n'est pas la seule analogie qu'on puisse signaler entre le peintre et le sculpteur. Chez M. Barye comme chez l'auteur de *la Méduse*, l'amour de la réalité, soutenu par des études persévérantes, imprime à toutes les parties de l'œuvre un cachet de précision qui excite d'abord la sympathie et plus tard résiste à l'analyse. L'ours offrait les mêmes difficultés que l'éléphant, car la laideur de ces deux modèles est également proverbiale. M. Barye a résolu le second problème aussi heureusement que le premier. Créer un beau cheval passe, aux yeux de la foule, pour une tâche facile, et pourtant il faut bien croire que la foule se trompe, puisqu'il arrive si rarement aux sculpteurs de la mener à bonne fin. Il ne suffit pas en effet de visiter les haras, d'assister aux courses de Chantilly, de suivre les manœuvres de la cavalerie ; pour l'accomplissement de cette tâche qu'on dit si facile, il faut commencer par le commencement, et le commencement, quel est-il ? L'anatomie du cheval. Géricault la connaissait à merveille, et l'écorché qu'il nous a laissé le prouve surabondamment. M. Barye ne l'a pas étudiée avec moins de soin, et les chasses exécutées pour le duc d'Orléans ne laissent aucun doute à cet égard. Il ne s'est pas contenté de regarder le cheval en action ; il a voulu connaître la raison des mouvements, les attaches des muscles et la forme des faisceaux musculaires, la charpente générale du modèle, se rendre compte en un mot de tout ce qu'il avait observé. Cette méthode, si rarement suivie, parce qu'elle passe pour trop lente, est cependant la seule qui conduise au but. Quant à l'ours, on n'est pas habitué à le considérer comme digne de la sculpture. Tout au plus consent-on à le voir figurer dans les ornements de l'orfévrerie. M. Barye s'est chargé de réfuter cette opinion accréditée depuis longtemps, et de prouver qu'il n'y a pas dans la création un modèle indigne de l'art. A tous les degrés de l'échelle vivante, un œil exercé découvre le sujet d'une œuvre intéressante. Si la beauté est inégalement répartie dans la série des animaux, il est permis d'affirmer que toutes les formes pleinement comprises offrent au statuaire, comme au peintre, le sujet d'une lutte glorieuse. Imitées par une main habile, elles acquièrent une véritable importance. Ainsi l'ours même, qui, comparé au lion, au cheval, n'est certainement pas beau, peut cependant, sous l'ébauchoir ou le pinceau, prendre une sorte de beauté. Si le peintre ou le statuaire réussit à exprimer le mélange de force et d'indolence dont se compose le caractère du modèle, il est sûr de nous intéresser. L'ours de M. Barye satisfait à toutes ces conditions. L'exactitude de l'imitation n'a rien de littéral : c'est la vie prise sur le fait, le bronze respire. La forme est reproduite d'une façon tout à la fois si fidèle et si libre, que tous les mouvements s'accordent avec l'action que l'auteur a voulu représenter. C'est un éloge que personne ne refusera au groupe de M. Barye, et la réunion de la fidélité et de la liberté dans l'imitation, qui semble indispensable dans toutes les œuvres, est assez rare pour que je prenne la peine de la signaler.

Dire que les cavaliers sont bien en selle, que les chevaux, pleins d'élan, sont dignes des cavaliers, ne suffirait pas pour caractériser le mérite de ce groupe. Il y a dans la disposition des figures dont il se compose une prévoyance, une adresse qui ajoute une valeur nouvelle à l'exactitude de l'imitation. La forme des chevaux contraste heureusement par son élégance avec les membres de l'ours, courts et ramassés. Dans cette œuvre, qui, par ses proportions, semble appartenir à la sculpture de genre, il n'y a pas un détail conçu au hasard, ou rendu d'une manière incomplète. Tout est calculé, ordonné, combiné avec le même soin que s'il s'agissait d'une œuvre exécutée dans les proportions naturelles. Ceux qui jugent les œuvres du pinceau et du ciseau d'après leur dimension, pourront trouver que le calcul a été poussé trop loin, ou tout au moins que c'est peine perdue. Quant à ceux qui sont habitués à ne tenir compte que de la forme et de la pensée, et pour qui la dimension est sans importance, ils ne manqueront pas d'approuver la méthode suivie par M. Barye. Ce luxe de prévoyance n'a pas refroidi la composition. Rien n'est ébauché, tout est rendu et tout est vivant. L'auteur a divisé sa tâche en deux parts. Après avoir librement composé la scène qu'il avait conçue, après avoir ordonné avec discernement les lignes de son groupe, il a mis dans l'exécution autant de patience qu'il avait mis de verve dans l'invention. C'est la seule manière de produire une œuvre digne de fixer l'attention. Toutes les fois, en effet, qu'on veut mener de front ces deux parts de la tâche, toutes les fois qu'on prétend inventer et modeler à la même heure, il est à peu près impossible de toucher le but, et, quoique cette vérité semble banale en raison même de son évidence, il n'est pas inutile de la rappeler ; car un grand nombre de statuaires qui, sans posséder des facultés éminentes, arriveraient pourtant à produire des morceaux d'une certaine valeur, s'ils consentaient à diviser leur tâche, se condamnent à la médiocrité en voulant l'achever d'un seul coup. Ils ébauchent pendant le travail de l'invention, et le courage leur manque pour traduire sous une forme plus précise la pensée qu'ils ont conçue. Effrayés par la lenteur du travail, ils se contentent d'une vérité incomplète, ou bien, engagés dans une voie non moins fausse, ils négligent l'invention comme superflue, et copient patiemment, servilement, je pourrais dire mécaniquement, tantôt le modèle vivant qu'ils ont devant les yeux, tantôt quelque morceau apporté de Rome ou d'Athènes. Inventer librement, exécuter lentement, c'est le programme tracé par tous les maîtres vraiment dignes de ce nom. Dans la sculpture de genre comme dans la sculpture monumentale, il n'y a qu'une seule manière de réussir : c'est d'accepter franchement ces deux conditions, et de lutter sans relâche pour réaliser sous une forme pure et savante l'idée hardiment conçue. Je ne crois pas me tromper en affirmant que M. Barye n'a pas perdu de vue ces deux conditions, et qu'il les a fidèlement accomplies. La liberté de l'invention nous séduit au premier aspect ; la pureté, la vérité de la forme nous confirme dans notre premier sentiment.

La *Chasse au Lion* présente une scène complexe. Il ne s'agit pas en effet d'atteindre et de frapper le lion, pour délivrer la contrée d'un hôte dangereux ; il s'agit de sauver un buffle qui est aux prises avec le lion. Les cavaliers arabes accourus au secours du buffle s'efforcent de le dégager. Le but de cette lutte s'explique très-clairement, et le spectateur ne conserve aucun doute. Les cavaliers arabes se distinguent par une étonnante légèreté d'allure. Chacun sait que les Arabes ont une manière toute particulière de monter à cheval, qui ne ressemble en rien aux habitudes européennes. M. Barye a parfaitement saisi, parfaitement rendu l'agilité qui forme le caractère distinctif de cette race. Nous avons en France, en Angleterre, d'aussi habiles cavaliers ; en deçà comme au delà de la Manche, il s'en rencontre bien peu qui puissent luttter d'agilité avec les Arabes. Le lion aux prises avec le buffle est d'une grande beauté. Ne pouvant étreindre son ennemi, qui lui est supérieur en force, mais qui ne peut lutter avec lui de souplesse, il s'efforce d'entamer l'épaisse cuirasse de son adversaire, sauf à se dérober par un bond rapide, dès que le buffle voudra engager la lutte. Au moment où les cavaliers arrivent, le buffle est déjà renversé, et son sang coule sous les dents et les griffes du lion. Tous ceux qui ont vu dans les marécages d'Ostie les buffles sauvages déployer librement toute la puissance, toute la richesse de leurs mouvements, rendront pleine justice au talent de M. Barye. Ce que Paul Potter a fait pour la génisse et le taureau, M. Barye a su le faire pour le buffle. Dans l'étude attentive de cette robuste organisation, il a trouvé des éléments d'élégance qui étonneront plus d'un spectateur. Ce type, rarement abordé par la sculpture, est devenu dans ses mains quelque chose de nouveau, d'inattendu, tant il a mis d'habileté à nous montrer toute la beauté propre à son modèle. Quant à l'élan des chevaux, je n'en parle pas. L'auteur a trop souvent prouvé ce qu'il peut dans ce genre pour qu'il soit utile d'y insister. Je crois plus à propos de signaler la manière ingénieuse dont il a su traiter le costume des cavaliers. Les burnous jetés sur leurs épaules offrent à l'œil des lignes très-heureuses, et n'ont pourtant rien de systématique dans leur ajustement. Emportés par une course rapide, les cavaliers n'ont d'autre souci que la délivrance du buffle qui se débat sous les griffes du lion, et laissent flotter au vent l'étoffe souple et légère. La disposition des plis est tellement simple, tellement d'accord avec le mouvement des cavaliers, qu'elle semble prise sur nature. Et pourtant il est certain qu'elle a dû être calculée, prévue, imaginée. L'art, si adroitement dissimulé dans cette partie accessoire de la composition, ne peut cependant être méconnu, et je sais bon gré à M. Barye d'avoir compris toute l'importance de cette partie secondaire. Les burnous de ses cavaliers, rendus avec tant de souplesse et d'élégance, donnent plus de vivacité à l'engagement. En voyant l'air s'engouffrer sous la laine, le spectateur comprend que les cavaliers n'ont pas perdu un seul instant, et qu'ils ont couru sur le lion aussi rapides que la flèche.

J'arrive au dernier groupe, qui lutte avec les précédents d'énergie et d'harmonie. Nous avons devant nous deux cavaliers tartares qui chassent l'élan. M. Barye s'est efforcé de rendre dans toute sa vérité, je pourrais dire dans toute sa singularité, l'armure des cavaliers tartares. Bouclier, carquois, rien n'est oublié. Les détails les plus minutieux, qui semblent ne mériter aucune attention, sont étudiés avec soin, et donnent à la composition tout l'attrait d'un spectacle inattendu. Depuis la forme du casque jusqu'à la forme des étriers, M. Barye n'a voulu rien omettre, et je trouve qu'il a bien fait. Il s'est attaché à reproduire fidèlement le type de la race tartare, et ses cavaliers, en effet, rappellent d'une manière évidente les types que nous connaissons par le témoignage des voyageurs. Quant à l'élan déjà terrassé qui succombe sous leurs coups, il est modelé avec une précision que les naturalistes ne contesteront pas. Dans la représentation de ce type, aussi agile et plus fort que le cerf, rien n'est livré à la fantaisie. Il est facile de voir que l'auteur a vécu plus d'un jour avec son modèle, qu'il l'a regardé plus d'une fois avant de se mettre à l'œuvre. La souplesse et la force sont écrites dans le corps tout entier, et l'exactitude littérale de l'imitation n'ôte rien à la liberté des mouvements.

Ce que je veux signaler dans les cinq groupes que je viens d'analyser, c'est l'étonnante variété que l'auteur a su jeter dans toutes ces compositions. Le travail, je veux dire l'effort, ne se révèle nulle part. L'auteur semble heureux de produire, tant il assemble facilement tous les personnages qui doivent concourir à l'expression de sa pensée. Ses modèles, dont il connaît la physionomie, les mœurs, le caractère, obéissent à sa volonté, et s'ordonnent de façon à concilier la beauté des lignes et l'énergie des mouvements. La variété que je signale ne tient pas seulement à la richesse de l'imagination ; elle dépend surtout de l'intelligence, de la notion complète des sujets. Le statuaire le plus heureusement doué n'arriverait jamais à cette variété, s'il n'avait pas à sa disposition le souvenir toujours présent des figures qu'il veut mettre en œuvre. Avec une science acquise à la hâte et mal digérée, il ne pourrait jamais donner aux personnages le caractère individuel qui leur appartient. Pour M. Barye, la variété n'était pas un vœu, mais une nécessité. Familiarisé comme il l'était avec ses modèles, il ne pouvait manquer de leur assigner la physionomie, les attitudes qui leur appartiennent. Il trouvait sans effort dans la glaise obéissante tous les mouvements qu'il avait épiés, dont il se souvenait ; aussi les chasses composées pour le duc d'Orléans nous offrent-elles une suite de scènes vivantes. L'art et la science s'y trouvent réunis et combinés dans une si juste mesure, que nous sommes forcés d'admirer.

Ces groupes si variés et si vrais avaient marqué la place de M. Barye parmi les artistes les plus ingénieux ; mais les esprits habitués à se repaître de lieux communs s'obstinaient à ne voir, dans ces œuvres si puissantes, que des œuvres *de genre*. A leurs yeux, en effet, les sujets héroïques sont les seuls qui permettent de grandes œuvres. Un cavalier du quinzième ou du seizième siècle, si habilement traité qu'il puisse être, ne mérite pas une sérieuse attention ; c'est un passe-temps, un délassement, et rien de plus. C'est peut-être pour répondre à ce reproche banal que M. Barye s'est décidé à choisir dans les temps héroïques de la Grèce le sujet d'une nouvelle composition. Cependant la manière dont il l'a rendu, l'indépendance qu'il a montrée dans le mouvement des personnages, me donnent à penser que ces niaises déclamations ont été la cause prochaine, et non la cause réelle, de sa détermination. Le *Combat de Thésée contre le Minotaure* ne relève d'aucune tradition académique. Chacun peut voir, aux Tuileries, comment un statuaire chargé par l'État d'enseigner son art à la jeunesse comprend ce sujet héroïque. L'œuvre de M. Ramey, insignifiante dans presque toutes ses parties, ridicule dans la tête du minotaure, ne blesse absolument personne par sa hardiesse ou sa nouveauté. Dans cette composition, qui n'a pas dû coûter de longues méditations, l'adversaire de Thésée, étendu sur le dos, se soulève comme un bourgeois réveillé en sursaut, qui se prépare à gronder sa servante. Quant au Thésée, M. Ramey a eu sans doute l'intention de le faire élégant, mais il n'a réussi qu'à le faire maniéré, car le héros, en soulevant sa massue, pose comme un danseur. Mais à quoi bon analyser cette composition? chacun peut s'en égayer à son aise en traversant le jardin des Tuileries. Je ne connais guère que le *Cadmus* de Dupaty qui puisse lutter avec le *Minotaure* de Ramey.

M. Barye, en nous offrant le *Combat de Thésée contre le Minotaure*, a compris tout l'avantage qu'il y aurait à représenter les deux figures debout. Cette disposition permet, en effet, de donner plus de développement au corps du minotaure, et d'établir un contraste plus frappant entre les membres du monstre et les membres du héros. Le Thésée, plein d'élégance et de noblesse, n'a rien d'apprêté, rien de préconçu dans ses mouvements. Il agit et ne pose pas. Son corps tout entier est un modèle de beauté. Le torse et les membres expriment à la fois la force et l'énergie ; la tête, empreinte d'une ardeur virile, s'accorde très-bien avec le caractère du corps. Il n'y a ni dans le torse, ni dans les membres, ni dans la tête, rien qui rappelle servilement les monuments de l'art antique. Cependant il est facile de voir que M. Barye n'ignore pas le Thésée du Parthénon, et qu'il l'a souvent consulté, car les grandes divisions du torse sont inspirées par l'admirable fragment placé au Musée britannique. En interrogeant ce débris si plein d'enseignements, M. Barye a usé d'un droit que personne ne peut lui contester. Il a profité de la leçon avec liberté, avec hardiesse ; il s'est soutenu sans copier ; il n'a pas confondu la docilité avec l'impersonnalité. Tout en acceptant les conseils d'un maître illustre, il est demeuré lui-même. C'était la manière la plus sûre, la plus décisive de prouver aux discours de lieux communs que, pour s'élever au-dessus de la sculpture de genre, il n'est pas nécessaire d'avoir à sa disposition un bloc de marbre de dix pieds de hauteur. Le Thésée de M. Barye n'a pas quinze pouces de proportion, et cependant il est beau, il est grand, dans la plus large acception du mot. Qu'un homme riche et intelligent confie à l'auteur le soin de traduire sa pensée dans les dimensions de la nature, et je m'assure que le modèle n'aura rien à perdre dans cette transformation, car il n'y a pas un seul détail escamoté dans cette composition, que chacun peut prendre dans sa main. Le minotaure, qui lutte corps à corps avec Thésée, dont les membres s'entrelacent aux membres du héros, contraste heureusement par sa force pesante avec la force agile de son adversaire. La tête du taureau, placée sur ce corps humain, respire une brutalité farouche, et semble destinée à rendre plus frappante l'intelligence et la finesse qui animent tous les traits de Thésée. Le spectateur, en contemplant cette lutte, comprend que le minotaure sera vaincu, car il devine que Thésée mesure ses coups au lieu de les multiplier, et que le monstre va bientôt rouler à ses pieds, étourdi et sanglant.

Si la division des plans de la poitrine dans le personnage purement humain rappelle un des plus beaux monuments de l'école attique, l'ensemble de la composition, par sa naïveté, par son énergie sauvage, nous reporte vers les marbres d'Egine, placés aujourd'hui dans le musée de Munich, et trop peu connus chez nous, bien que nous en possédions la série complète. Les fragments moulés très-fidèlement sur les originaux de Munich sont si mal disposés pour l'étude, que les sculpteurs les consultent rarement. Or, les marbres d'Egine, très-inférieurs aux marbres d'Athènes sous le rapport de l'exécution, soutiennent glorieusement la comparaison sous le rapport de l'expression. Tous ceux qui les ont vus soit à Munich, soit à Rome, dans le Palais de Saint-Jean de Latran, où la collection complète est si admirablement éclairée, savent à quoi s'en tenir sur la valeur expressive de ces figures. Le *Thésée* de M. Barye, plus savant et plus pur que les marbres d'Egine, réveille pourtant dans notre esprit le souvenir de ces œuvres naïves. Je me hâte d'ajouter que le statuaire français n'a copié, dans son groupe de *Thésée*, aucun des combattants qui décoraient le temple d'Egine ; il s'est adressé tour à tour aux plus grandes écoles pour recueillir leurs conseils, et non pour abdiquer l'indépendance de sa pensée.

Du *Caïn maudit* au *Thésée victorieux*, quel immense intervalle ! L'œuvre du jeune homme, énergique et vraie, était pleine de promesses ; l'œuvre de l'artiste arrivé à sa maturité réalise toutes les espérances éveillées par le *Caïn* : simplicité de pantomime, élégance d'exécution, choix heureux de lignes harmonieuses, tout se trouve réuni dans cette œuvre, si habilement conçue, que les ignorants peuvent dire en la regardant, comme après avoir lu une fable de la Fontaine : Qui de nous n'en ferait pas autant ? C'est là, en effet, le caractère distinctif de toutes les compositions qui se recommandent par la simplicité. Le travail est si bien déguisé, que chacun, parmi les ignorants, croit pouvoir en faire autant ; mais qu'ils prennent l'ébauchoir ou la plume, et ils verront ce que vaut, quel prix a coûté cette simplicité qui semble à la portée de tout le monde !

Il y a dans le groupe du *Minotaure* et de *Thésée* un respect profond et sincère pour les leçons que l'antiquité nous a laissées, et en même temps un dédain absolu pour la manière infidèle dont les académies interprètent ses leçons. M. Barye a très-nettement posé la question. Ayant à choisir entre le texte placé devant ses yeux et le commentaire qui en obscurcit le sens en voulant l'éclaircir, il a pris parti contre le commentaire. Ecoutez les académies ; elles vous disent : Voici comment nous comprenons l'antiquité ; vouloir aller au delà des limites qu'elle a posées serait pure folie. Imitez, et vous serez grands, car vos œuvres seront conformes au modèle qui résume toute vérité ; imitez, et ne vous lancez pas dans les hasards de l'invention, car l'invention, mauvaise conseillère, vous détournerait du modèle d'après lequel nous devons vous juger. A ces belles maximes, M. Barye et le bon sens répondent : L'antiquité que vous vantez n'a jamais posé de limites immuables dans le domaine de l'imagination ; l'antiquité dans sa partie la plus exquise, l'antiquité grecque, n'est qu'une marche sans halte et sans relâche. Pour demeurer fidèle aux traditions de l'art antique, il ne s'agit pas de copier les monuments qu'il nous a laissés, mais bien d'interroger la nature, comme il l'interrogeait en profitant du fruit de ses études. Accepter l'interprétation qu'il a donnée de la nature, sans recourir à la nature même, ce n'est pas respecter, mais dénaturer la méthode suivie par l'art antique : ce n'est pas la prendre pour guide, c'est plutôt lui tourner le dos. Et je ne vois pas quelles objections peut soulever cette réponse, car les arguments dont elle se compose défient toute discussion : évidents et sans réplique, ils n'ont pas besoin d'être démontrés. Vouloir immobiliser l'art sous prétexte de le conserver, c'est tout simplement protester contre l'histoire de l'art. Qu'est-ce en effet que l'histoire de l'art ou de l'imagination, comme l'histoire de toutes nos facultés, sinon le mouvement manifesté par des œuvres dans l'ordre esthétique et scientifique, manifesté par des actions, par des événements dans l'ordre politique? Qu'il représente le combat du minotaure et de Thésée ou tout autre sujet emprunté aux temps héroïques, le statuaire qui veut tenir compte de l'histoire, tenir compte des traditions de l'art antique, doit continuer le mouvement selon ses forces, et non le considérer comme accompli, comme épuisé. Le but suprême de l'art est de créer. Or il n'y a pas de création possible sans indépendance, sans volonté. L'imitation de la Grèce, si habile qu'elle soit, est aussi loin de l'invention que l'imitation littérale de la nature. Ces deux genres d'imitation, acceptables comme études préliminaires, ne sauraient être confondus avec le but que l'art se propose. Pour produire des œuvres vivantes, pour prendre rang dans l'histoire, c'est-à-dire dans la série des mouvements accomplis, il faut, de toute nécessité, représenter par soi-même quelque chose de nouveau dont le type ne se retrouve pas dans le passé, c'est-à-dire interroger la nature à son tour, après avoir pris conseil de l'antiquité sur la manière de la comprendre et de la rendre. C'est la méthode que M. Barye a suivie en composant son *Thésée;* il a profité des leçons de l'antiquité sans renoncer au droit de consulter la nature, et son œuvre, malgré les souvenirs qu'elle réveille, lui appartient tout entière.

Angélique et Roger ont fourni à M. Barye l'occasion de

montrer son talent sous un aspect inattendu, sous l'aspect gracieux. Quand je dis inattendu, je n'entends pas parler des esprits éclairés, car il est bien évident que l'expression de la force n'exclut pas l'expression de la grâce. Toutefois, pour la foule habituée à circonscrire le développement de l'imagination dans un cercle déterminé, le groupe d'*Angélique et Roger* eut tout le charme de l'imprévu. Cet ouvrage, demandé à M. Barye par le duc de Montpensier, mais demandé dans les conditions les plus larges, puisque l'artiste pouvait, en restant dans les dimensions données, choisir à son gré le sujet de son travail, est, à coup sûr, une des inventions les plus ingénieuses de l'art moderne. Roger, monté sur l'hippogriffe, tient dans ses bras la belle Angélique. Je n'ai pas besoin de rappeler cet épisode, emprunté au poëme de l'Arioste. En deçà comme au delà des Alpes, *Roland le furieux* jouit depuis longtemps d'une légitime popularité, et les personnages de ce livre admirable sont familiers à toutes les mémoires. Ma tâche se borne à caractériser la conception et l'exécution. Le génie de l'Arioste, le premier poëte de l'Italie après Dante, convenait merveilleusement à l'intelligence de M. Barye, et le sculpteur français, en le consultant, a trouvé dans cet entretien d'utiles leçons. De deux parts c'est la même liberté, la même passion pour la fantaisie livrée à elle-même. Aussi voyez comme l'ébauchoir a traduit fidèlement la pensée du poëte! Angélique réalise sous la forme la plus riche, la beauté qui excite le désir. Son corps harmonieux et puissant réunit tout ce qui peut charmer les yeux et séduire l'imagination. Elle rappellerait le type flamand par la beauté de la chair, si la pureté des lignes ne reportait la pensée vers les œuvres de la Grèce. Il y a, en effet, dans cette adorable créature quelque chose qui tient à la fois des naïades de Rubens et des filles d'Athènes dont le profil gracieux décore le temple de Minerve, mélange heureux qui nous ravit et nous enivre. L'œil ne se lasse pas de contempler ce beau corps, dont toutes les parties sont traitées avec un soin exquis. La poitrine et les hanches sont rendues avec une précision qui ne laisse rien à désirer. Les épaules et le dos offrent au regard étonné un sujet d'étude sans cesse renouvelé. Rien de convenu, rien de systématique, la nature prise sur le fait et librement interprétée. Souplesse, abondance, force et grâce, rien ne manque à cette merveilleuse créature pour enchanter son amant. Roger, qui la tient dans ses bras, couvert d'une solide armure, ajoute encore à la beauté de la femme qui lui appartient par l'énergie de son attitude, par la puissance de son regard. Il la couve d'un œil si amoureux, il la domine si resolûment par la passion qui le possède, que le désir prête un nouveau prix à cette divine créature. Je ne crois pas qu'il soit possible de nous présenter Angélique et Roger sous un aspect plus séduisant. Tous ceux qui voyaient dans M. Barye un homme dévoué sans retour à l'expression de la force ont dû être bien étonnés. Quant aux esprits éclairés, ils ont accueilli avec bonheur, mais sans surprise, cette nouvelle face du talent de M. Barye.

L'hippogriffe, dont le type esquissé par l'Arioste laissait d'ailleurs pleine carrière à la fantaisie de l'artiste, n'a pas été compris par M. Barye moins heureusement qu'Angélique et Roger. Ce cheval merveilleux dont la nature ne fournit pas de modèle, qui tient à la fois de l'aigle et du cheval, dévore l'espace comme le coursier de Job, et souffle le feu par ses naseaux dilatés. Les ailes attachées aux épaules, tout à la fois légères et puissantes, se meuvent avec une rapidité qui défie le regard. Enfin il y a dans tout cet ensemble singulier une combinaison si habile, une adresse si parfaite, que l'étonnement s'apaise bien vite et fait place à l'étude la plus attentive. L'hippogriffe de M. Barye est si naturellement conçu, qu'il perd son caractère fabuleux. Quoique la science n'ait encore rien découvert de pareil, et nous prouve même par des raisons victorieuses que rien de pareil ne s'offrira jamais à nos yeux, nous acceptons volontiers l'hippogriffe comme un cheval d'une nature particulière, mais qui a vécu, qui vit encore, et que nous pourrions rencontrer. Cette impression purement poétique, et que la raison désavoue, s'explique par la précision avec laquelle l'auteur a su souder ensemble, et par un art qui lui est personnel, le cheval et l'oiseau. S'il n'eût pas possédé d'une façon magistrale la pleine connaissance de ces deux natures si diverses, il n'eût jamais réussi à les accoupler sous cette forme harmonieuse. Initié à tous les secrets de leur structure, il a pu sans effort réunir les ailes de l'aigle aux épaules du cheval.

Le serpent placé sous l'hippogriffe appartient aussi tout entier à la fantaisie. La riche collection du Muséum n'offre pas le type représenté par M. Barye ; mais ici encore la science est venue au secours de l'imagination. Avec le corps d'un serpent et la tête d'un dauphin, l'auteur a composé un être sans nom, que jamais œil humain n'a contemplé, et qui pourtant n'a rien de singulier ; la tête et le corps sont si habilement réunis, que la singularité disparaît. Ainsi toutes les parties de ce groupe concourent heureusement à la pensée conçue par l'auteur. Grâce, élégance, force, résolution, resplendissent dans Angélique et Roger ; hardiesse, originalité sans bizarrerie, recommandent l'hippogriffe et le serpent.

Je ne dois pas passer sous silence cinq statuettes équestres qui, malgré l'exiguïté de leurs dimensions, méritent une attention sérieuse : *Charles VI*, *Charles VII*, *Gaston de Foix*, *le Général Bonaparte*, et *le Duc d'Orléans*. Le *Char-*

les VI n'est pas une statuette de pure décoration, car M. Barye a représenté le moment où le roi arrêté, au milieu d'une forêt, par un inconnu qui saisit la bride de son cheval, perd tout à coup la raison. L'expression du visage s'accorde très-bien avec la scène que l'artiste s'est proposé de traduire. Le *Charles VII* et le *Gaston de Foix*, privés du charme de l'action, intéressent par leur élégance. Le costume, bien que fidèlement traité, n'a que l'importance qui lui appartient. Le caractère efféminé de Charles VII, le caractère mâle et résolu de Gaston de Foix, ont fourni à l'auteur l'occasion de montrer comment il comprend l'accord du visage et de la pensée.

Le *Duc d'Orléans* n'est pas moins élégant que les deux ouvrages précédents, et quoique le costume militaire de nos jours soit loin d'offrir au sculpteur les mêmes ressources que le costume des quinzième et seizième siècles, quoique l'armure de Gaston et l'habit de chasse de Charles VII semblent inviter l'ébauchoir, tandis que l'uniforme de nos régiments semble défier toutes les ruses du talent le plus ingénieux, cependant M. Barye a trouvé moyen de respecter l'uniforme, tout en l'assouplissant. Profitant de l'exemple donné par M. David, il a conservé les lignes générales que la coutume lui imposait, mais il n'a pas renoncé au droit d'élargir les basques et de prêter aux mouvements une liberté, une familiarité qui seules peuvent donner la vie à l'œuvre du peintre et du statuaire. Trop souvent les cavaliers revêtus de l'uniforme militaire ressemblent à des mannequins; le *Duc d'Orléans* de M. Barye est souple et vivant.

La statuette du général Bonaparte désigne M. Barye comme l'artiste le plus capable d'accomplir la tâche si imprudemment confiée à M. Marochetti. Elle offre tous les éléments d'une composition monumentale, et, bien que le tombeau creusé dans l'église des Invalides soit consacré à l'empereur, je ne verrais aucun inconvénient à représenter Napoléon sous le costume du général Bonaparte, car le costume du général, à son retour d'Égypte, se prête heureusement aux exigences de la sculpture, tandis que le manteau impérial semé d'abeilles se raille des efforts les plus hardis. Pour ma part, je ne doute pas que l'œuvre de M. Barye, élevée aux proportions colossales dont je parlais tout à l'heure, ne fît très-bonne figure sur l'esplanade des Invalides. Le visage maigre et pensif du général convient à la statuaire; les joues pleines de l'empereur sont loin d'offrir les mêmes ressources. Les longues basques, le collet rabattu, les revers épanouis sur la poitrine, signes distinctifs du costume militaire au temps du Directoire, ne sauraient se comparer au manteau impérial. C'est pourquoi je trouverais très-sage de demander à M. Barye ce que M. Marochetti n'a pas su faire. Quand la statuette du général Bonaparte sortit des mains d'Honoré Gonon, il n'était pas question du tombeau de l'empereur; aujourd'hui que M. Marochetti nous a prouvé toute son impuissance, le bon sens conseille de s'adresser au statuaire qui a fait ses preuves; la statuette du général Bonaparte deviendrait facilement une statue monumentale, et l'auteur, en l'agrandissant, n'aurait presque rien à y changer.

Un candélabre composé de neuf figures, et demandé à M. Barye par le duc de Montpensier, prendra sans doute place parmi les œuvres les plus exquises de notre temps. A la partie inférieure, Junon, Minerve et Vénus; à la partie moyenne, trois Chimères; au sommet, les trois Grâces : voilà le triple motif que l'auteur a choisi pour un candélabre à douze branches formées de feuillage. Je ne crains pas d'affirmer que la renaissance n'a jamais rien conçu de plus ingénieux ni de plus pur. Les trois déesses assises à la base sont traitées avec une précision, une variété qui ne permet pas à la pensée d'hésiter un seul instant sur le nom du personnage : le visage de Junon respire l'orgueil, et chacun reconnaît la reine de l'Olympe ; Minerve exprime très-bien la gravité virginale que nous admirons dans le colosse de Velletri. Quant à Vénus, son regard est animé d'une divine tendresse. Le corps des trois déesses est modelé de manière à concourir à l'effet de ces trois physionomies si parfaitement caractérisées. Nous trouvons, en effet, chez Vénus une richesse de formes qui appelle la maternité ; chez Minerve, une élégance plus sobre qui éloigne le désir ; chez Junon, une sévérité majestueuse qui éveille l'idée de commandement. Les trois Chimères, qui forment le centre de la composition, sont très-heureusement inventées. Il serait difficile d'interpréter plus habilement les traditions de la mythologie. Les trois Grâces, qui couronnent ce charmant édifice, rappellent par leur souplesse le groupe si connu de tous les voyageurs qui ont visité la cathédrale de Sienne. Et cependant, quoique les Grâces de M. Barye reportent la pensée vers les Grâces de Sienne, il n'y a pas trace d'imitation dans l'œuvre née sous nos yeux. Le même sujet, traité par Germain Pilon, est empreint d'un tout autre caractère. Le contemporain de Jean Goujon a jeté sur les trois sœurs une draperie qui laisse deviner toute leur beauté, mais qui, cependant, a le tort de ressembler plutôt à la soie qu'au lin ou à la laine. Les Grâces du candélabre sont nues, et leur nudité, tout à la fois chaste et voluptueuse, chaste par l'attitude, voluptueuse par la jeunesse et le choix des lignes, soutiendrait sans danger la comparaison avec les figurines trouvées dans les champs de l'Attique. M. Barye est emporté par un instinct tout-puissant, vers l'école flamande. Les femmes de Rubens l'attirent par un charme irrésistible ; cependant l'étude des modèles antiques lui a révélé tout ce qu'il y a dans ces types, d'ailleurs si riches et si variés, d'inacceptable pour la sculpture. Et cette conviction porte ses fruits. Il trouve en effet, dans les monuments mêmes que la Grèce nous a laissés, une figure qui lui montre la route à suivre, et concilie avec la pureté linéaire la force exubérante si assidûment poursuivie par l'école flamande. La Vénus de Médicis, placée dans la Tribune de Florence, n'a qu'une élégance de convention; la Vénus de Milo, aussi souple, aussi vaillante que les naïades de Rubens, les surpasse par la pureté des lignes, par la division des plans. Et c'est à ce divin modèle que M. Barye s'est rallié. Aussi le candélabre demandé par le duc de Montpensier, conçu avec hardiesse, traité avec une simplicité digne des époques les plus savantes, a-t-il réuni de nombreux suffrages. Il charme les esprits naïfs, habitués à ne consulter que leurs impressions, et contente les esprits initiés par l'étude à toutes les délicatesses de l'art.

J'arrive au dernier ouvrage de M. Barye, au *Combat du Lapithe et du Centaure*, qui couronne d'une façon si éclatante toutes les pensées qu'il a exprimées depuis vingt ans. Il a pu, dans ce dernier ouvrage, déployer toutes les richesses de son savoir et démontrer aux plus incrédules qu'il ne connaît pas la forme humaine moins complétement que la forme du lion et du taureau. Il avait à lutter contre un terrible souvenir, contre les métopes qui décorent le Musée britannique. Il s'est dégagé de cet adversaire en choisissant une voie nouvelle. Son groupe n'a rien à démêler avec les fragments rapportés à Londres par lord Elgin. Le centaure de M. Barye, par le mouvement, par la forme, se sépare nettement de la tradition grecque, sans la contredire. L'auteur s'est inspiré de la nature et s'est attaché à reproduire tous les détails qu'il avait observés. Il a compris sans peine qu'il ne pouvait, sans s'exposer au reproche de témérité, essayer de traduire en ronde-bosse les hauts reliefs sculptés par la main de Phidias, et qui par leur perfection désespèrent les statuaires les plus habiles. Amoureux de l'idéal, il s'est mis à le chercher par des procédés que les Grecs ont presque toujours négligés. L'école attique, la plus savante de toutes les écoles, ne s'est guère occupée des mouvements énergiques, ou du moins, lorsqu'elle a entrepris de les traduire, elle a tempéré la force par la majesté. C'est aux mouvements énergiques exprimés avec une entière franchise que M. Barye a demandé l'intérêt, la nouveauté de son œuvre, et ce dessein conçu avec sagacité, accompli avec courage, mérite l'approbation des connaisseurs. Le sujet seul ramène la pensée vers l'acropole d'Athènes. Quant au style du groupe, il éloigne toute idée de comparaison. Le centaure de M. Barye, excellent dans la partie empruntée au cheval, jeune, vigoureux, hardiment accentué dans la partie humaine, appartient à la réalité par l'exactitude des détails; l'idéal n'est intervenu que dans la réunion de ces deux natures et dans la conception du mouvement. Quant au Lapithe, je n'ignore pas qu'il soulève plus d'une objection; mais il me paraît facile de répondre aux reproches que j'ai entendus. Il se cramponne avec ses genoux, avec ses pieds au corps de son ennemi, et les disciples fervents de l'antiquité trouvent que les genoux et les pieds n'offrent pas une ligne heureuse. Je ne conteste pas la vérité de cette affirmation; seulement je me permets de révoquer en doute l'importance qu'ils y attachent. Le mouvement des genoux et des pieds, très-vrai en lui-même, puisqu'il exprime très-bien l'action, serait blâmable assurément s'il troublait l'harmonie générale du groupe, si, au lieu de s'accomplir sur les flancs du centaure, il s'accomplissait sur la partie antérieure ou postérieure; mais, étant donnée la place que lui assigne l'auteur, il ne trouble en rien l'harmonie générale. C'est pourquoi je n'hésite pas à l'approuver, bien qu'il forme un angle désavoué par les pures traditions de l'art. La tête du centaure, étreinte par la main puissante du Lapithe, qui se débat convulsivement et que la massue menace, est une invention pleine de nouveauté, qui mérite les plus grands éloges. Un sculpteur de premier ordre pouvait seul concevoir un tel groupe et l'exécuter avec une telle franchise. Tous ceux qui s'étaient obstinés jusqu'à présent à voir dans M. Barye un sculpteur de genre sont obligés, devant le groupe du *Lapithe* et du *Centaure*, de renoncer à leurs restrictions et de voir en lui un sculpteur capable d'aborder et de traiter, dès qu'il le voudra, les sujets les plus variés, les plus difficiles. Qui donc en effet, parmi les maîtres chargés aujourd'hui de l'enseignement, ferait le groupe du *Lapithe* et du *Centaure*?

C'est là certes une vie bien remplie, et cependant M. Barye n'a pas produit tout ce qu'il aurait pu produire, s'il eût trouvé dans les hommes chargés par l'Etat de distribuer les travaux plus de bienveillance, plus de sympathie et surtout plus de lumières. Le *Centaure* est acheté et sera fondu en bronze; c'est un acte de justice. Il était facile de faire mieux encore : il fallait doubler le modèle et le traduire en marbre. Ce groupe ferait aux Tuileries une excellente figure. Les occasions n'ont pas manqué pour employer dignement le talent de M. Barye. Malheureusement toutes ces occasions se sont résolues en promesses ou en commandes singulières, je pourrais dire ridicules. Un crocodile étouffant un serpent excite l'admiration; l'auteur est chargé de modeler le buste du duc d'Orléans. Un lion réunit tous les suffrages; on demande à l'auteur la statue de sainte Clotilde. De pareilles commandes ne ressemblent-elles pas à une gageure contre le bon sens? La statue de sainte Clotilde, placée dans une chapelle de la Madeleine, n'est certainement pas dépourvue de mérite : le visage est empreint d'une gravité sereine, la draperie ajustée avec grâce ; mais demander le portrait d'un prince et la statue d'une sainte pour récompenser l'auteur d'un crocodile et d'un lion, c'est à coup sûr une étrange manière de distribuer les travaux. Quoique M. Barye ait montré dans *le Martyre de saint Sébastien* une connaissance profonde de l'anatomie humaine, le bon sens le plus vulgaire prescrivait de l'encourager, en tenant compte de sa prédilection pour les sujets que la sculpture dédaigne habituellement. Lorsqu'il fut question de couronner l'arc de l'Étoile et d'effacer la gibbosité qui domine l'acrotère M. Barye fut chargé de présenter un projet. Son esquisse, connue de tous les artistes, remplissait toutes les conditions du programme. L'aigle impériale, ailes déployées, étreignait de ses serres puissantes les blasons animés des nations vaincues, représentées aux quatre coins de l'acrotère par des fleuves enchaînés. Était-il possible de couronner plus dignement le monument élevé à la gloire des armées françaises ? Pouvait-on espérer un projet qui s'accordât mieux avec les victoires gravées sur les faces de l'arc ? Austerlitz et Jemmapes, Arcole et Aboukir ne se trouvaient-ils pas résumés dans ce couronnement imaginé par M. Barye ? Personne n'oserait le contester. Le bon sens, l'évidence, parlaient pour lui. Puis survinrent les scrupules diplomatiques ; l'homme d'esprit qui avait eu l'heureuse idée de s'adresser à M. Barye craignit de blesser l'amour-propre des chancelleries en acceptant son projet, et l'esquisse si justement admirée fut bientôt condamnée à l'oubli. Ou je m'abuse étrangement, ou l'abandon de ce projet n'apaisera pas l'amour-propre des chancelleries. Couronné ou non de l'aigle impériale, l'arc de l'Étoile raconte à tous les yeux les triomphes militaires de la Convention, du Directoire, du Consulat et de l'Empire. Tant que l'histoire ne sera pas effacée, tant que le vent ne pourra pas balayer comme la poussière le souvenir des faits accomplis, le projet de M. Barye sera sans danger pour la paix du monde ; et comme il achèverait d'une manière excellente un monument dont l'exécution mérite plus d'un reproche, l'homme d'État qui reprendrait ce projet et s'emploierait à le réaliser obtiendrait, je n'en doute pas, l'approbation de tous les esprits sensés. Grâce à lui, M. Barye, dont la place est marquée au premier rang parmi les statuaires de notre âge, montrerait enfin tout ce qu'il peut faire pour l'art monumental.

1851.

XVIII

M. MAROCHETTI

STATUE ÉQUESTRE DE M. LE DUC D'ORLÉANS.

J'ai cherché longtemps, mais inutilement, de quel côté je devais regarder l'œuvre nouvelle de M. Marochetti, pour la bien comprendre, et entrer vraiment dans la pensée de l'auteur. Tous mes efforts, bien que sincères et persévérants, ont échoué contre la singularité de la composition. J'ai d'abord regardé de face la statue équestre du duc d'Orléans, et qu'ai-je vu? Un cheval coiffé d'un chapeau militaire. Ceci n'est point une plaisanterie, et chacun peut facilement vérifier tout ce qu'il y a de sérieux dans mes paroles. Je ne fais qu'énoncer, très-simplement et sans la moindre intention de raillerie, l'impression que j'ai reçue. En venant du pavillon de l'Horloge, il est littéralement impossible d'apercevoir la tête du cavalier. Or, si je ne me trompe, le cavalier devait être le personnage principal de la composition. M. Marochetti ne pouvait-il donner au cheval un mouvement qui découvrît le visage du duc d'Orléans, et n'obligeât pas le spectateur à d'inutiles efforts pour l'apercevoir? Quelque bienveillantes que soient les dispositions avec lesquelles on arrive devant l'œuvre nouvelle de M. Marochetti, ce premier désappointement jette dans l'âme du juge le germe d'une sévérité trop bien justifiée par l'analyse attentive de la composition. Poursuivons, et plaçons-nous à droite de la statue en tournant le dos à la Seine. Si nous cherchons le visage du cavalier, nous ne sommes pas plus heureux que la première fois. A peine pouvons-nous apercevoir un profil perdu ; le seul dédommagement qui nous soit offert, c'est de nous assurer que le prince n'est pas solidement assis sur son cheval, que le corps est beaucoup trop en arrière, et qu'un brusque mouvement pourrait le désarçonner. Cette seconde épreuve n'est donc pas plus favorable que la première, et ne condamne pas moins clairement le goût du statuaire. Si nous tournons le dos à l'église Saint-Germain-l'Auxerrois, que voyons-nous? Un assemblage singulier qu'il nous serait difficile de caractériser. La queue du cheval est attachée de telle façon, et se combine si étrangement avec l'attitude du cavalier, qu'on ne sait d'où elle sort. Cette troisième impression n'est donc pas plus heureuse que la seconde. Plaçons-nous maintenant à gauche de la statue, et tournons le dos à la rue du Coq. Enfin nous apercevons le visage du prince, et nous pouvons étudier à loisir l'expression que M. Marochetti a voulu lui donner. Mais quelle singulière coiffure, quelle maladresse dans la manière de placer le chapeau militaire ! En regardant la statue de face, nous ne pouvions distinguer le visage du cavalier ; maintenant le cavalier nous semble coiffé d'une casquette. Assurément le chapeau militaire d'un lieutenant-général n'a rien qui se prête aux exigences de la sculpture, nous sommes disposé à le reconnaître et nous le proclamons volontiers ; mais tout contraire qu'il soit aux conditions générales de l'art, malgré l'ensemble disgracieux des lignes qu'il présente, ce chapeau, placé naturellement, c'est-à-dire de façon que l'axe de la coiffure corresponde à l'axe de la tête, ce chapeau, sans plaire à l'œil, n'a du moins rien de ridicule, tandis que la coiffure choisie par M. Marochetti amène le rire sur les lèvres des juges les plus indulgents. Et puis, était-il bien nécessaire de mettre sur la tête du prince ce malencontreux chapeau, n'importe de quelle manière? N'était-il pas cent fois plus raisonnable et plus naturel de découvrir la tête du cavalier, et de lui mettre le chapeau à la main? Et pourquoi, je vous le demande, pourquoi multiplier sur ce chapeau les détails et les ornements, au point de le rendre dix fois plus lourd? Ne pouviez-vous, ne deviez-vous pas simplifier le modèle que vous aviez sous les yeux? Pourquoi copier servilement, mesquinement, toutes les broderies du chapeau d'ordonnance, et vouloir exprimer avec l'ébauchoir des détails que le pinceau dédaignerait, et que le bronze ne peut rendre sans faire tort au masque du personnage, en distrayant l'attention? Placé comme nous le sommes maintenant, nous pouvons embrasser d'un regard tous les défauts, et je voudrais pouvoir dire toutes les qualités de la composition. Malheureusement le feutre du chapeau et la chair du visage sont exécutés de la même manière ; il y a dans ces deux morceaux une telle uniformité de travail, qu'ils semblent faits de la même matière, c'est-à-dire, en deux mots, que le bronze n'a su représenter ni le feutre ni la chair. Il n'y a dans la physionomie du prince ni l'ardeur ni la vie qui conviennent à un homme de son âge, et que le spectateur cherche naturellement dans l'héritier du trône. Parlerai-je du bras qui tient l'épée? Il serait difficile d'imaginer un mouvement plus gauche et moins militaire. On ne peut pas dire que le bras abaisse l'épée ; il semble que l'épée soit trop lourde pour le bras qui la porte, pour la main qui la tient, et que son poids oblige le bras à s'étendre. Le bras et l'épée ne forment ainsi qu'une seule ligne qui déplaît à l'œil, à quelque point de vue que l'on se place.

Ce que j'ai dit du chapeau d'ordonnance, je le dirai, je dois le dire, de l'uniforme. Assurément l'habit militaire du dix-neuvième siècle n'a rien de sculptural; mais il était possible de l'interpréter sans le dénaturer, et d'enrichir ce qu'il a de mesquin et d'ingrat. Il fallait, pour atteindre ce but, élargir les basques de l'uniforme, et ne pas serrer la poitrine du cavalier comme dans un corset. Le ventre du prince est trop gros et manque de jeunesse. C'est une faute de goût que rien ne saurait justifier, qui, toutefois, blesserait moins vivement, si le statuaire eût pris soin de donner plus d'ampleur à l'uniforme, et n'eût pas emprisonné le corps du prince de façon à donner au ventre dix ans de plus qu'à la poitrine. J'ai beau chercher quelles sont les qualités de cette œuvre, je ne puis réussir à les découvrir. Ignorants ou éclairés, étrangers à l'étude des monuments de l'art ou familiarisés depuis longtemps avec les œuvres les plus importantes de la statuaire, les spectateurs, en contemplant la composition de M. Marochetti, ne peuvent exprimer une pensée indulgente. Le cavalier qu'il nous montre est mal assis sur sa monture, mal coiffé, étouffé dans son uniforme, tient gauchement son épée, et sa physionomie n'exprime aucun sentiment précis et définissable. Avec la meilleure volonté du monde, il est impossible de deviner ce qu'il veut et ce qu'il pense. Est-ce la majesté du commandement, l'ardeur militaire ou la sérénité de l'espérance que M. Marochetti a voulu retracer? Bien hardi serait, à mon avis, celui qui se prononcerait pour un de ces trois sentiments. Quant à moi, je l'avoue franchement, je n'ai pas su deviner l'intention de M. Marochetti. Je ne vois dans le cavalier qu'il nous donne pour le duc d'Orléans qu'un visage vulgaire, dont les yeux ne regardent pas et dont la bouche ne saurait parler. Ce masque immobile ne me dit rien; et s'il fallait absolument baptiser l'expression de ce visage muet, je ne trouverais dans le vocabulaire entier de notre langue qu'un seul mot capable d'exprimer fidèlement ce que je crois y découvrir. Ce mot, chacun l'a déjà deviné, et je pourrais me dispenser de le dire : le visage du prince respire l'ennui. Si donc M. Marochetti, par une série de réflexions que j'ignore et dont je ne saurais pénétrer le mystère, a été amené à vouloir exprimer les soucis de la grandeur et l'ennui du commandement, je suis forcé de confesser qu'il a parfaitement réussi. Serait-ce donc là ce qu'il aurait voulu ?

Le cheval vaut-il mieux que le cavalier ? Avons-nous devant les yeux un vrai cheval de bataille ? La tête, le corps et les membres appartiennent-ils à la même race ? Ont-ils le même âge ? M. Marochetti, obéissant à une doctrine si souvent et si aveuglément prêchée, n'a-t-il pas réuni, par un étrange caprice, des éléments qui ne sauraient s'accorder entre eux ? N'a-t-il pas juxtaposé violemment, sans réussir à les combiner, des fragments choisis sans discernement, et qui par leur nature sont incapables de former jamais un tout harmonieux ? Ces questions, posées clairement, ne sont pas difficiles à résoudre. Il suffit, en effet, de considérer attentivement le cheval que monte le duc d'Orléans pour s'apercevoir que la tête et les cuisses n'appartiennent pas à la même race. En modelant la tête, M. Marochetti pensait aux courses de Chantilly ; en modelant les cuisses, il copiait un cheval de brasseur. Le type de la tête semble inspiré par le désir de plaire au jockey-club ; le type des cuisses est celui d'une jument normande. Les yeux sont enchâssés, les narines se dilatent comme dans un étalon arabe ; les plans musculaires des cuisses sont divisés comme dans un cheval qui traîne toujours un pesant fardeau, et n'a jamais couru, ne courra jamais. Entre la tête et les cuisses il n'y a pas seulement désaccord, il y a contradiction. M. Marochetti a-t-il pu croire un seul instant que la tête et les cuisses fussent de la même race? Je ne le pense pas. Il ne s'est pas trompé à ce point. Il n'a pas compris le danger de la théorie dont nous parlions tout à l'heure, et, une fois engagé dans une fausse voie, il a cru devoir aller jusqu'au bout. Il a entendu dire autour de lui, il a lu peut-être dans quelques livres qui jouissent d'une autorité usurpée, que, pour faire un beau cheval, pour composer un type idéal de force et d'ardeur, il faut choisir dans la nature réelle les éléments épars dont la réunion constitue la beauté; et, s'attachant au sens littéral de cette maxime, qui par elle-même est fort incomplète et a besoin d'être fécondée par l'interprétation, il a négligé une des parties les plus importantes de la tâche imposée à tous ceux qui veulent créer, qu'ils s'appellent peintres, poëtes ou statuaires. Il a choisi sans se demander si les éléments qu'il choisissait étaient unis entre eux par une parenté lointaine ou prochaine, et s'ils pouvaient s'assembler sans violence, s'ils pouvaient se coordonner et se fondre de façon à dissimuler la diversité de leur origine. C'est pour n'avoir pas connu ou pour avoir oublié l'importance profonde de cette vérité, que M. Marochetti est arrivé à modeler un cheval dont la tête et les cuisses s'accordent si mal et se contredisent si formellement. Ce n'est pas tout : les extrémités des membres postérieurs et des antérieurs ne s'accordent pas davantage entre elles. Les extrémités des membres antérieurs appartiennent évidemment à un cheval de course; les extrémités des membres postérieurs appartiennent à un cheval de trait. C'est la même faute engendrée par la même ignorance ou le même oubli. La flexion du membre antérieur gauche offre une ligne désagréable, et ne convient pas au type que le statuaire devait réaliser, au type du cheval de bataille. Enfin, le mouvement combiné des quatre membres présente au regard une confusion fâcheuse, et, si l'on veut prendre la peine de l'analyser, on verra qu'il ne réunit pas les conditions d'un équilibre solide.

Outre la violation du principe d'unité, dont l'importance ne saurait être méconnue, M. Marochetti a commis encore une autre faute. Il a demandé à son art ce que son art ne peut donner; il a voulu trouver sous l'ébauchoir ce qui ne peut se produire que sous le pinceau. L'erreur que nous reprochons à M. Marochetti est aujourd'hui malheureusement populaire, parmi ceux qui produisent comme parmi ceux qui jugent; on rencontre dans les ateliers bon nombre de gens qui la partagent, et s'imaginent, de la meilleure foi du monde, qu'ils ont fait une belle statue quand ils ont réussi à indiquer dans le marbre ou dans le bronze un effet que l'œil est habitué à trouver sur la toile. C'est tout simplement une des bévues les plus lourdes qui se puissent faire. Chaque forme de l'art a son but et ses moyens qui ne sauraient être méconnus impunément. Chercher *l'École d'Athènes* dans le marbre, ou le *Laocoon* sur la toile, est une tentative que le goût réprouve, et qui ne peut aboutir qu'à des œuvres puériles. C'est en cherchant la peinture dans la statuaire que M. Marochetti a creusé dans les cuisses de son cheval des sillons exagérés; c'est en poursuivant ce but insensé qu'il a marqué l'aine par une entaille monstrueuse. Toutes ces puérilités trouveront sans doute des apologistes fervents. On dira que M. Marochetti a obtenu un effet pittoresque, et son erreur sera louée comme une trouvaille. Quant à nous, à cet égard, nous ne conservons pas l'ombre d'un doute; nous savons depuis longtemps ce qu'il faut penser de ces empiétements de la statuaire sur le terrain de la peinture, et réciproquement. Cette prétendue hardiesse n'est pour nous qu'un pur enfantillage, qui mérite à peine d'être discuté.

Pour être juste, pour dire toute notre pensée, pour indiquer nettement le rang auquel peut prétendre l'œuvre de M. Marochetti, nous devons ajouter qu'elle n'est pas monumentale. C'est une composition *de genre* exécutée, on ne sait pourquoi, dans des proportions qui veulent un style tout différent. C'est un joujou aperçu à travers une lunette; mais le grossissement n'ajoute absolument rien à la valeur de l'œuvre. Loin de là; bien des défauts qui passeraient peut-être inaperçus, ou qui du moins échapperaient aux yeux de la plupart des spectateurs, se montrent ainsi à l'œil le moins exercé avec une irrésistible évidence. Ce qui manque en effet à la statue du duc d'Orléans, c'est surtout l'élévation du style. Cette absence d'élévation est d'autant plus frappante, blesse d'autant plus sûrement, que les proportions choisies par M. Marochetti ne permettent aucune tricherie, aucun escamotage. Incorrection, vulgarité, rien ne peut être dissimulé; tous les éléments de la composition se laissent apercevoir si clairement, que l'indulgence devient impossible. On a beau faire, l'attention est provoquée, harcelée par toutes les lacunes, par toutes les erreurs qui fourmillent dans cette œuvre, si petite par le style, et agrandie sans raison. Pour que l'œuvre de M. Marochetti fût vraiment monumentale, pour que la proportion fût justifiée par l'idée, il aurait dû concevoir et ordonner l'attitude du cavalier, les mouvements du cheval, de façon à présenter partout à l'œil satisfait des lignes simples et harmonieuses, un ensemble grave et facile à saisir; il aurait fallu que chaque ligne, chaque mouvement eût une raison d'être, et relevât de la réflexion, de la volonté, au lieu d'appartenir au hasard. Or, y a-t-il rien de pareil dans l'œuvre de M. Marochetti? L'auteur pourrait-il justifier victorieusement l'attitude du cavalier, les mouvements du cheval? Oserait-il dire qu'il s'est préoccupé sérieusement du choix et de l'harmonie des lignes ? Il a fait avec l'ébauchoir ce que fait Victor Adam avec son crayon, il a fait tout au plus un croquis en bronze.

Je voudrais pouvoir louer les bas-reliefs placés sur le piédestal de la statue ; mais je ne pourrais les louer sans trahir la cause de la justice ; car je retrouve dans ces bas-reliefs tous les défauts que j'ai signalés dans la statue. Ici encore M. Marochetti a confondu, par un étrange aveuglement, les conditions de la statuaire et les conditions de la peinture. La méprise, quoique moins choquante, n'est pas moins réelle. *Le Passage des Portes de fer* et *le Passage du col de Mouzaïa*, tels qu'il les a conçus, seraient tout au plus acceptables comme tableaux, mais ne peuvent être acceptés comme bas-reliefs. Si ces deux compositions étaient signées du nom de Raffet et dessinées sur la pierre lithographique, la critique ne serait certainement pas réduite au silence ; car Raffet, quant au mouvement des masses, quant à la clarté, quant à l'énergie, a souvent fait beaucoup mieux. Toutefois l'indulgence serait permise. Mais ce qui peut être pardonné aux caprices du crayon ne saurait être pardonné à l'ébauchoir. Malheureusement, en composant ces deux bas-reliefs, M. Marochetti ne paraît pas avoir entrevu un seul instant la différence profonde qui sépare la statuaire de la peinture. Il a disposé ses personnages comme si la couleur devait se charger de traduire sa pensée, et ne s'est pas préoccupé des conditions spéciales imposées au bas-relief. Il y a dans ces deux pages de sculpture de véritables trous que le goût ne peut absoudre. Il n'y a pas un élève de l'Académie qui ne sache très-bien ce que M. Marochetti semble ignorer. Il y a des personnages entiers qui se détachent du fond et s'enlèvent presque en ronde-bosse, tandis que d'autres personnages, quoique voisins des premiers, comm le démontre évidemment la proportion que l'auteur leur a donnée, sont engagés presque tout entiers dans le fond, et semblent vouloir s'éloigner de l'œil du spectateur. Les conditions dont je parle sont tellement élémentaires, que j'ai peine à m'expliquer comment M. Marochetti les a méconnues. Il ne s'agit pas en effet d'une question de style, pas même d'une question d'alphabet, ou, si l'on veut, de syllabaire. Violer les conditions dont je parle équivaut à ne pas savoir épeler. Tous les sculpteurs, au début de leurs études, pendant les premiers mois qu'ils passent à l'atelier, apprennent de la bouche de leur maître l'importance du principe que M. Marochetti a traité si cavalièrement. Assurément je ne conseillerais à personne de copier les cavaliers des Panathénées, lorsqu'il s'agit de reproduire quelque épisode de nos guerres d'Afrique; mais il y a dans les bas-reliefs du Parthénon un enseignement qui domine tous les temps et tous les lieux, et qui peut s'appliquer avec une égale justesse à toutes les compositions sculpturales, quelle que soit l'histoire où l'artiste ira chercher ses inspirations. Dans cette frise glorieuse, éternel sujet de méditation et d'étude pour tous ceux qui aiment ou pratiquent la statuaire, la succession des plans et le relief des personnages sont coordonnés de façon à ne laisser aucun vide, et présentent à l'œil du spectateur un ensemble facile à saisir. Dans les bas-reliefs de M. Marochetti, la violation de ce principe fondamental ôte à la composition toute espèce d'intérêt. L'œil distrait se promène d'un point à un autre sans savoir où s'arrêter. Il se fatigue à chercher le centre de la composition, sans pouvoir jamais le trouver. Le procédé pittoresque adopté par M. Marochetti ne permet pas au hasard de se reposer. J'ai longtemps contemplé *les Portes de fer* et *le Col de Mouzaïa*; j'ai tâché de deviner quelle a pu être la pensée de l'auteur, sur quel point il a voulu que se fixât principalement l'attention, et après de vains efforts je suis arrivé irrésistiblement à cette déplorable conclusion : M. Marochetti n'a pas cru à la nécessité de montrer clairement sur quel point doit d'abord se concentrer l'attention avant d'aborder les détails d'une importance secondaire. Il serait donc absolument inutile d'interroger plus longtemps ces deux bas-reliefs, et de leur demander ce qu'ils ne peuvent nous dire. Il n'y a dans aucune de ces deux pages une idée-mère de laquelle relèvent tous les éléments de la composition. C'est une série de personnages, et rien de plus.

Y a-t-il au moins dans chacun de ces personnages une élégance, une sévérité, une correction de dessin qui les recommandent à l'admiration, ou seulement à l'indulgence? Ces cavaliers et ces fantassins qui semblent placés là plutôt par le hasard que par la volonté, sont-ils conçus et modelés de façon à contenter l'œil du spectateur? Y a-t-il dans *le Passage des Portes de fer* ou du *Col de Mouzaïa* une figure dont le mouvement soit vrai et s'explique naturellement? Il serait difficile de se prononcer pour l'affirmative. Il est presque impossible de deviner le corps sous le vêtement. Les meilleures figures ne sont que des à-peu-près. Les qualités qu'un œil indulgent peut y découvrir ne sont pas assez solides, assez complètes, pour imposer silence à la critique ; et à côté de ces figures, combien d'autres ne se distinguent que par l'exagération, la gaucherie ou l'incorrection! Dans *le Passage des Portes de fer*, il y a des fantassins qui rappellent les soldats de plomb si chers aux écoliers. Les membres sont attachés de façon à dérouter toutes les notions acquises par l'étude attentive de la réalité. Dans *le Passage du col de Mouzaïa*, il y a un cavalier dont le mouvement semble destiné à parodier le mouvement exécuté par le cheval sur lequel il veut s'élancer. Ce merveilleux détail se trouve dans la partie droite du bas-relief. La jambe gauche du cavalier forme un angle absolument pareil à celui que forme le membre antérieur gauche du cheval. Si M. Marochetti a voulu faire une gageure contre le goût et le bon sens, nous devons avouer qu'il l'a gagnée.

Que dire du style de ces deux bas-reliefs? Dans de pareilles compositions il n'est pas question de style; l'auteur, nous le croyons du moins, n'y a pas songé. Il considère sans doute le style en sculpture comme une de ces vieilleries académiques bonnes tout au plus à tourmenter la jeunesse des écoles. L'allure indépendante de son esprit ne peut se plier à de si mesquines exigences. Si tel est le fond de sa pensée, il faut reconnaître qu'il l'a clairement révélé dans ces deux bas-reliefs, car il n'y a pas une figure qui puisse être accusée de la moindre prétention au style. Les meilleurs morceaux ne sont qu'un souvenir incomplet de la réalité; mais M. Marochetti n'a pas essayé une seule fois d'interpréter, d'agrandir, d'idéaliser ce qu'il avait vu. Il a constamment évité le style comme un danger; il s'est toujours tenu en garde contre tout ce qui pouvait ressembler au travail de la pensée sur la réalité, à l'interprétation du modèle; il a veillé sur lui-même avec une attention assidue, et sa persévérance a été dignement récompensée. Il n'a pas toujours été réel, il s'en faut de beaucoup; mais aussi il n'a pas à se reprocher une seule figure qui mérite le nom de belle. Il n'a pas mis dans le bronze tout ce qu'il a vu, ou plutôt tout ce qu'il aurait dû voir; mais il n'y a rien mis qui appartînt exclusivement à sa pensée. Son talent, dans ces bas-reliefs, se compose de deux choses: un œil qui ne voit pas très-bien, et une main qui copie assez mal.

Les défauts nombreux que nous avons signalés dans l'œuvre nouvelle de M. Marochetti ne nous causent d'ailleurs aucune surprise, car les précédents ouvrages de l'auteur présageaient assez clairement ce qu'il pourrait faire, ce qu'on devait attendre de lui. La médiocrité incontestable de la statue du duc d'Orléans n'étonnera donc que les personnes absolument étrangères à l'histoire des artistes contemporains. Quant à ceux qui, par goût ou par profession, suivent attentivement le développement des arts du dessin, cette statue ne leur apprendra rien sur le mérite de l'auteur. Le statuaire qui a signé *la Bataille de Jemmapes*, le groupe de la Madeleine, le *Philibert-Emmanuel*, était naturellement, nécessairement condamné à faire ce qu'a fait cette année M. Marochetti. Avant de signer *la Bataille de Jemmapes*, un des bas-reliefs de l'Arc de l'Étoile, M. Marochetti jouissait d'une obscurité parfaitement légitime. Une occasion éclatante lui fut offerte pour montrer ce qu'il valait, et il en a profité selon ses forces. Il n'avait rien à dire, il n'a rien dit; il n'était pas capable de composer une bataille, et il l'a prouvé. Après cette première démonstration, les esprits les plus exigeants n'avaient plus rien à lui demander pour s'édifier sur la valeur de son talent; l'évidence des preuves était tellement lumineuse, que le doute n'était plus permis qu'aux aveugles. Je conçois sans peine que le roi de Sardaigne ait demandé à M. Marochetti la statue de Philibert-Emmanuel, car le roi de Sardaigne n'a pas vu *la Bataille de Jemmapes;* mais j'ai peine à comprendre qu'on ait pu confier à M. Marochetti un travail aussi important que le groupe de la Madeleine, après avoir vu dans le *Philibert-Emmanuel* l'éclatante confirmation d'une vérité déjà démontrée surabondamment par *la Bataille de Jemmapes*. Je sais qu'il s'est trouvé des voix nombreuses pour louer la statue placée aujourd'hui sur la place Saint-Charles, à Turin; le bruit de ces louanges n'a pas ébranlé un seul instant notre conviction. Cette composition, assez adroitement conçue pour un tableau de genre, mais d'ailleurs dépourvue de toute élévation de style, ne satisfait à aucune des conditions de la statuaire et n'a rien de monumental. Toutefois je reconnais volontiers que malgré ses défauts elle est supérieure à la statue du duc d'Orléans ; mais pour un œil exercé cette différence n'est pas très-grande. Le *Philibert-Emmanuel*, comme le *Duc d'Orléans*, est d'un style mesquin ; seulement, dans le premier de ces deux ouvrages, l'emphase théâtrale dissimule un peu ce que la gaucherie des mouvements laisse voir avec trop d'évidence dans le second ; et si l'on veut analyser sérieusement chacun de ces deux ouvrages, on y retrouvera la même absence de pensée. Cependant la médiocrité du *Philibert-Emmanuel* n'a pas ruiné M. Marochetti dans l'opinion de ceux qui dispensent les travaux de sculpture ; il faut le croire du moins, puisqu'ils ont confié à M. Marochetti l'exécution du groupe placé aujourd'hui derrière le maître-autel de la Madeleine. Si les esprits scrupuleux avaient pu conserver encore quelques doutes à l'égard du talent de M. Marochetti, ce groupe doit leur avoir démontré sans retour ce qu'ils doivent penser. Il est impossible en effet d'imaginer une composition plus nulle sous tous les rapports. La conception est au niveau de l'exécution, et réciproquement. Le personnage principal, la Madeleine, est dans l'attitude d'un prédicateur. La draperie est d'une pesanteur telle qu'on a peine à comprendre comment une femme ne fléchit pas sous un pareil vêtement. Quant au choix des formes, que cette draperie malheureusement ne réussit pas à dissimuler, il est difficile d'en parler avec indifférence ; car la Madeleine a le ventre d'une femme dont la grossesse serait déjà fort avancée. Devine qui pourra quelle a pu être la pensée de l'auteur ! Pour moi, je ne saurais le deviner. Les anges qui entourent la Madeleine sont tellement vulgaires, tellement éloignés de la nature céleste qui devrait se révéler dans leurs regards comme dans le choix de leurs formes, que la critique peut se dispenser de les étudier. Les voir, c'est les juger.

Et pourtant, malgré cette triple épreuve, malgré *la Ba-*

taille de Jemmapes, malgré le ***Philibert-Emmanuel,*** malgré le groupe de la Madeleine, M. Marochetti a été choisi pour modeler la statue du duc d'Orléans. Il a tenu toutes ses promesses, et ceux qui l'ont appelé n'ont pas le droit de se plaindre. Quant à nous qui avions prévu ce qui arrive, la plainte nous est permise, et nous avons le droit de nous étonner de la fortune singulière de M. Marochetti. Chacune de ses tentatives a été marquée par une chute authentique, et cependant, après chacune de ces tentatives, on lui a ménagé l'occasion de prendre sa revanche ; mais il a persévéré dans sa médiocrité, sans jamais se lasser, et sans doute il ne se dispose pas à changer de route, puisque celle où il est engagé depuis dix ans l'a conduit à la richesse.

Il serait donc parfaitement inutile de lui signaler les modèles qu'il doit consulter avant de composer la statue équestre de Napoléon. S'il a négligé ces modèles, lorsqu'il avait à faire les statues de Philibert-Emmanuel et du duc d'Orléans, pouvons-nous espérer qu'il daigne les consulter pour l'œuvre nouvelle dont l'exécution lui est confiée ? Le croire serait de notre part un pur enfantillage. Le Marc-Aurèle du Capitole, le Balbus du musée de Naples, les statues équestres dues aux mains savantes de Donatello à Padoue et de Verocchio à Venise ne peuvent rien enseigner qu'à l'artiste convaincu de la nécessité de l'étude. Or, il est probable que cette conviction n'est jamais entrée dans l'esprit de M. Marochetti. Comment douterait-il de sa science, puisque les travaux les plus importants sont réservés à son ciseau, puisque, malgré ses nombreux échecs, le tombeau de Napoléon a semblé seul digne d'occuper son imagination ? Les statues équestres que nous venons de nommer pourraient-elles ébranler la confiance de M. Marochetti dans la toute-puissance de son talent ? pourraient-elles l'amener à penser qu'il ne sait pas précisément tout ce qu'il devrait savoir? Lui feraient-elles entrevoir la différence qui sépare le style monumental du style anecdotique? Franchement, je n'oserais l'espérer. Pour faire la statue équestre de Napoléon, il ne se croira pas obligé de passer les Alpes et de rajeunir ses souvenirs. Il a vu tous les modèles dont nous venons de parler; et s'il n'en a tiré aucun profit, c'est que sans doute il n'en a pas compris l'importance et la valeur. Tous nos avertissements, tous nos conseils, ne seraient donc que des paroles perdues. Aussi n'est-ce pas à lui que notre voix s'adresse. Si nous parlons des monuments de l'art antique, des monuments de la renaissance, c'est pour éclairer ceux qui applaudissent, par ignorance, aux œuvres de M. Marochetti. S'ils ne sont pas capables de juger par eux-mêmes, s'ils n'ont pas dans leur pensée un idéal de beauté d'après lequel ils puissent estimer la valeur des œuvres contemporaines, qu'ils appellent à leur secours l'étude des monuments que nous leur indiquons, qu'ils s'instruisent par la comparaison, et que le génie de Donatello leur révèle toute la médiocrité du talent de M. Marochetti. Si l'étude du passé leur a manqué pour juger la statue du duc d'Orléans, qu'ils se dépouillent de leur ignorance, que leurs yeux se dessillent, et qu'ils se tiennent prêts à juger, avec une impartialité sévère, la statue de Napoléon.

1845.

XIX

ARC DE TRIOMPHE DE L'ÉTOILE

Depuis que l'Arc de l'Étoile est découvert, nous avons recueilli avec un soin scrupuleux toutes les manifestations de l'opinion publique; résolu que nous sommes à parler de ce monument avec une franchise absolue, comme s'il s'agissait d'un monument grec ou romain, nous éprouvons le besoin de formuler nettement l'opinion générale qui n'est pas la nôtre, et de réduire à sa plus simple expression l'admiration que nous voulons combattre. Or, si notre mémoire est fidèle, si notre intelligence a bien compris les paroles qui s'échappent des lèvres de la foule, cette admiration peut se décomposer en deux pensées très-claires et très-naïves : l'Arc de l'Étoile est très-grand, et de plus, c'est un monument national. Nous acceptons volontiers comme irrécusable, comme deux théorèmes évidents et sans réplique, l'énoncé de ces deux pensées; mais nous avouons sans crainte que la grandeur géométrique et le caractère national du monument ne sont pas à nos yeux des éléments de beauté. Nous sommes assez peu touché de savoir que l'Arc de l'Étoile a cent cinquante-deux pieds de haut, c'est-à-dire quatre-vingt-sept pieds de plus que l'arc de

Constantin. Quelle que soit la quantité de pierres employées à l'érection de ce monument, nous persistons à ne tenir aucun compte des dimensions réelles de la masse, persuadé que nous sommes depuis longtemps, que la grandeur de l'effet ne dépend pas de la grandeur des proportions. Quant au caractère national du monument, nous l'estimons ce qu'il vaut, c'est-à-dire comme une invention louable ; mais nous ne saurions y voir, avec la meilleure volonté du monde, une garantie d'habileté dans la composition et l'exécution de l'ensemble des diverses parties. Nous admettons sans hésiter qu'un excellent citoyen peut faire un livre pitoyable sur l'histoire de son pays, et, par la même raison, nous admettons qu'un architecte, un sculpteur patriote, peut élever à la gloire des armées françaises un monument très-mesquin et très-indigne du sujet qu'il s'est proposé. Nous pensons qu'il est bon et utile de dire sur l'Arc de l'Étoile toute notre pensée, et, en parlant avec une impartialité inflexible, nous ne croyons pas nous rendre coupable de trahison.

Il est fâcheux que l'Arc de l'Étoile, achevé dans l'espace de trente ans, ait subi la destinée commune des monuments publics, c'est-à-dire des caprices contradictoires de tous les architectes, qui, dans l'espace de trente ans, ont été chargés de poursuivre les travaux commencés en 1806. Notre dessein n'est pas de raconter l'histoire anecdotique de l'Arc de l'Étoile ; nous n'avons à nous occuper ici que des questions qui se rapportent au profil et à la décoration du monument. Mais il était difficile que l'œuvre de Chalgrin, continuée par M. Goust, interrompue en 1814, reprise en 1823 par MM. Goust et Huyot, poursuivie plus tard par M. Goust, sous la surveillance de MM. Fontaine, Debret, Gisors et Labarre, confiée de nouveau à M. Huyot en 1828, et enfin achevée de 1832 à 1836 par M. Blouet, réunît les conditions d'harmonie et d'unité, si désirables en toute chose, et surtout dans un monument. Sans doute le projet primitif de Chalgrin n'était pas d'une grande richesse ; et quoique Napoléon l'ait préféré au projet de Raymond, il était possible de l'agrandir en profitant des constructions déjà faites ; mais le projet présenté par M. Huyot en 1823, projet qu'il a persisté à exécuter malgré l'opposition formelle du ministre de l'intérieur, exécuté fidèlement, aurait été plus dispendieux que beau. Nous aurions eu des colonnes de marbre ; mais la sculpture n'aurait été que la très-humble servante de l'architecte, et selon nous, c'eût été une magnificence inutile. M. Huyot, en poursuivant l'exécution de son projet, après avoir promis de se renfermer dans les données de Chalgrin, a fait preuve d'une rare maladresse et d'un inconcevable entêtement ; et nous ne saurions blâmer l'administration qui lui a retiré la direction des travaux de l'Arc. Mais la commission chargée de surveiller M. Goust, aurait pu, sans admettre les fantaisies de M. Huyot, engager le ministère à corriger la pauvreté du projet primitif. Elle n'en a rien fait, et sa surveillance purement administrative n'a été utile qu'au budget : on a dépensé quelques millions de moins, et l'ensemble de l'Arc est resté nu et mesquin ; car M. Blouet, averti par l'exemple de M. Huyot, s'est renfermé docilement dans les données approuvées par l'administration, et n'a inventé que la dentelle de l'attique ; mais cette invention innocente, empruntée aux monuments de la renaissance, n'était pas de nature à le compromettre et ne pouvait pas même encourir le blâme sévère de la Chambre.

M. Thiers, en prenant à cœur l'achèvement de l'Arc de l'Étoile, a sans doute mérité les remerciments des hommes sensés ; s'il avait pu faire preuve de goût et de sagacité dans le choix des artistes appelés à décorer ce monument, nous lui devrions plus que des remercîments, il serait assuré d'une longue reconnaissance. Malheureusement dans cette circonstance, comme dans tant d'autres, il n'a déployé qu'une activité stérile. Le monument est achevé; mais comment et par qui? Bien souvent déjà nous avons entretenu le public des indéfinissables promesses distribuées par M. Thiers, à droite et à gauche, à tout propos et à tout venant, et nous répugnons à réveiller le souvenir de cette générosité qui se répandait en paroles. Mais il faut bien cependant que nous insistions sur un point capital; il faut bien que nous signalions dans la décoration de l'Arc, l'absence de la plupart des artistes éminents que la France possède. M. Thiers n'a pas été avare de promesses envers MM. Barye et Antonin Moine; mais lorsqu'il s'est agi de réaliser les promesses prodiguées avec une magnificence si peu dispendieuse, le nouveau Périclès a trouvé mille détours pour ne pas tenir sa parole; il a promis le même bas-relief, le même trophée, le même couronnement à douze sculpteurs qui tous devaient le croire sincère, et dans cette loterie, les travaux ne sont pas échus aux plus capables. M. Thiers, qui se pique d'érudition et de goût, et qui met la souplesse de son intelligence au service de tous les ordres d'idées, M. Thiers a imaginé pour la décoration de l'Arc les alliances les plus singulières. Le croirait-on? et cependant le fait est pour nous parfaitement avéré, il a proposé les trophées de l'Étoile à MM. Rude et Barye. M. Rude aurait exécuté les cavaliers, M. Barye les chevaux, comme si M. Barye n'était pas lui-même capable de modeler un cavalier. Il a demandé à M. Moine l'esquisse de Jemmapes et d'Aboukir, et après avoir témoigné hautement son admiration pour ces deux esquisses, il a choisi MM. Marochetti et Seurre. Il n'a pas même demandé un dessin à M. David, et il a donné les funérailles de Marceau à M. Lemaire, à celui qui n'avait trouvé pour le fronton de la Madeleine qu'une composition demi-païenne, demi-chrétienne; et parce que M. Barye avait refusé de s'associer à M. Rude, la bataille d'Austerlitz a été donnée à M. Gechter.

Quoiqu'il ait plu à M. Thiers de donner le nom de trophées, aux quatre groupes ronde-bosse qui décorent la partie extérieure des massifs du grand arc, il nous est impossible de voir dans ces groupes rien qui ressemble à un trophée. Les trophées romains qui ont porté tour à tour le nom d'Octave et celui de Marius, et qui peut-être n'appartiennent ni à Marius, ni à Octave, offraient de bons modèles, dont il ne fallait pas sans doute conseiller l'imitation ou la reproduction directe, mais dont l'étude attentive pouvait suggérer des idées ingénieuses ou fécondes. MM. Etex, Rude et Cortot, en composant leurs groupes allégoriques et mythologiques, n'ont tenu aucun compte des trophées de Marius, et selon nous, ils ont eu grand tort, puisqu'ils n'ont pas inventé un ensemble de figures conforme au rôle que ces groupes devaient jouer dans la décoration du monument. Les groupes qu'ils ont composés seraient aussi bien placés sur un piédestal isolé que sur l'une des faces de l'Arc. Aucun de ces trois artistes ne semble s'être souvenu de la destination de l'œuvre qu'il achevait, ils ont travaillé pour eux-mêmes, et ont oublié le monument qu'ils devaient décorer.

Le Départ, de M. Rude, rappelle par le style des principales figures les compositions ossianiques de Girodet; il y a de l'énergie et de l'élan dans le mouvement des personnages, mais en même temps beaucoup de manière. Quant au génie de la guerre qui pousse le cri d'alarme et désigne l'ennemi du bout de son glaive, il m'est impossible d'y voir autre chose qu'une femme des Halles que la colère suffoque et dont les cris inarticulés ne sauraient encourager personne. Sa bouche hideuse et tournée est ignoble sans être terrible. L'écartement des cuisses conviendrait peut-être à une écuyère de Franconi, mais n'a rien, à coup sûr, d'idéal et de céleste. Si c'est là le Génie de la guerre, les rues de Paris sont peuplées de pareils génies. Le marbre n'a pas besoin de créer des figures qui se rencontrent partout ; une marchande de poissons qui crie à s'enrouer, et qui menace le bonnet et les cheveux de son antagoniste, a tout autant de grandeur et de dignité que le Génie de la guerre de M. Rude. Et pourtant, nous devons le dire, le trophée de M. Rude est le meilleur des quatre. Il révèle l'intention sérieuse de bien faire et de faire simplement. Sans ce malencontreux génie que l'ébauchoir patient de M. Rude n'aurait jamais dû entreprendre, *le Départ* serait une composition sage et bien ordonnée. Nous avons peine à concevoir, il est vrai, pourquoi plusieurs des figures placées à la gauche du spectateur, ont les bras et les jambes à demi engagés dans la pierre, et ne sont précisément ni bas-relief ni ronde bosse ; mais ce détail, quoique très-blâmable, ne blesserait pas tous les yeux et ne troublerait pas le mérite général de l'œuvre. M. Rude est demeuré fidèle à ses antécédents. Il a montré de la correction, de la pureté ; lui demander de l'invention, de la grandeur, de l'idéalité, c'eût été se montrer trop exigeant, et pour notre part nous avouons qu'il a dépassé nos espérances.

Le Triomphe, de M. Cortot, serait, je crois, un modèle de pendule très-convenable ; chacune des figures de ce groupe est d'une nullité si parfaite et d'une expression tellement glacée, que l'œuvre de M. Cortot, placée sur la cheminée d'un salon, étonnerait tous les hommes de goût par la pureté des lignes, l'harmonieuse disposition des masses, et ne permettrait pas aux plus difficiles le plus léger reproche. Si le *Triomphe* de M. Cortot avait eu cette destination bourgeoise, je ne songerais pas à le critiquer; je serais même tenté de le recommander aux bronziers de la capitale comme un modèle excellent, digne d'orner les appartements de la finance. Mais un groupe de trente-six pieds placé au bas d'un arc de cent cinquante-deux, veut être jugé selon d'autres lois et doit satisfaire à d'autres conditions. Or, le Napoléon de M. Cortot, non-seulement ne ressemble ni de près ni de loin à la physionomie populaire du héros, mais encore offre un type inachevé d'indolence et de niaiserie. La chlamyde dont il est affublé représente assez bien par ses plis symétriques une serviette nouée autour du cou. La première pensée qui se présente, c'est que Napoléon va se faire la barbe. La Renommée qui publie ses hauts faits, l'Histoire qui les écrit ne sont ni plus animées, ni plus vraies que l'Empereur. Les deux figures sont d'une banalité désespérante et défient hardiment l'ébauchoir de tous les écoliers de six mois. Les villes vaincues et agenouillées ne dépareraient pas les grilles d'une barrière. Le prisonnier dans les fers, parodie misérable de la sculpture antique, attribue à Napoléon des conquêtes qu'il n'a jamais faites, et place parmi les vaincus des peuples qu'il n'a jamais rencontrés sur le champ de bataille. Il faut se souvenir de la statue du maréchal Lannes et du soldat de Marathon pour comprendre comment un sculpteur, membre de la quatrième classe de l'Institut, et professeur à l'école des Beaux-Arts, a pu modeler des figures si rondes et si insignifiantes.

M. Etex, enhardi par le succès de son Caïn, annonçait que ses deux trophées rappelleraient le style et la manière de Michel-Ange. Il ne faisait mystère ni de ses prétentions ni de ses espérances. Il ne voulait, disait-il, ressembler à aucun des sculpteurs de son temps; il était temps de retrouver la statuaire du seizième siècle, et de chercher dans la pierre l'énergie et la hardiesse des marbres florentins. Quoique l'exagération empreinte dans ces paroles ne dût pas concilier à M. Etex l'indulgence de la critique, nous aurions consenti à oublier les promesses, s'il nous eût donné deux groupes, je ne dis pas admirables, mais seulement remarquables par des qualités sérieuses. Or, *la Résistance* et *la Paix* de M. Etex, loin de justifier les promesses qu'il avait publiées, ne peuvent pas même passer pour l'erreur d'un talent encore inexpérimenté. Il y a dans la musculature de ses personnages une emphase si sûre d'elle-même, une raideur si pleine de confiance, un choix de formes si vulgaires et si logiquement achevées, qu'il n'est guère possible d'espérer pour lui des jours meilleurs et plus sages. Non-seulement, pour montrer son savoir myologique, il a doublé le nombre des muscles humains; non-seulement il a multiplié les dépressions et les saillies, de façon à dérouter l'anatomiste le plus érudit; mais il a pris plaisir à représenter dans toutes ses figures le type de la souffrance et de la laideur. La femme qui tient un enfant tué, dans le groupe de *la Résistance,* n'est qu'une caricature de la femme placée aux genoux de Caïn. Le cheval a tout juste assez de vérité pour figurer sur la porte d'un manége. Le guerrier qui défend son pays envahi, le vieillard qui embrasse ses genoux, luttent entre eux de laideur et d'exagération, mais ne sont ni réels ni vrais. Le taureau du groupe de *la Paix* vaut le cheval du groupe de *la Résistance.* Malgré le programme qui se distribue sous la voûte, l'esprit le plus patient ne peut réussir à pénétrer le sens de ces deux compositions. Cependant le groupe de *la Paix* me paraît plus obscur encore que le groupe de *la Résistance.* La figure de Minerve appartient bien réellement à M. Etex et ne rappelle aucun des beaux types grecs qui portent le nom de cette déesse. En voyant la protectrice d'Athènes sous ces traits vulgaires et carrés, je me suis demandé si par hasard M. Etex ne croirait pas se rapprocher de Michel-Ange à mesure qu'il s'éloigne de Phidias.

Il n'y a rien à dire des funérailles de Marceau, par M. Lemaire. Cette composition ne vaut ni plus ni moins que le fronton de la Madeleine. C'est la même froideur et la même gaucherie, la même insignifiance irréprochable. Les maisons sculptées sur le fond ajoutent encore à la sécheresse de ce bas-relief. Quant aux personnages distribués autour du cercueil de Marceau, ils n'expriment ni regret ni douleur ; leur visage et leur attitude sont d'une discrétion impénétrable. Certes, le plus beau tableau peut devenir un bas-relief détestable ; la Transfiguration et l'École d'Athènes seraient condamnées à bien des métamorphoses en passant de la toile au marbre ou à la pierre ; mais je crois qu'une composition éminente peinte ou sculptée doit toujours exciter une généreuse émulation chez l'artiste, quel qu'il soit, peintre ou sculpteur. Or, toutes les mémoires se rappellent encore *les Funérailles de Marceau*, de M. Bouchot. La couleur générale de ce tableau était un peu grise, mais il y avait dans la disposition des groupes une sorte de grandeur épique. M. Lemaire ne paraît pas avoir soupçonné le mérite de l'œuvre de M. Bouchot, car il a trouvé moyen de réduire *les Funérailles de Marceau* aux proportions les plus mesquines. Le guerrier pleuré par deux armées n'est plus qu'un mort vulgaire.

La Bataille d'Aboukir de M. Seurre aîné donne lieu aux mêmes réflexions, quoiqu'elle soit cependant supérieure à l'œuvre de M. Lemaire. La disposition des plans est assez bien conçue, et, sous ce rapport, nous devons louer la pratique de M. Seurre. Il sait, ce qu'ignorent beaucoup de sculpteurs aujourd'hui, à quelles conditions les différents plans d'un bas-relief peuvent se distinguer l'un de l'autre. Mais l'esprit se refuse à comprendre comment, en présence des pages homériques de Gros, M. Seurre a pu composer un bas-relief si froid, si vide, si peu digne du sujet. Je ne dis pas qu'il fallût mettre au point l'Aboukir de Gros ; un pareil procédé n'aurait donné qu'un bas-relief inintelligible. Mais je m'assure qu'il eût été possible au sculpteur de s'inspirer de la toile pour fouiller la pierre avec plus de vigueur et de hardiesse. Tel qu'il est, le bas-relief de M. Seurre n'excite aucune émotion dans l'âme des spectateurs ignorants, aucune admiration chez les spectateurs éclairés. C'est une œuvre assez nette, mais une œuvre inanimée.

M. Feuchère n'a pas suivi l'exemple de MM. Lemaire et Seurre; s'il se fût aventuré à copier le Marceau de M. Bouchot ou l'Aboukir de Gros, peut-être nous eût-il offert un ouvrage intéressant; guidé par des conseils clairvoyants, peut-être eût-il réussi à soumettre aux conditions de la sculpture les épisodes inventés par des intelligences plus fécondes que la sienne. Malheureusement il n'avait à copier qu'Horace Vernet, et il s'est dévoué à cette tâche comme s'il se fût agi d'un Raphaël ou d'un Rubens, de la bataille de Constantin ou des Amazones. *Le Passage du pont d'Arcole* sous l'ébauchoir de M. Feuchères, comme sous le pinceau de M. Horace Vernet, ressemble volontiers aux mimodrames de Franconi. Seulement, nous devons ajouter que le peintre, malgré son exécution hâtée, est fort au-dessus du sculpteur, pour deux raisons que tout le monde devine : d'abord parce que la sculpture est plus exigeante que la peinture, et ensuite parce que les proportions du bas-relief de M. Seurre ne permettent aucune tricherie, aucun escamotage. Les rares figures de cette composition sont à peine ébauchées, et ont l'air d'attendre que la main les anime et les achève.

La Prise d'Alexandrie de M. Chaponnière est, à notre avis, le meilleur bas-relief de l'Arc. Le sujet s'explique de lui-même, et facilement. Les figures sont disposées en groupes harmonieux; Kléber domine la scène entière et concentre bien l'attention. Le sculpteur a tiré bon parti du costume oriental et de l'occasion qui lui était offerte de traiter le nu à côté de l'étoffe. Les soldats de Kléber montent vraiment à l'assaut, et rencontrent sur leur passage une résistance réelle. L'œil se promène sans impatience de l'ensemble aux détails, et comprend chaque partie rapidement du premier regard. Le seul reproche mérité par cette composition, c'est peut-être de manquer de force. Tous les personnages sont bien à leur place et jouent un rôle déterminé, mais il n'y aurait pas d'injustice à leur souhaiter plus d'énergie. L'action est bien conçue et bien rendue, mais elle est conçue trop paisiblement ; il y a plus de sagesse que d'animation, plus de pureté que d'élan. Je crois que si Chaponnière eût vécu assez longtemps pour voir son œuvre sortant des mains du praticien, il aurait corrigé plusieurs parties du bas-relief, et sacrifié à l'effet général les détails achevés avec trop de précision.

La Bataille de Jemmapes, de M. Marochetti, ne satisfait à aucune des conditions du bas-relief. Il semble que l'auteur ait modelé en cire sur un plan horizontal le sujet qu'il voulait traiter, et qu'il se soit proposé d'entasser sur un plan vertical le plus grand nombre possible de figures et d'épisodes. En supposant même que les figures fussent bonnes et bien groupées, ce serait tout au plus un tableau, à coup sûr ce ne serait jamais un bas-relief. Mais les figures de M. Marochetti sont vulgaires et disposées en groupes confus ; ces groupes sont tellement multipliés et placés sur des plans tellement distants l'un de l'autre, que l'œil, au lieu de suivre sans fatigue la ligne des personnages, n'aperçoit que des rochers et des trous. Les chevaux du premier plan ressemblent à de véritables montagnes, et les soldats profilés sur le fond ont si peu de relief que le fond paraît absolument nu. Quant à l'action représentée par M. Marochetti, je n'en parle pas. C'est tout ce qu'on voudra, excepté la bataille de Jemmapes, peut-être une charge de gendarmerie sur une émeute. Aussi, pourquoi demander une composition de cette importance à M. Marochetti qui n'avait encore donné aucun gage dans la sculpture? Je crois fermement que M. Gechter a fait de son mieux en traitant la bataille d'Austerlitz: mais qu'a-t-il fait, et que pouvait-il faire? Quand il s'est trouvé face à face avec cette masse immense de pierre, il a senti le besoin de déployer toute son énergie, et, en effet, la seule qualité remarquable de son bas-relief, c'est l'action. Il a multiplié les mouvements, il a donné à toutes ses figures une attitude animée; mais la bonne volonté ne suffisait pas à l'achèvement d'une composition si étendue. Pour embrasser d'un seul regard, pour relier dans une harmonieuse unité tous les épisodes du champ de bataille, il fallait une puissance que M. Gechter est loin de posséder. Pour sculpter dans la pierre le poëme aperçu par l'œil de la conscience, il fallait savoir la sculpture et M. Gechter ne la sait pas. M. Gechter est plein d'ardeur et de zèle, mais il n'a ni l'art de choisir ni l'art de rendre les formes qui concilient la force et la beauté. Sans doute son bas-relief est supérieur à celui de M. Marochetti; nous pensons même qu'il a place après celui de M. Chaponnière. Mais, à vaincre MM. Lemaire et Seurre, MM. Marochetti et Feuchères, la gloire n'est pas grande et ne mérite pas un laurier. Il n'y a dans le bas-relief de M. Gechter qu'un mouvement énergique, mais confus, des figures animées, mais incorrectes; c'est de la bonne volonté, mais non pas de la bonne sculpture.

Les Renommées sculptées par M. Pradier sur les quatre tympans du grand arc ont une supériorité incontestable sur la plupart des ouvrages qui décorent le monument; elles sont précisément amenées au point d'exécution qui leur convient. Elles offrent de bonnes lignes et des masses d'une saillie suffisante; en un mot, elles révèlent dans M. Pradier une connaissance parfaite de la décoration sculpturale. C'est dans ces Renommées qu'il faut étudier l'art de produire de grands effets par une simplicité hardie. Pourtant, quel que soit le mérite de ces quatre figures, elles peuvent donner lieu à plusieurs réflexions sévères. Ainsi le bras droit de la Renommée placée à droite du spectateur, du côté des Tuileries, est emmanché de telle sorte que la figure, bien que vue de face, semble au premier aspect vue de dos; l'œil le plus complaisant prend d'abord la gorge pour les épaules. En outre ce bras droit est d'une longueur démesurée. Les draperies placées entre les cuisses des deux Renommées sculptées sur les tympans qui regardent les Tuileries sont ajustées maigrement et montrent fort inutilement la partie inférieure du ventre. Le nu senti sous la draperie serait plus beau assurément que présenté avec cette lascivité inattendue; je préfère à ces deux figures les deux Renommées qui regardent la route de Neuilly. Ces deux dernières, à la vérité, n'ont pas coûté à M. Pradier de grands frais d'invention et peuvent sans injustice être revendiquées par la sculpture française du seizième siècle. Mais une fois l'invention mise hors de cause, nous ne pouvons nous empêcher de louer la grandeur, l'élégance et la facilité d'exécution qui distinguent ces deux Renommées. Sans doute il eût mieux valu pour M. Pradier comme pour nous que ces figures, outre la beauté qui leur appartient, possédassent encore le mérite de la nouveauté; sans doute nous devons regretter que le ciseau habile et rapide qui a sculpté les quatre tympans du grand arc n'ait fouillé la pierre que pour reproduire dans de plus grandes dimensions des figures déjà connues. Mais ce regret n'impose pas silence à notre admiration. Toutefois nous croyons utile de signaler dans ces quatre figures deux styles différents : le style antique dans la face qui regarde les Tuileries et le style moderne dans les tympans de la face de Neuilly. Cette diversité de styles qui se présente non-seulement dans les différents ouvrages de M. Pradier, mais encore et très-souvent dans les différentes parties d'un même ouvrage, est à nos yeux un défaut très-grave, et trahit une déplorable facilité d'imitation. Je conçois très-bien qu'un artiste éminent n'aperçoive qu'une face de son art, la tradition, et que, pour combattre l'école réaliste de nos jours, il circonscrive son activité dans le cercle du style antique ; selon nous c'est comprendre l'art d'une façon incomplète ; du moins il est possible sans sortir du style antique, d'atteindre à l'unité. Mais imiter tour à tour Phidias et Jean Goujon, copier tantôt la Grèce de Périclès, tantôt la France du prisonnier de Pavie, c'est un caprice puéril, un gaspillage de talent qui dénonce l'impuissance et la stérilité, et qui introduit dans la sculpture un véritable papillotage. Ces remarques dictées par un sincère amour de la statuaire n'ôtent rien à notre estime pour les qualités réelles de M. Pradier, mais nous forcent à ne voir en lui qu'un artiste sans logique et sans volonté. Nous ne croyons pas qu'il soit capable d'inventer, mais après avoir étudié les trophées et les bas-reliefs de l'Arc, nous pouvons affirmer que les réminiscences de M. Pradier auraient été sans peine supérieures aux conceptions de MM. Gechter et Marochetti.

Le bas-relief qui sert de ceinture à la frise du monument représente le départ et le retour des armées. Il est naturel de se demander pourquoi ces deux sujets, déjà traités par MM. Rude et Etex dans la partie inférieure de l'édifice, se reproduisent dans la partie supérieure. L'identité de ces deux programmes est loin d'être glorieuse pour l'imagination de M. Thiers. Comment l'orateur qui jamais à la tribune n'est demeuré muet, n'a-t-il pas trouvé pour la frise une action moins vague et mieux définie? Pourquoi n'a-t-il pas pris la peine de feuilleter les *Antiquités attiques* de Stuart et d'étudier la frise du Parthénon? Sans copier les Panathénées, n'était-il pas possible de choisir dans les dernières années du dix-huitième siècle ou dans les premières du dix-neuvième un épisode grave et austère, aussi important pour la France que les Panathénées pour Athènes? Était-il défendu, par exemple, de sculpter sur la frise de l'Arc, le clergé, la noblesse et le tiers-état de la Constituante? N'y avait-il pas dans cette réunion des trois ordres, un programme digne du ciseau? L'historien de la Révolution française doit savoir mieux que nous répondre à cette question. Mais puisque, malgré son voyage d'Italie, M. Thiers s'est décidé à demander pour la frise de l'Arc le développement de deux groupes adossés aux pieds-droits, résignons-nous à étudier le départ et le retour des armées. Je dis: résignons-nous, je me sers d'une expression très-modeste; car cette frise, partagée entre MM. Brun, Laitié, Jacquot, Caillouette, Seurre et Rude, défie l'analyse la plus patiente, et trouve moyen d'échapper au blâme aussi bien qu'à la louange. L'œil armé d'une lunette de Lerebours, parcourez les six divisions de cette immense ceinture, et vous ne saurez comment choisir entre le rire et la colère. Vous aurez beau tâcher d'établir les distinctions entre la partie moyenne et les parties latérales de chaque face, vous aurez beau vous efforcer de trouver dans M. Seurre ou dans M. Rude des qualités absentes chez M. Brun ou chez M. Jacquot, chez M. Caillouette ou chez M. Laitié, vos efforts n'aboutiront à rien. Il est vrai que la partie moyenne de la face des Tuileries sculptée par M. Brun, et les parties latérales de la même face, sculptées par MM. Jacquot et Laitié

12.

n'offrent au regard que des soldats de plomb ou de mie de pain, et que le premier marmot venu pourrait en faire autant. Mais, en revanche, la partie moyenne du côté de Neuilly, sculptée par M. Caillouette, nous offre des soldats de bois, et les parties latérales du même côté, sculptées par MM. Seurre et Rude, égayent la vue par les singularités les plus inattendues. Les soldats de M. Seurre ont les membres inférieurs articulés au genou, c'est-à-dire qu'ils n'ont pas de cuisses. Les taureaux de M. Rude ont les cornes perpendiculaires, sans doute pour faciliter l'attelage ; les temples égyptiens du même auteur sont ornés de guirlandes du temps de Louis XV. Du côté de Neuilly comme du côté des Tuileries, c'est la même misère et la même bouffonnerie, la même caricature, la même parodie. Mais ce qui arrive était facile à prévoir. Si nous exceptons, en effet, MM. Rude et Seurre, qui sont animés par de bonnes intentions et soutenus par des études sérieuses, quels sont les antécédents des artistes chargés de la frise ? MM. Jacquot et Laitié, MM. Brun et Caillouette sont peut-être connus des bronziers et des orfévres ; mais je ne sache pas qu'ils aient donné des gages à la statuaire. Quand un ministre, qui se vante d'aimer les arts, confie la frise d'un immense monument à des modeleurs de pendules et de chandeliers, il peut, avec une sagacité médiocre, deviner ce qu'il aura. Quand il paye la sculpture de cette frise à la toise, comme le badigeonnage d'un mur, il est juste que les entrepreneurs de cette besogne traitent sans façon la pierre confiée à leur ciseau.

Les tympans intérieurs et extérieurs des deux petits arcs représentent l'infanterie et la cavalerie, l'artillerie et la marine. L'infanterie est échue à M. Bra, la cavalerie à M. Valois, l'artillerie à M. Debay et la marine à M. Seurre jeune. Pourquoi les tympans des petits arcs n'ont-ils pas été décorés dans le même style que les tympans du grand arc ?

Pourquoi, tandis que M. Pradier sculptait sur les deux faces principales du monument de colossales Renommées, M. Bra représentait-il sur l'une des faces latérales un chasseur et un grenadier ? Je ne sais. Il règne dans la conception générale de ce monument une si parfaite anarchie que cette incohérence mérite à peine d'être signalée. Il est vrai que pour pallier la contradiction de ces deux genres de décoration, les sculpteurs chargés des tympans des petits arcs ont jugé à propos de déshabiller les soldats qu'ils avaient à représenter. Le grenadier de M. Bra, enveloppé dans son drapeau surmonté de l'aigle impériale, d'une main tient son arme en repos, et de l'autre élève une branche de chêne. Le chasseur tient son arme serrée contre lui et semble, dit le programme, menacer quiconque tenterait de la lui ravir. Mais il faut plus que de la bonne volonté pour reconnaître dans ces deux figures tourmentées un chasseur et un grenadier. Ce que je dis du tympan de M. Bra, je pourrais le dire avec une égale vérité, une égale justice, des tympans de M. Valois, de M. Debay et de M. Seurre. Puisque ces messieurs ne consentaient pas à sculpter un artilleur, un matelot, un cavalier, puisqu'ils auraient cru déroger en taillant dans la pierre l'étoffe d'un gilet ou d'un pantalon, ils eussent agi sagement en déclarant l'infanterie et la cavalerie, l'artillerie et la marine, indignes de leur ciseau. Peut-être le ministre eût-il imaginé pour remplacer ces quatre divisions de notre armée, quelques allégories ingénieuses, quelques figures inoffensives, et offert à ces messieurs l'occasion d'un triomphe éclatant. Mais le terme moyen qu'ils ont adopté ne relève directement ni de l'allégorie ni de la réalité. Les figures n'ont rien d'élevé, rien d'idéal, et représentent un portefaix tout aussi bien qu'un soldat. Quant aux attributs qui encadrent ces figures, c'est à mes yeux une plaisanterie de très-mauvais goût ; j'irai plus loin, c'est une énigme perpétuelle. Comment deviner que le plan et le compas signifient l'artillerie légère? que le drapeau et la couronne civique signifient la grosse artillerie? MM. Bra et Debay ont montré plus d'adresse et de correction que MM. Valois et Seurre; mais cette différence est si peu frappante que les huit tympans semblent sculptés par la même main. Peut-être cette tâche a-t-elle paru ingrate à ces messieurs, il n'y a rien d'invraisemblable dans cette conjecture. Je crois pourtant qu'il eût été facile de donner aux figures de ces tympans de l'ampleur et de l'énergie; je crois que l'artillerie et la marine, l'infanterie et la cavalerie, traitées franchement, auraient pu, sinon s'accorder avec les Renommées de M. Pradier, du moins plaire individuellement et fixer l'attention sur les faces extérieures et intérieures des petits arcs. Puisque la décoration du monument avait été divisée en parcelles innombrables, les sculpteurs chargés de ces huit tympans n'étaient pas responsables de la contradiction des styles; leur devoir était d'accomplir leur tâche sérieusement, sans gaucherie, sans pusillanimité; or, ils ont violé la raison en ne se décidant ni pour l'allégorie, ni pour la réalité. Ils ont trouvé moyen de concilier la mesquinerie et l'obscurité, et l'une de ces deux fautes était déjà plus que suffisante. Il est même surprenant que le ministère, en voyant les modèles de ces tympans, n'ait pas tranché la difficulté, et demandé que les soldats de chaque arme fussent représentés fidèlement. En imposant cette condition aux statuaires, il n'aurait obéi qu'à la logique, car les bas-reliefs des faces principales et latérales de l'arc étant traités dans le style réel, je ne comprends pas pourquoi les armes diverses qui figurent dans ces bas-reliefs seraient indignes des tympans des petits arcs ou condamnés au logogriphe.

Les voûtes des petits arcs sont ornées de quatre bas-reliefs purement allégoriques. Ici, je l'avoue, il n'y a pas la trace la plus légère de réalité : les victoires du Nord, de l'Est, du Sud et de l'Ouest sont représentées par des génies dont le modèle n'appartient à aucune race connue. Le bourgeois le moins éclairé n'accepterait pas pour l'âtre de sa cheminée ou pour les bras de ses fauteuils les génies sculptés par MM. Bosio neveu, Valcher, Gérard et Espercieux. Les ballons enflés, qui s'appellent tour à tour la tête, le torse et les membres de ces génies singuliers n'ont rien de commun avec les lignes ordinaires de la race humaine. S'il me fallait choisir entre MM. Bosio et Valcher, Gérard et Espercieux, je serais vraiment fort embarrassé, ma main indécise ne saurait à qui donner le prix du ridicule. J'appellerais cependant l'attention sur M. Valcher, qui a tenté d'introduire le dialogue dans la sculpture. Voici comment : « Un génie veut courir à de nouveaux exploits et s'efforce d'entraîner son compagnon qui veut conserver le pays conquis, ce qu'il exprime en plantant son étendard en terre. — A droite, un autre génie, pour rendre justice à son camarade, lui place une couronne sur la tête. » Cette idée est ingénieuse et fine, j'oserai même dire qu'elle est triomphante ; et à quelle victoire pensez-vous qu'appartienne cette idée? A la victoire de l'Est, s'il vous plaît; ni le Nord, ni le Sud, ni l'Ouest, n'étaient dignes d'une pareille idée. Je m'étonne seulement que cette idée, qui révèle chez M. Valcher une singulière aptitude politique, n'ait pas encore obtenu la pairie. Il n'y a pas dans l'*Esprit des lois* tout entier une idée plus sage et plus féconde en lumineux enseignements. Les compliments échangés chaque année entre le roi et le corps diplomatique ne font pas de la paix un plus magnifique éloge. Décidément M. Valcher est et demeure, sinon un très-habile statuaire, du moins un très-profond publiciste. Cependant M. Gérard, dans le bas-relief « où la sculpture immortalise par son ciseau les traits du grand Napoléon, tandis que le génie de la gloire couronne son buste, » tient tête à M. Valcher. J'imaginerais difficilement qu'un berger, en sculptant le manche de sa houlette, pût inventer un type plus niais, plus innocent et plus bouffon que le grand Napoléon de M. Gérard. Il est vrai que la Victoire de M. Espercieux, la Victoire de l'Ouest, entendez-vous, n'a pas de jambes, et devrait être aux Invalides; mais si l'on veut bien oublier cette glorieuse mutilation, et contempler son auguste visage, on est forcé d'admirer la candeur qui respire dans tous ses traits. C'est une femme d'un excellent caractère, et je ne sais ce qu'elle pourra faire du sceptre et du diadème brisés que lui présentent deux génies.

Le style allégorique n'a pas porté bonheur aux sculpteurs des petits arcs. Les bas-reliefs des tympans et des voûtes ont à peu près la même valeur : l'allégorie étranglée, l'allégorie indépendante, ont la même élégance et la même grandeur. Pourtant, si j'étais absolument forcé de me prononcer, je n'hésiterais pas à déclarer que les bas-reliefs des voûtes sont très-supérieurs aux bas-reliefs des tympans; c'est de la supériorité de ridicule que j'entends parler. Il est fâcheux que ces bas-reliefs appartiennent à un monument national; mais nationaux ou non, ces bas-reliefs sont la honte de la sculpture, et, pour échapper à la colère, il faut rire à gorge déployée ; c'est le seul moyen de ne pas maudire les hommes qui gaspillent la pierre.

Malgré les sculptures nombreuses qui décorent l'Arc de l'Étoile, le monument est d'une affligeante nudité. Les bas-reliefs historiques des faces principales et latérales paraissent accrochés aux parois de l'édifice et n'ont pas l'air d'en faire partie. Cet effet malheureux dépend surtout de la largeur des cadres où ces bas-reliefs sont exécutés sur des proportions immenses ; cette affirmation ne garnit pas les différentes faces de l'arc. La distance qui sépare les trophées des bas-reliefs sculptés du côté des Tuileries et du côté de Neuilly, offre un vide inexplicable. Le chiffre des dépenses faites pour la sculpture n'est pas une justification acceptable. Puisqu'il avait plu à Napoléon d'élever un arc plus grand que tous les monuments du même genre, puisque la restauration et le gouvernement qui lui a succédé avaient résolu d'exécuter les plans impériaux, il fallait se décider à broder le monument sur toutes les coutures, à couvrir de figures vivantes l'espace entier des impostes. A cette condition, mais à cette condition seulement, les dimensions inusitées du monument devenaient intelligibles. Les modifications architectoniques proposées par M. Huyot auraient enrichi le profil de l'arc et la conséquence inévitable de ce changement eût été de masquer la nudité que nous signalons. Mais, comme nous l'avons dit précédemment, ces modifications auraient imposé à la sculpture un rôle secondaire, et sous ce point de vue elles demeurent blâmables. Les faces latérales de l'arc sont encore plus pauvres que les faces principales et paraissent attendre l'aumône de la statuaire, car le ministre, je ne sais trop pourquoi, n'a pas jugé à propos de garnir les pieds-droits du côté de Clichy ni du côté de Chaillot. Les douze cent mille francs consacrés à la sculpture sont une somme bien peu importante si on la compare à l'estimation totale de l'édifice qui s'élève à neuf millions six cent cinquante-un mille francs, et surtout si l'on veut bien se rappeler les gaspillages de toutes sortes qui ont signalé les travaux de l'Arc. Je ne parle pas seulement de la charpente renouvelée deux fois et pour laquelle il a été dépensé plus d'un million, mais bien aussi du caprice de M. Chalgrin, qui a enfoui une carrière sous le monument que nous voyons; car les administrateurs de l'empire n'on pas oublié que M. Chalgrin, après avoir atteint le terrain solide, n'ayant pas encore reçu l'approbation impériale pour l'exécution de son plan, ordonna aux ouvriers de poursuivre les fouilles jusqu'à la rencontre d'un terrain nouveau. Pour ceux qui connaissent le prix de la pierre brute et le prix de la pierre posée, ce caprice représente une ligne de chiffres très-imposante. Il n'est pas juste que la sculpture soit punie pour les fautes de l'architecte, pour les fautes du charpentier; tant pis pour l'administration si M. Chalgrin, en attendant la signature de Napoléon, s'est amusé à enfouir une carrière; tant pis si la restauration a laissé pourrir la charpente élevée par M. Chalgrin; tant pis si M. Huyot a dépassé deux fois les devis qu'il avait présentés. Tous ces gaspillages sont assurément très-déplorables, mais ne justifient pas la maigreur et la sécheresse du monument. Les plus beaux profils du monde, et le profil de l'Arc est loin d'être beau, ne disent rien à la foule et peuvent plaire tout au plus aux esprits amoureux des lignes pures et harmonieuses. Mais c'est à la sculpture seule qu'il appartient d'animer la pierre et de la douer d'éloquence; et quand il s'agit de résumer toute la gloire militaire de la France, depuis la convention jusqu'aux derniers jours de l'empire, douze cent mille francs sont bien peu de chose. Voyez l'arc de Constantin, et oubliez pour un moment l'origine diverse des morceaux qui le composent; c'est un livre écrit à toutes les pages, dont aucune pierre n'est muette. Depuis sa base jusqu'à son sommet, il est couvert de sculptures, et quoiqu'il n'ait pas soixante-cinq pieds de haut, il enchaîne l'attention pendant longtemps.

Je ne veux pas insister sur les proportions vicieuses de l'Arc de l'Étoile, sur la hauteur trop supérieure à la largeur, malgré l'exemple contraire donné par tous les arcs romains; car les travaux étaient trop avancés lorsqu'ils ont été confiés à M. Blouet pour qu'il fût possible de corriger cette faute capitale, mais je crois que cette faute est pour beaucoup dans la nudité des pieds-droits et des impostes.

Quel sera le couronnement de l'arc? A qui sera-t-il demandé? à M. Barye ou à M. Marochetti? à M. Rude ou à M. Pradier? les projets les plus extravagants arrivent en foule au ministère, et se présentent hardiment comme des nouveautés ingénieuses. Tout récemment, un bourgeois désœuvré proposait d'établir, sur le sommet de l'arc, un réservoir immense pour obtenir au rond-point Marigny une gerbe jaillissante. Plus tard M. Huyot a ouvert un avis non moins singulier, il a proposé de couronner l'arc avec l'éléphant de la Bastille. Qui sait où s'arrêtera la folie? M. Soyer demande un million, et se charge à forfait de tous les travaux du couronnement, en y comprenant même l'invention du modèle; quoique jusqu'à présent il soit connu exclusivement comme fondeur, il nous donnerait, je crois, pour cette somme modique, Napoléon entouré de son état-major! M. Barye ne demandait que deux cent mille francs pour l'aigle impériale, pour les blasons vivants de l'Europe, pour quatre fleuves illustrés par nos armées; mais, à la vérité, M. Barye n'est qu'un sculpteur.

Quel que soit le ministre chargé de décider le couronnement de l'arc de l'Étoile, nous espérons que M. Soyer n'aura pas l'entreprise de l'état-major impérial. Plaise à Dieu que notre espérance ne soit pas trompée! Il y a dans le monument que nous venons d'analyser avec une entière franchise, une leçon qui ne doit pas être perdue pour l'avenir: il est hors de doute maintenant, pour tous les hommes clairvoyants, que la sculpture d'un édifice, quel qu'il soit, religieux ou militaire, ne peut se partager comme les mailles d'un filet, comme les points d'une tapisserie. La forme éléémosynaire, donnée à la distribution des travaux d'invention, est une idée absurde, inapplicable. Les ministres appelés à rédiger, chaque année, le discours de la couronne pour l'ouverture des chambres devraient connaître, mieux que personne, la difficulté de concilier les pensées contradictoires. Ils ne sont que huit, et ne peuvent s'entendre pour rédiger en style passable une demi-douzaine de paragraphes ambigus ; comment espèrent-ils que trente sculpteurs, en se partageant la pierre d'un monument, réussiront à s'accorder ? S'il n'y a en France que trois sculpteurs capables d'animer un arc de triomphe, c'est à l'un des trois qu'il faut confier le monument tout entier ; et s'il peut appeler les deux autres à son aide, du moins il les dirigera, il les fera siens, et les forcera de traduire sa pensée. Tant que vous distribuerez l'œuvre en miettes innombrables, vous n'aurez qu'une œuvre mauvaise ; vous sèmerez l'incohérence et vous récolterez l'absurdité.

1836.

XX

L'ÉCOLE ANGLAISE EN 1835

S'il fallait juger l'école anglaise d'après l'exhibition de cette année, sans tenir compte des précédents, on risquerait de prendre des conclusions trop sévères. Aussi je m'abstiendrai, en jugeant les artistes éminents qui ont envoyé leurs ouvrages à Somerset-House, de limiter ma pensée aux seules toiles que j'ai sous les yeux. Les plus heureux génies, on le sait, ont leurs bons et leurs mauvais jours ; le privilége des jours pareils n'est accordé qu'à la médiocrité.

Le premier nom qui se présente à moi, c'est celui de D. Wilkie, nom populaire dans toute l'Europe. Le *Colin Maillard* et le *Jour de loyer*, que nous connaissons à Paris, par les admirables gravures de Raimbach, ont dès longtemps placé ce maître hors de ligne. Je n'ai pas vu sa *Prédication de John Knox ;* mais sans vouloir adopter à la lettre l'unanime suffrage de l'Angleterre, il y a sans doute au fond de cet éclatant succès autre chose que de l'engouement. Le tableau de cette année est un *Christophe Colomb.* Cet ouvrage n'est pas excellent, il s'en faut de beaucoup ; mais il offre, comme les ouvrages précédents de l'auteur, une étonnante réunion de qualités remarquables : l'animation des physionomies, la simplicité naturelle des attitudes, la vérité de la mise en scène, voilà ce qui recommande à notre attention cette toile où la critique doit cependant signaler plusieurs défauts assez graves.

Christophe Colomb, le compas à la main, explique sur une carte, au prieur du couvent de Santa-Maria Rabida, la théorie sur laquelle il fonde ses espérances. A droite du prieur, Garcia, Fernandez, médecin érudit, capable de comprendre les plus hardies conjectures, écoute avec une attention respectueuse les paroles qui se pressent sur les lèvres du navigateur génois; derrière lui Martin Alonzo Pinzon rêve à la gloire de l'entreprise qu'il aida de son courage, et qu'il trahit ensuite lâchement ; à gauche de Christophe Colomb, son fils Diego, âgé de huit ans, se tient debout, et regarde la carte avec une curiosité distraite. Tout cela est bien entendu, chacun est à sa place, et pas un des acteurs ne manque à son rôle. La tête de Colomb est grave et pensive, celle du prieur intelligente et rusée, celle de Garcia attentive et sérieuse, celle de Pinzon ardente comme au milieu des combats, qu'elle semble appeler. Mais le dessin de ces têtes manque de largeur et d'unité ; les coups de pinceau, multipliés à l'infini, donnent à l'ensemble de la toile un caractère petit et mesquin. Sans doute les physionomies qui sont devant nous ont préexisté dans le cerveau de Wilkie, telles que nous les voyons aujourd'hui ; il faut laisser aux artistes médiocres le reproche d'inconséquence et d'instabilité ; mais en admettant la permanence et la continuité de cette création, nous ne perdons pas le droit de blâmer ce qu'il y a dans l'exécution de successif, de mou, et parfois même de trivial.

La peinture du *Christophe Colomb*, bourgeoise et petite, ramène à de mesquines proportions une scène qui devrait avoir de la grandeur et de la solennité. Je mettrai toujours la vérité humaine au-dessus du style convenu ; je n'hésiterai jamais à proclamer la supériorité des Flamands sur les tragédies académiques des Petits-Augustins. Mais qu'on y prenne garde, le réalisme de Rembrandt n'est pas l'art tout entier ; l'éternelle beauté de ses ténèbres lumineuses n'absout pas la bourgeoisie délibérée de quelques-unes de ses compositions. Son *Ganymède* ravi aux cieux par l'aigle de Jupiter est d'une prodigieuse énergie ; mais il manque à cette figure l'idéalité poétique : on dirait un marmot mordu par un loup. Il échappe, je le sais, à la vulgarité par l'éclat inimitable de sa couleur ; mais voir dans Rembrandt le modèle achevé de toutes les perfections, c'est se méprendre étrangement. Or, il y a loin du *Ganymède* ou du *Tobie* au *Christophe Colomb*. La manière de Rembrandt est large et une ; celle de Wilkie, s'il fallait la caractériser d'après ce dernier ouvrage, est timide, lente, et ne va pas droit au but marqué. Wilkie a été souvent comparé à Decamps ; je ne crois pas que le parallèle soit juste. Le peintre anglais n'atteindra jamais à la *Bataille des Cimbres*, et la pâte de sa peinture n'a pas la richesse et l'abondance qui assurent au peintre français un rang inaliénable. Je rapprocherais plus volontiers Wilkie de Charlet ; je trouve chez tous les deux la même finesse de détails, la même curiosité patiente dans l'expression des physionomies, et aussi la même absence de largeur dans la manière, et de concentration dans l'effet.

Le *Départ des troupeaux dans les monts Grampiens*, par E. Landseer, est au nombre des meilleurs ouvrages de l'auteur. Les groupes d'animaux et de personnages sont habilement disposés et offrent à l'œil des lignes harmonieuses. Il est impossible, en voyant ce tableau, de ne pas penser aux *Pêcheurs* de Léopold Robert. Les sentiments exprimés dans ces deux compositions sont unis entre eux par une étroite parenté. La scène écossaise et la scène vénitienne sont destinées à représenter la douleur de la séparation et la prévision du danger ; mais je préfère la scène écossaise. E. Landseer n'a rien trouvé d'aussi émouvant, d'aussi religieusement résigné, que la jeune femme placée à gauche de la toile de Robert ; mais l'ensemble de la composition de Landseer est plus heureux et plus complet. Au centre, un montagnard d'une taille vigoureuse, à qui sa femme présente son enfant au maillot, et dont la figure offre un poétique mélange de courage et de mélancolie ; à droite de ce groupe, un vieillard qui repasse dans sa mémoire toutes les courses de sa jeunesse, et qui assiste avec une tristesse prévoyante au départ de son fils ; penchée sur son épaule, une femme de vingt ans, sa fille sans doute, qui le console et le rassure ; à ses pieds, un garçon de dix ans qui joue avec un chien ; à gauche du groupe central, deux amants, enlacés dans une étreinte éplorée, assis au milieu des troupeaux, mêlant leurs larmes et leurs baisers, et se promettant une mutuelle fidélité ; et pour fond de scène, des montagnes revêtues de verdure, des troupeaux pleins de force et de santé. C'est là, si je ne me trompe, un beau poëme, inventé sans effort, pris sur le fait sans doute, mais qui satisfait à la fois l'œil et la pensée.

Je reproche à la couleur de ce tableau une teinte grise, qui se trouve peut-être dans la nature écossaise, mais que le peintre aurait pu corriger sans être accusé de tricherie. Les animaux qui, sur cette toile, ont une importance égale, sinon supérieure, à celle des personnages, sont bien dessinés, mais manquent généralement de solidité. Les taureaux, les génisses et les brebis offrent des lignes vraies, des plans bien ordonnés ; mais leur peau ne semble pas soutenue, comme elle devrait l'être, par la charpente osseuse. Je ne crois pas que cette remarque soit puérile, et malheureusement elle s'applique à la plupart des ouvrages de Landseer. Il ne se défie pas assez de la facilité de son pinceau. Il fait vite et bien. En travaillant plus lentement, il ferait mieux encore.

La peinture de portrait est représentée cette année par MM. Shee, Pickersgill et Morton. Ce n'est pas la monnaie de Lawrence. Les deux miniatures envoyées par Rochard sont tellement au-dessous de ses bons ouvrages, qu'il y aurait de l'injustice à le juger sur l'exhibition de 1832. Je préfère de beaucoup, dans tous les cas, les miniatures de Mme Mirbel, et ce que j'ai vu cette année à Somerset-House n'est pas de nature à me faire changer d'avis.

Le *Portrait de Guillaume IV,* par M. A. Shee, président de l'Académie royale, est un ouvrage plus que médiocre. L'arrangement de la figure est laborieux, pénible, et manque absolument de grâce et de grandeur. Le manteau jeté sur les épaules de sa majesté est d'une telle pesanteur, qu'à moins d'avoir une force herculéenne, le roi ne pourrait le porter. La main droite, placée sur la hanche et qui relève l'hermine, accomplit une tâche rude et difficile. La pensée qui se présente naturellement au spectateur, c'est que ce manteau est une pénitence corporelle imposée au patient en expiation de quelque faute bien grave sans doute, mais que le peintre n'a pas pris soin de nous révéler. L'œil a peine à se reconnaître au milieu du bagage amoncelé sur les épaules et la poitrine de Guillaume IV. Le costume militaire et le costume royal se confondent avec une fastueuse gaucherie; et ce n'est pas trop d'une étude de quelques minutes pour savoir où retrouver la fin d'une manche ou d'une broderie. Les mains de sa majesté sont dessinées et peintes avec une mollesse sans exemple. A coup sûr, si elles s'avisaient de saisir la poignée d'une épée ou le pommeau d'une selle, nous les verrions se déformer, s'aplatir comme l'argile, ou se fondre comme la cire. Il n'y a là ni phalanges, ni tendons, ni muscles, ni veines, ni artères. C'est une masse sans nom qui n'a jamais vécu. La tête est loin de racheter la misère des détails. Il est impossible de caractériser la mollesse des joues et le silence du regard. Les pommettes sont absentes, les tempes ne sont pas accusées, les yeux sont immobiles dans l'orbite, les lèvres sont scellées et ne pourraient s'ouvrir. Si M. A. Shee n'était pas président de l'Académie royale, la critique ne devrait pas s'occuper de lui.

Le portrait de Wellington par M. Pickersgill est assurément très-supérieur à la toile précédente. Je ne veux pas dire pourtant qu'il soit bon; mais il faut rendre justice aux efforts de l'artiste : il a cherché dans la disposition du vêtement, dans l'attitude de la figure, autre chose que la réalité plate et triviale. C'est une intention louable, et dont il faut le remercier. M. Pickersgill s'est souvenu de Van-Dyck et de Joshua Reynolds. La volonté ne lui a pas manqué pour atteindre ces deux grands maîtres. Il est resté bien loin au-dessous d'eux, mais il faut lui tenir compte de son ambition. C'est aujourd'hui, à tout prendre, le plus habile portraitiste de l'Angleterre. Il n'a rien à faire avec M. Hayter, que nous avons vu à Paris rivaliser avec les porcelaines de Kinson. M. Pickersgill prend au sérieux tout ce qu'il fait. Il ne néglige aucune partie de ses tableaux; il combine avec une attention patiente le geste, le regard et le costume de ses modèles; il mesure toute la difficulté de sa tâche, et s'il ne l'accomplit pas tout entière, du moins il peut savoir aussi bien que personne ce qui manque à l'achèvement de ses ouvrages.

Je n'aime pas, dans son portrait de Wellington, le mouvement de la jambe droite. Cette jambe, ramenée en arrière, et placée sur une éminence, donne au corps tout entier quelque chose de maniéré, et de plus la jambe gauche ne porte pas. Le manteau n'est pas lourd comme celui du roi dans le portrait de M. A. Shee; mais il est inutile, et n'ajoute rien à la grâce des lignes. La tête, modelée avec soin et solidement, manque d'animation et de simplicité. J'ai tout lieu de croire qu'elle n'a pas été trouvée du premier coup. Le pinceau a plusieurs fois changé de direction et de volonté avant de se reposer. S'il fallait rendre d'un seul mot ce que je pense de ce portrait, je dirais que l'auteur a voulu trop bien faire.

Je préfère à cet ouvrage un autre portrait du même auteur, celui de sir Bryan Holme. Cette dernière toile se compose bien, et se distingue par une remarquable gravité. La tête, studieuse et recueillie, regarde sérieusement, et n'a rien de cette tracasserie procédurière qui, trop souvent, domine la physionomie des jurisconsultes.

La couleur des portraits de M. Pickersgill, sans être éclatante, n'est cependant pas mauvaise. Elle n'est ni hasardée, ni criarde: elle est sobre, et se reprocherait volontiers les teintes crues et tranchées comme une étourderie ou plutôt comme une improbité.

M. Morton a peint, pour le Naval-Club, un portrait de Wellington dans l'attitude d'un héros de mélodrame. C'était bien assez d'avoir placé sous les fenêtres de S. G. une statue d'Achille, fondue avec les deniers des dames anglaises. Il y avait, dans cette apothéose à bout portant, une magnificence de ridicule qui semblait avoir épuisé la raillerie. M. Morton a cru qu'il pouvait lutter dignement avec le piédestal de Hyde-Park; il a mis sous le bras droit de S. G. un canon qui voudrait menacer la foule, mais dont la couleur inoffensive simule plutôt le bois que le bronze. Si le noble duc n'a pas d'autre épouvantail que cet innocent canon pour balayer l'émeute qui lapide son palais, je le plains de toute mon âme.

13.

Qu'après boire, dans un dîner *conservateur*, les amis du noble duc s'enrouent à chanter sa louange, qu'ils proclament Wellington au-dessus de Napoléon, qu'ils le proposent en exemple à tous les réformistes obstinés comme un modèle irréprochable de constance et de patriotisme, il n'y a, dans cet enthousiasme enfantin, rien que de naturel et de très-excusable ; les paroles avinées ne sont pas justiciables de la raison à jeun ; mais je ne puis pardonner à M: Morton d'avoir amaigri la figure de S: G., comme s'il eût essayé de lutter avec le *Don Quixote* de Smirke, ni surtout d'avoir amené sur le bord du cadre ce canon malencontreux et si peu terrible. Cette bouche de bois qui éclaterait sous un boulet de paille, dépasse les dernières limites de la niaiserie.

Dans la toile de M. Morton, S. G. n'a pas de manteau sur les épaules ; mais, en revanche, elle a au-dessus de sa tête un ciel nébuleux, et qui, sans doute, cache dans ses profondeurs de terribles orages. Faut-il attribuer au ciel de M. Morton une valeur allégorique ? Le peintre a-t-il voulu signifier à l'Angleterre mutinée que S. G., radieuse et paisible, irait d'un œil serein et d'un pas assuré au-devant des dangers qui menacent la patrie ?

Turner, Stanfield et Daniell jouissent parmi nous d'une réputation méritée ; mais nous ne les connaissons que par la gravure : or, en présence de leurs compositions originales, si je n'ai pas absolument changé d'avis, du moins suis-je obligé de reconnaître que mon opinion s'est singulièrement modifiée. J. W. M. Turner possède, entre tous les paysagistes, la faculté d'agrandir et de métamorphoser tout ce qu'il touche. Malheureusement cette faculté s'exerce au gré d'une volonté souveraine, et ne tient aucun compte des lieux ni des climats. Sur les bords du Tibre, de la Loire ou de la Tamise, elle trouve à se réaliser avec une égale indépendance. Aussi, qu'arrive-t-il ? C'est que le voyageur le plus sincère ne peut reconnaître, dans les compositions de Turner, ni Rome, ni Tours, ni Londres. La seule géographie que l'artiste admette, c'est le mépris de toutes les géographies, c'est-à-dire l'immensité. Il est, dit-on, professeur de perspective; je ne devine pas quelles leçons il donne à ses élèves. Il sait multiplier les plans et prolonger les lignes avec une prodigalité fastueuse; mais pour peu que l'horizon se rapproche de l'œil, Turner ne consent pas à s'en contenter. C'est un homme qui pétrit l'espace, qui déroule les plaines, qui élève les montagnes, qui invente pour les fleuves des sinuosités ignorées du monde entier. La réalité n'existe pas pour lui. Il est le roi d'une création invisible aux yeux vulgaires, dont il tient les clefs, qu'il ouvre et ferme selon son caprice. Qu'enseigne-t-il, et que peut-il enseigner? Aurait-il d'aventure trouvé le secret de modeler sur lui-même l'organisation de ses disciples? Si cela était, la terre ne suffirait pas à son école; car il lui faut, pour déployer librement son invention, des lieues par myriades; et le rayon de notre planète est bien étroit.

Entre ses tableaux de cette année, il en est deux surtout qui peuvent servir à caractériser sa manière. Je ne parle pas de son *Incendie du parlement*, qui ne ressemble pas à une œuvre sérieuse; c'est tout au plus un jaune d'œuf répandu sur une nappe. Mais le *Tombeau de Marceau* et la *Madonna della Salute*, à Venise, réunissent au plus haut degré toutes les qualités éparses dans ses autres ouvrages. La première de ces deux compositions est empruntée au troisième chant du *Pèlerinage*. J'ignore si les touristes familiarisés avec les environs de Coblentz et la brillante pierre d'honneur — Ehrenbreitstein — retrouveront dans cette toile un souvenir quelque peu vraisemblable de leurs voyages: mais pour moi, je l'avoue, il m'est impossible de croire qu'un pareil paysage ait jamais existé ailleurs que dans le royaume des fées. Je ne dis rien des figures, qui sont informes et grossières. La plus importante des publications de Turner, *l'Angleterre et le pays de Galles*, nous avait appris dès longtemps que les soldats et les bergers ont à ses yeux moins d'importance qu'un tronc d'arbre ou un caillou. Je suis très-disposé à traiter avec indulgence de pareilles peccadilles, quoiqu'il dût s'imposer au moins une grande avarice dans l'emploi des figures. Mais comment qualifier les montagnes qui servent de fond à cette toile? Est-ce de l'or, de l'acajou, du velours ou du biscuit? La pensée se fatigue en conjectures et ne sait où s'arrêter. Le ciel où nagent les lignes de l'horizon est lumineux et diaphane. Mais ni l'Espagne, ni l'Italie, ni les rives du Bosphore, n'ont pu servir de type à Turner pour la création de cette splendide atmosphère.

La *Madonna della Salute,* soumise à une analyse sévère, provoquerait à peu près les mêmes remarques. Seulement, dans cette dernière composition, la fantaisie n'est pas aussi singulière.

Est-ce à dire qu'il faille nier le mérite de Turner, ou dédaigner la popularité acquise à son nom? Faudra-t-il ranger le succès de ses ouvrages parmi les innombrables bévues que la mode enregistre chaque jour, et que le bon sens répudie avec un mépris impitoyable? non pas, vraiment. Les défauts de Turner, qui ne se peuvent contester, ne sont que la dépravation d'une nature singulièrement puissante. Les feuilles de papier qu'il a peuplées de son crayon, pressées aux vitres de Pall-Mall comme la grève aux bords de l'Océan, ont de quoi confondre l'imagination la plus hardie. Pour atteindre à cette fécondité, il a fallu autre chose qu'un talent mécanique, quoique, à vrai dire, il y ait dans toutes ces productions une main infernale. Ce que James Watt a fait pour les machines à vapeur, Turner l'a fait pour le paysage. Il a trouvé les formules pour combiner les éléments du monde visible; mais, tout en déplorant l'incroyable abus de ces formules, reconnaissons que l'auteur de ces équations singulières a fait preuve d'une rare énergie. Ce qu'il a gaspillé, depuis dix ans, dans les *illustrations* de la librairie anglaise, suffirait à défrayer plusieurs milliers d'académies.

C. Stanfield, avec moins d'abondance et de fécondité que Turner, obtient des effets plus sûrs. Il ne métamorphose pas aussi despotiquement les points de vue semés sur sa route. Le paysage qu'il a contemplé pendant quelques heures, prend possession de sa pensée, et laisse dans sa mémoire des lignes profondes et ineffaçables. Comme Stanfield procède plus lentement, comme il ne s'est pas fait de l'improvisation un devoir constant et inflexible, il est naturellement amené à une plus grande variété; et la variété chez lui n'est que la bonne foi du souvenir. *Une scène près de Livenza, dans le golfe de Venise*, atteste dans l'auteur une étude à la fois heureuse et sévère du pays qu'il a visité. Les lignes perspectives, sans être cernées mesquinement, permettent cependant à l'œil de les parcourir et de les embrasser. La couleur de Stanfield, sans avoir l'éclat de celle de Turner, est cependant d'une gamme assez élevée.

W. Daniell a pris pour thème de ses compositions une nature toute spéciale, la nature des Indes orientales. Il y aurait de notre part une véritable ingratitude à méconnaître le parti, souvent très-remarquable, qu'il a tiré de ses études. Il copie avec une grande naïveté ce qu'il a sous les yeux; une suite de dessins, signés de son nom, remplacerait volontiers un voyage de plusieurs mois. Mais il ne s'élève guère au-dessus du procès-verbal. Il sait et il enseigne; il n'invente pas. Or, la spécialité des sujets qu'il choisit ne le dispense pas de l'invention. — Et la littéralité est tellement le caractère distinctif de sa manière, que les drames les plus terribles, copiés par W. Daniell, perdent sous son pinceau leur grandeur et leur animation : je citerai, par exemple, *la Chasse au Tigre*, exposée cette année à Somerset-House. Donnez à Barye un pareil sujet : il trouvera dans le marbre ou le bronze l'énergie musculaire de la nature vivante. Tout en multipliant les détails scientifiques, il saura nous émouvoir et nous épouvanter. Dans le tableau de Daniell, tout est paisible, et pourtant tout est réel. Le chasseur, monté sur l'éléphant, ajuste d'une main sûre le tigre qui va s'élancer sur lui. Mais aucun des trois acteurs ne s'élève jusqu'à la colère qu'il devrait avoir.

W. Daniell est plus à l'aise dans les sujets inanimés. Ainsi, *la Citadelle d'Agra* vaut mieux que *la Chasse au Tigre*. Le caractère de l'architecture et de la végétation est fidèlement saisi, et il règne sur toute la toile une harmonie de lignes et de tons qui exclut la bizarrerie. Je ne sais pas dans quelle intention l'auteur a cru devoir ajouter sur le livret que cette citadelle, d'après les mémoires auto-biographiques de l'empereur Jehanguier, avait coûté 26,550,000 livres sterling. Il aurait pu se contenter de nous dire que cette vue était prise du palais en ruines d'Islaum Khan Rami : le prix de la citadelle n'ajoute rien à sa beauté ; et sans doute, parmi les visiteurs de Somerset-House, il n'y en a pas un qui soit en mesure de profiter de ces renseignements.

Les aquarellistes de Pall-Mall-East sont pour Somerset-House une rivalité dangereuse. Non pas qu'il n'y ait dans Pall-Mall une grande profusion de riens, magnifiquement encadrés, tout aussi bien qu'à Somerset-House ; mais Prout, Harding, et surtout G. Cattermole, Cophy Fielding et John Lewis, ont exposé de véritables chefs-d'œuvre. Les aquarelles de Pall-Mall ne ressemblent aucunement aux joujoux accrochés à Paris à l'extrémité de la galerie des trois écoles. Il y a plus de vraie peinture, dans ces aquarelles, que dans la plupart des toiles de nos salons annuels.

G. Cattermole est un artiste consciencieux qui se plaît surtout dans la représentation patiente des détails; il sait, par la finesse de l'exécution, donner de l'intérêt et de la grâce aux moindres choses. Une étude d'armure exposée dans Pall-Mall, est un morceau achevé. L'*Abbé* et la *Toilette de la mariée* soutiennent dignement la comparaison.

Cophy Fielding est, comme Turner, d'une remarquable fécondité; mais il ne donne pas aussi souvent que lui dans les lazzi : il excelle à saisir dans un paysage les lignes grandes et simples, il ne s'arrête pas volontiers à l'achèvement des premiers plans ; mais il ordonne savamment, avec toute la hardiesse d'un maître qui sent sa force et qui se possède, les masses et les tons de ses aquarelles. Il serait difficile de choisir entre celles qu'il a envoyées de cette année, car toutes sont composées et rendues avec un égal bonheur. Les dunes, les flots et les navires sont d'une simplicité de style réellement admirable; l'eau, transparente et profonde, semble se rider sous le vent; la quille des vaisseaux, agile et rapide, sillonne la mer et trace un lumineux sillage. Il y a plus que du plaisir à contempler les aquarelles de Cophy Fielding ; ce n'est pas, comme il arrive trop souvent, devant des ouvrages de cette nature, une distraction d'un instant ; on y revient avec une curiosité sérieuse, et chaque fois, à mesure que le regard plonge plus avant dans ces cadres dont le fond semble reculer de minute en minute, on s'étonne des moyens employés par l'artiste pour atteindre le but qu'il se proposait. Les teintes étalées sur son papier sont en si petit nombre, la couleur est distribuée avec une telle parcimonie, qu'on se demande comment si peu de chose a pu suffire à produire un tel effet; éloge rare, et le plus grand peut-être qu'il soit donné au peintre d'obtenir. Ce n'est pas tout d'arriver dans les arts d'imitation, il faut faire le chemin à peu de frais, il faut aller par une voie directe. Or, personne, que je sache, n'apporte dans son travail une économie plus sévère que Cophy Fielding; personne ne résout plus facilement les plus difficiles problèmes; ajouterai-je pourtant qu'il lui arrive parfois de ne pas donner à ses premiers plans assez de relief, ni à ses fonds assez de variété? Lui reprocherai-je, comme à E. Landseer, une prédilection peut-être involontaire pour les tons gris? Il est assez fort pour défier de pareilles chicanes. Dans les conditions du genre qu'il a choisi, je ne connais pas un peintre qui puisse lui être comparé.

Les scènes espagnoles de Lewis sont délicieuses; facilité de pinceau, originalité des poses, nouveauté dans les physionomies, rien ne manque à ces ravissantes compositions. La tête d'une jeune femme espagnole, peinte pour le prince royal George de Cambridge, est au nombre des plus idéales figures. L'incarnat des joues, l'ébène de la chevelure, le sourire des lèvres, invitant et pudique, le regard humide et velouté qui s'échappe des cils longs et soyeux, font de cette tête un chef-d'œuvre de grâce et de beauté. — L'*Intérieur d'une posada après un combat de taureaux* est d'une composition parfaite; l'expression des physionomies est ingénieusement variée, mais sans manière et sans afféterie. La joie peinte sur le visage des buveurs n'a rien de grimaçant; ils s'entretiennent joyeusement des beaux coups qu'ils ont encouragés de leurs applaudissements; ils vantent à l'envi l'adresse et la force des combattants; l'attitude de tous les personnages est à la fois énergique et naturelle; la vigueur et la santé sont inscrites dans tous leurs mouvements. A tout prendre, c'est un beau et riche tableau.

Un moine de Séville prêchant pour son couvent a fourni

à Lewis l'occasion de révéler une nouvelle face de son talent. La crédulité superstitieuse, l'ignorance effrayée, la confiante espérance, l'aveugle soumission, exprimées par l'auditoire, donnent à cette scène un caractère de vérité, je dirais presque d'authenticité; le prédicateur paraît profondément pénétré, non pas de ce qu'il dit, mais de la nature grossière des intelligences qu'il manie. Il n'enseigne pas, il épouvante. Il n'essaye pas de rassurer les âmes tremblantes, de ramener au bercail les brebis égarées, de convertir la débauche ou d'éclairer les ténèbres; il ne tente pas d'ouvrir le ciel à l'oisiveté impénitente : il menace de l'enfer les aumônes paresseuses. Il y a dans son geste quelque chose d'impérieux et de militaire. C'est une création que Salvator n'eût pas dédaignée.

Il serait fort à souhaiter que Lewis parcourût le reste de l'Europe avec le même profit que l'Espagne. Il a eu le bon esprit de ne pas voir trop à la hâte; il n'a pas esquissé Grenade et Séville sans quitter la selle de sa mule. C'est un mérite vulgaire en apparence, mais dont nous devons pourtant le remercier; car il devient plus rare de jour en jour. Au temps où nous vivons, la plupart des voyageurs, artistes ou philosophes prétendus, ne se donnent guère le temps de regarder. A peine ont-ils mis pied à terre, qu'ils saisissent leur crayon ou leur plume. Comme s'ils étaient doués de la seconde vue écossaise, ils concluent *à priori* sans se résigner à l'étude. Ils veulent achever en six mois ce qui suffirait à la tâche de plusieurs années; Poussin et Montesquieu sont pour eux d'emphatiques puérilités; le recueillement et la persévérance excitent leurs risées. A cent lieues de leur patrie, ils se couronnent sages ou poëtes; mais dès qu'ils ont touché la frontière, ils redeviennent ce qu'ils étaient au départ, d'orgueilleuses médiocrités.

Je reviens à Somerset-House, et j'entre dans la salle de

sculpture. C'est la partie la plus triste et la plus faible de l'école anglaise. Flaxman est mort, et Chantrey n'a rien envoyé.

Un groupe en marbre de Baily, *une Mère et son enfant*, a surtout attiré mon attention. C'est un ouvrage fait avec soin, mais qui ne supporte pas l'analyse. La mère est couchée nonchalamment; l'enfant, placé à gauche, lui tend les bras et joue sur son lit : l'œil cherche vainement dans ce groupe l'expression de la maternité. L'attitude de la femme est plutôt voluptueuse que maternelle; l'inflexion de sa taille se comprendrait assez bien dans un rendez-vous amoureux : pour le rôle d'une mère elle est au moins inutile; et puis, la nudité serait plus chaste et plus sévère que cette chemise qui dessine les formes sans les montrer. Le modèle de cette femme manque absolument d'idéalité, sans qu'on puisse dire qu'elle soit réelle, dans le sens le plus vulgaire du mot. Les épaules sont rondes, mais non pas charnues; c'est un ensemble de contours plutôt trivial que gracieux; les mains et les pieds sont particulièrement mauvais. Si cette statue se levait, elle trébucherait au premier pas; c'est tout au plus une copie assez gauche d'une femme qui viendrait de quitter son corset : ce n'est pas la nature élégante et riche, qui doit servir de modèle au sculpteur. Je ne crois pas qu'il y ait chez M. Baily affectation laborieuse de lasciveté; ce qui me semble à moi vulgaire et charnel lui a paru peut-être d'une beauté religieuse et complète; mais il n'a pas touché le but auquel il prétendait. Je ne veux pas lui opposer les madones de Raphaël ni la divine *Charité* d'Andrea; à le juger sur la seule nature, il est encore fort au-dessous de sa tâche. Dans un rayon de dix lieues aux environs de Londres, les groupes maternels ne manquent pas, et le type des figures est incomparablement supérieur au marbre de Baily. Les Anglaises n'ont pas cette taille de guêpe qui ne serait pas fort heureuse dans un bal, et qui, dans la statuaire, est inacceptable ; elles ont autre chose que la blancheur de la peau, et je m'assure qu'un artiste éminent saurait trouver, dans de pareils modèles, le type d'admirables statues.

La Prière, figure en marbre par Westmacott, témoigne d'une remarquable habileté de ciseau ; mais ce n'est pas un bon ouvrage. La tête n'a rien de l'élévation idéale qu'on voudrait y trouver ; c'est une femme agenouillée, rien de plus. Je me suis demandé pourquoi l'artiste, au lieu de choisir des traits jeunes et purs, des lignes simples et grandes, avait modelé si patiemment un visage de trente ans environ, osseux et sévère ; pourquoi, lorsque, dans la nature ou dans les modèles antiques, il avait de si nobles profils, il avait capricieusement adopté une silhouette sèche et revêche, et je n'ai pu, je l'avoue, deviner les motifs de sa détermination. J'ai surtout étudié avec soin le nez de cette tête ; c'est à peu de chose près celui de la Dauphine ; cette comparaison en dit assez. Les orbites et les paupières sont conçues d'après le même principe. C'est peut-être la copie littérale d'une femme renommée dans un comté de la Grande-Bretagne pour la ferveur et la sincérité de sa dévotion, et si cela est vrai, il y a quelque lieu de croire que la famille et les amis du modèle doivent savoir gré à l'auteur de sa fidélité ; mais pour nous qui ne sommes pas dans le secret, notre indulgence désintéressée ne peut aller jusqu'à l'admiration. Une figure allégorique n'a rien à faire avec les détails mesquins de la réalité. Destinée à résumer sous une forme élégante un sentiment ou une idée, elle ne vaut rien dès qu'elle se rapproche trop évidemment des impressions quotidiennes. Ce que je dis du visage de cette statue, je pourrais le dire avec une égale justice des mains et de la draperie. Les plis jetés sur les épaules de cette femme enfouissent le corps et ne le dessinent pas : c'est peut-être les plis d'un plaid exactement copiés, observés et reproduits avec une scrupuleuse attention; pour moi, je n'y vois rien de souple ni de gracieux, rien qui appartienne naturellement au domaine de la sculpture. Dans cet ouvrage de Westmacott, je n'aperçois ni la simplicité antique, ni la rudesse austère du moyen âge, ni la coquetterie de la renaissance, mais seulement une trivialité laborieuse.

R. J. Wyatt paraît avoir fait de sérieuses tentatives pour atteindre les régions idéales de son art. Son bas-relief monumental de cette année est d'un effet sérieux, et atteste chez l'auteur une pratique familière de l'antiquité. Les lignes et les draperies des figures ont de la grâce et de la légèreté, et rappellent, en plusieurs parties, les compositions étrusques. Il y a là autre chose que la reproduction de la réalité. Cet ouvrage est daté de Rome, et quand le livret ne le dirait pas, il ne faudrait pas une grande pénétration pour le deviner : non pas que le séjour de l'Italie soit indispensable à l'invention; mais le bas-relief de Wyatt contraste si hardiment avec les autres marbres de Somerset-House, que l'auteur a dû quitter son pays pour s'isoler dans son individualité. On peut reprocher à l'ouvrage de Wyatt un peu de maigreur et de timidité; ces défauts, quoique faciles à signaler, n'effacent pas l'harmonie générale qui d'abord vous séduit.

Un buste en marbre de lady Sidney, par le même, confirme victorieusement ce que je disais tout à l'heure en parlant de Baily. La tête sculptée par Wyatt offre un des types les plus gracieux et les plus purs que je connaisse. C'est un portrait, mais qui vaut tout un poëme : la ligne du front et le plan des joues sont d'une finesse délicieuse. Les yeux regardent et les lèvres sourient. Les cheveux, noués à l'antique, sont rendus avec une grande simplicité. Le cou s'attache bien, et ne pèche ni par la rondeur ni par la sécheresse. J'aime mieux le buste que le bas-relief.

M. Hollins, dont le nom n'était pas venu jusqu'à nous, a prouvé, dans un buste d'enfant, qu'il mérite la célébrité. Le portrait de T. Villiers Lister, fils de T. H. Lister, esq., est un chef-d'œuvre de grâce et de fraîcheur. Les lèvres et les joues sont d'une vie frémissante. Les cheveux, travaillés dans un goût qui n'est pas commun chez les sculpteurs d'aujourd'hui, bouclés et distribués ingénieusement, semblent jouer au vent, tant ils sont fins et légers.

Voilà ce que j'ai vu cette année ; mais, comme je l'ai dit en commençant, il y aurait de l'injustice à tirer, de ces prémisses accidentelles et relatives, des conclusions générales et absolues. C'est aux hommes pris en eux-mêmes qu'il faut demander compte de l'état de l'école anglaise, et non pas aux seules toiles de Somerset-House. Or, si nous rassemblons en un faisceau commun tous les noms salués par les acclamations unanimes de la Grande-Bretagne, que trouvons-nous pour notre enseignement et notre joie? La France a-t-elle droit de se plaindre ou de se vanter? En posant cette question, je ne veux pas substituer à l'impartiale discussion des idées un sentiment étourdi de patriotisme; non, je suis venu voir, et j'essaye de résumer l'ensemble de mes impressions : voilà tout. Eh bien! je le dis hardiment, dans la bouche de la France la plainte serait impardonnable.

Wilkie, Landseer, Turner et Stanfield sont des artistes éminents, des talents ingénieux, exercés, des hommes d'une remarquable habileté, sûrs d'eux-mêmes et de leur volonté, dont la main ne trompe jamais la pensée; mais leur pensée s'élève-t-elle bien haut? Lewis, Cattermole et Cophy Fielding savent choisir admirablement et traduire avec une exquise finesse le sujet de leurs études; mais le cercle de leurs travaux est-il bien large et bien varié? Shee et Morton sont d'une médiocrité officielle. Le savoir et la persévérance de Pickersgill ne feront jamais de lui un grand peintre.

Dans la statuaire, Baily, Westmacott et Wyatt suffiraient-ils à fonder la gloire d'un pays? Faut-il chercher dans un buste de Hollins les éléments d'une conjecture glorieuse? Un seul homme répond pour l'Angleterre, c'est Chantrey. La statue de James Watt, placée dans Westminster-Abbey, est un grand et bel ouvrage. Pitt et Canning n'ont pas rencontré dans le ciseau de Chantrey un interprète aussi heureux; mais il y a dans la seule tête de Watt plus de vraie sculpture que dans tous les tombeaux de Westminster-Abbey, si pompeusement admirés. Pour cette seule tête, je donnerais de grand cœur toutes les œuvres de Roubilliac et de Scheemakers.

A ces noms que je viens d'écrire la France ne peut-elle rien opposer? N'avons-nous pas parmi nous des intelligences aussi actives, et des mains aussi heureuses? Dans l'histoire, le portrait, le paysage ou la statuaire, les hommes nous manquent-ils? Ici, je le sens, j'ai plaisir à proclamer la supériorité de la France. Quand les voyages ne serviraient qu'à juger la patrie avec moins de colère et de sévérité, il faudrait encore les conseiller à tous les esprits sérieux comme une épreuve salutaire. A Paris, dans les salles du Louvre, en présence des milliers de toiles sans nom suspendues au-devant des Raphaël, des Rubens et des Van-Dyck, la raillerie et le dédain ne se reposent pas. Faites cent lieues seulement, entrez à Somerset-House, et vous invoquerez le souvenir du Louvre comme une consolation; vous relèverez fièrement la tête, vous songerez aux fruits de votre verger, et vous direz : C'est mieux chez nous.

A l'heure qu'il est, la France n'a aucun homme comme

Goethe ou Byron; mais, dans la peinture et la statuaire, elle tient dignement sa place entre l'Allemagne et l'Angleterre. Aujourd'hui l'école allemande est à Rome, personnifiée dans Cornelius et Overbeck. L'abondance ingénieuse et la gravité savante de ces deux artistes ont obtenu en Europe la popularité qu'elles méritaient; mais le plus grand des deux, Overbeck, n'est pas inventeur. Comme l'illustre auteur de l'*Apothéose d'Homère*, il remonte jusqu'à Raphaël, souvent jusqu'au Pérugin; à moins que les *Arts placés sous la protection de la Vierge*, encore inachevés, ne viennent révéler dans Overbeck une manière nouvelle et inattendue, sa gloire n'ira pas au delà de l'identification : il continuera le seizième siècle, il n'aura pas de place marquée dans l'histoire de son temps.

La France est plus heureuse. Delacroix et Decamps n'ont rien à envier à Wilkie ou à Landseer; s'ils n'ont pas atteint, dans l'exécution, à la simplicité des deux artistes anglais, ils rachètent ce défaut apparent par la variété de leurs tentatives. Leur pensée ne s'arrête pas, et nous pouvons tout espérer d'eux.

Dans le portrait, Champmartin domine de bien haut le savoir pénible de Pickersgill.

Dans le paysage, Paul Huet, Cabat, Godefroy Jadin, Marilhat et J. Dupré peuvent regarder sans humiliation Turner, Stanfield et Cophy Fielding. Huet, dans la dernière exposition de Paris, s'est montré supérieur à Turner de tout l'intervalle qui sépare l'imagination poétique de la fantaisie puérile. Turner, quoi qu'il fasse, soit qu'il continue les débauches désordonnées de son pinceau, soit qu'il essaye de se renfermer dans une sobriété laborieuse, ne composera jamais rien comme *une Soirée d'automne*.

Enfin, dans la statuaire, au seul Chantrey, la France oppose David et Pradier, Barye et Antonin Moine; la comparaison est plus qu'une victoire. Les bustes de Bentham et de Chateaubriand ont une autre beauté que la tête de Watt. Personne, dans la Grande-Bretagne, ne continue l'art antique aussi ingénieusement que Pradier. Barye ne compte ici ni rivaux ni élèves. Rien, à Somerset-House ou à Westminster-Abbey, ne rappelle les créations ingénieuses, la grâce italienne d'Antonin Moine. Le seul de ses *bénitiers* qui soit achevé maintenant, et qui malheureusement n'a pas paru au Louvre, défiera pour longtemps l'imagination de l'école anglaise.

Oui, je suis fier de la supériorité de la France; la critique ne perd pas ses droits en proclamant ce triomphe, mais l'étude et les voyages imposent à ses regrets une sévérité plus indulgente.

1835.

XXI

LE MUSÉE DU LOUVRE

La décoration du Musée par M. Duban donne lieu aux plus sévères réflexions. L'État, il faut lui rendre justice, ne s'est pas fait prier pour fournir à l'architecte les moyens d'embellir dignement les salles consacrées aux chefs-d'œuvre de toutes les écoles. Toute la question se réduit à savoir comment M. Duban a usé des moyens que l'État mettait à sa disposition. Personne, à coup sûr, ne peut contester l'éclat et la magnificence du salon carré, de la salle dite des sept cheminées. Reste à savoir si ces deux salles, si magnifiquement décorées, sont décorées selon leur destination; c'est ce que je me propose d'examiner.

Je me hâte de déclarer que la grande galerie, dont plusieurs parties, condamnées depuis longtemps à l'obscurité, portaient parmi les artistes le nom de catacombes, ont été rendues à la lumière par des trouées faites à la voûte. C'est là sans doute un service réel rendu à la peinture. Je dois dire seulement que M. Duban, en acceptant cette tâche, n'a pas semblé en comprendre toute l'importance. Il a fait des trouées à la voûte pour éclairer les tableaux : c'est bien;

mais la tâche de l'architecte ne s'arrêtait pas là. Le plus simple bon sens prescrivait de mettre ces trouées d'accord avec la décoration générale de la voûte. Or, c'est précisément ce que M. Duban a négligé. Il a éclairé les tableaux, et je l'en remercie ; mais son devoir allait plus loin : il n'était pas permis de tailler dans les caissons figurés à la voûte, sans motiver les nouvelles ouvertures. M. Duban, en négligeant l'accomplissement de cette condition indiquée par le bon sens le plus vulgaire, semble avoir voulu montrer que la partie utile de son art n'est pour lui qu'une partie secondaire. Caprice de vanité que chacun a compris, et qui ne lui a pas porté bonheur ! La lumière répandue dans les parties ténébreuses de la grande galerie est, à vrai dire, le seul service que M. Duban ait rendu à la peinture, et la manière dédaigneuse dont il s'est acquitté de cette tâche n'était pas de nature à lui mériter l'indulgence ; aussi ne faut-il pas s'étonner si le salon carré et la salle dite des sept cheminées ont été jugés avec sévérité.

La décoration du salon carré, confiée à M. Simart, offre plusieurs parties très-recommandables. Malheureusement le sculpteur, en obéissant aux instructions de l'architecte, s'est trouvé entraîné dans une voie parfaitement fausse. Tous ceux qui ont suivi, depuis vingt ans, l'histoire de la sculpture en France savent à quoi s'en tenir sur le talent de M. Simart. Chacun rend justice aux études sévères par lesquelles il s'est préparé à la pratique de son art. Son *Oreste poursuivi par les Euménides*, ses bas-reliefs pour le tombeau de Napoléon, ont marqué sa place parmi les artistes les plus sérieux et les plus habiles de notre temps. Affranchi du caprice de M. Duban, j'aime à croire qu'il eût trouvé pour le salon carré une décoration que le goût pût avouer ; soumis à la volonté impérieuse de l'architecte, il a exécuté, avec un soin que je me plais à reconnaître, des figures et des bas-reliefs qui ont le tort très-grave de ne pas répondre à leur destination.

Quatre bas-reliefs en forme de médaillons représentent les quatre arts du dessin : peinture, sculpture, gravure et architecture. M. Simart a choisi, pour personnifier ces quatre faces de la fantaisie, Nicolas Poussin, Jean Goujon, Pesne et Pierre Lescot. Le nom de Pesne est le seul qui puisse soulever une discussion. Quoique ce graveur, maladroit dans le maniement de son burin, ait rendu à Poussin d'incontestables services, en respectant fidèlement le caractère de ses compositions, il eût été plus sage, à mon avis, de choisir Audran, qui non-seulement a très-habilement interprété les compositions de Lebrun, mais dont les gravures sont très-supérieures aux tableaux qu'il a copiés. Sauf cette réserve, qui sera faite par les esprits familiarisés avec l'histoire des arts du dessin, je reconnais volontiers que M. Simart a traité dignement les sujets qui lui étaient confiés. Nicolas Poussin, Jean Goujon et Pierre Lescot personnifient en effet, d'une façon éclatante, la peinture, la sculpture et l'architecture. Les médaillons destinés à représenter ces trois artistes éminents sont traités avec une grande élégance. Toutefois il est permis de se demander pourquoi l'auteur, après avoir placé Jean Goujon entre deux figures traitées dans le style de ce maître, a soumis Nicolas Poussin, Pierre Lescot et Pesne aux mêmes conditions. C'est une fantaisie que le goût ne peut avouer. En décorant l'hémicycle de l'École des Beaux-Arts, M. Delaroche a cru devoir nous représenter dans le style florentin l'école florentine, dans le style romain les maîtres de l'école romaine, dans le style vénitien les maîtres de l'école vénitienne. Cette idée n'a produit qu'une œuvre sans unité. M. Simart, séduit par le style de Jean Goujon, a cru pouvoir l'appliquer à l'expression de toutes les idées qui lui étaient confiées. C'est à mes yeux une erreur grave. Non-seulement je pense qu'il eût été sage de figurer Jean Goujon sans lui emprunter son style, mais je suis convaincu que le style de Jean Goujon, appliqué à la représentation de Pierre Lescot et surtout de Nicolas Poussin, est un véritable non-sens. C'est introduire, de gaieté de cœur, la monotonie dans les sujets qui sont naturellement variés. Je pourrais à la rigueur accepter le style de Jean Goujon pour Pierre Lescot, puisqu'ils sont contemporains. Quant à Nicolas Poussin, il y a une telle différence entre le style de ses compositions et le style de Jean Goujon, qu'il m'est impossible d'accepter pour le peintre des *Sacrements* le style élégant et voluptueux de l'auteur de la *Diane*. Il fallait, je ne dis pas traiter chaque personnage en copiant servilement son style, mais le traiter du moins selon le caractère de ses œuvres. A Jean Goujon l'élégance et la mollesse, à Nicolas Poussin la grandeur et la sévérité, à Pesne le labeur et le dévouement, à Pierre Lescot la combinaison ingénieuse des formes trouvées par l'antiquité et rajeunies par la renaissance. Dira-t-on que ces quatre pensées ne peuvent se prêter aux conditions de la sculpture? Ce serait à mon avis une objection puérile, car les travaux de ces quatre maîtres offrent tous les éléments nécessaires pour exprimer la pensée que je recommande. L'unité de style pour ces quatre personnages, très-acceptable sans doute, si le style appartenait à l'auteur, donne lieu aux plus sérieux reproches, lorsqu'elle est empruntée à l'un des quatre personnages; Jean Goujon et Nicolas Poussin ne pourront jamais s'accorder.

Les grandes figures qui personnifient, sous une forme allégorique, les arts du dessin, sont traitées avec tout le soin, toute la précision que nous pouvions attendre du talent de M. Simart. Chacun rendra justice à la gravité des visages, à l'élégance des draperies. Il est facile de reconnaître au premier aspect que M. Duban, en s'adressant à M. Simart, a fait un choix judicieux. Malheureusement la tâche qu'il a confiée au statuaire, fidèlement exécutée, est loin de contenter le regard. Ces figures colossales semblent menacer les visiteurs, car elles ne reposent sur rien. L'architecte, par une singulière inadvertance, a négligé d'établir à la partie supérieure des parois du salon, à la naissance de la voûte, une corniche saillante, visible à tous les yeux, capable de rassurer ceux qui ne savent pas comment ces figures sont construites. Le spectateur, en effet, ne peut deviner qu'elles sont modelées sur place, avec du plâtre à la main, c'est-à-dire tellement minces, tellement légères, que l'armature qui les soutient n'a presque rien à porter. Il se demande naturellement si elles ne vont pas se détacher de la voûte et voler en éclats. J'ajoute que ces figures ne s'accordent pas, par leurs proportions, avec les médaillons qui les surmontent ; ce défaut d'harmonie ne saurait être imputé au statuaire, qui a suivi religieusement les indications de l'architecte. C'est à M. Duban seul qu'il faut encore s'en prendre, c'est lui seul qui doit en porter la responsabilité. Quant à la composition, qui appartient tout entière au statuaire, elle n'est pas à l'abri de tout reproche. Je me demande pourquoi M. Simart, en personnifiant les arts du dessin, s'est cru obligé de leur prêter l'attitude des sibylles qui décorent la chapelle Sixtine. Prises en elles-mêmes, abstraction faite de leur destination, de la pensée qu'elles doivent exprimer, ces figures méritent les plus grands éloges ; mais je ne comprends pas que l'auteur ait pu se méprendre au point de les transformer en sibylles. Le visage sur la main, le coude sur le genou, leur physionomie n'a pas le calme qu'elle devrait avoir ; leur méditation tient à la fois de la douleur et de la menace. Au lieu de personnifier les différentes formes de la beauté, elles semblent sonder l'avenir ; on dirait que leur bouche va s'ouvrir pour prononcer quelque terrible prophétie. Ainsi, malgré mon estime très-sincère pour le talent de M. Simart, je n'hésite pas à condamner la manière dont il a représenté les arts du dessin. Il n'a pas saisi le caractère des sujets qu'il avait à exprimer. Toute son habileté, tout son zèle mis au service d'une idée fausse, ne pouvaient produire qu'une œuvre tourmentée, et c'est en effet le seul nom qui convienne à ces figures.

Les quatre termes disposés en caryatides, aux quatre coins de la voûte, sont à coup sûr une des conceptions les plus malheureuses qui se puissent imaginer. Jusqu'ici, nous étions habitués à voir les caryatides supporter un poids quelconque. L'antiquité, l'art moderne n'ont jamais méconnu cette condition élémentaire. M. Duban s'en est affranchi avec un sans-façon tout à fait cavalier : non-seulement ses caryatides ne portent rien, et chacun s'en aperçoit, puisqu'elles n'ont au-dessus de leurs têtes qu'une voûte percée à jour, mais encore elles ne posent sur rien. Elles sont tout à la fois inutiles et impossibles : inutiles, puisqu'elles ne portent rien ; impossibles, puisqu'elles n'ont pas de point d'appui. M. Simart s'est efforcé de leur donner du moins l'élégance à défaut de bon sens ; je ne pense pas qu'il ait complétement réussi. L'insignifiance de la pensée qu'il avait à traduire semble avoir engourdi sa main. Les plans musculaires de ces caryatides, qui joignent les bras au-dessus de leurs têtes, pour soutenir le vitrage de la voûte, et se terminent en gaîne, sont mollement accusés. Quant aux enfants qui accostent les caryatides, ils manquent de grâce et de jeunesse. Cette donnée vulgaire ne pouvait se racheter que par la finesse de l'exécution, et M. Simart nous a livré la pensée de M. Duban dans toute sa banalité. Je regrette qu'un talent aussi pur, nourri d'études aussi sérieuses, qui a pris rang déjà par des travaux recommandables à plus d'un titre, ait été chargé d'une telle besogne. Le statuaire le plus habile placé en face d'une pareille tâche courait le risque de dépenser son savoir en pure perte. Une seule voie de salut lui était ouverte : discuter avec l'architecte les éléments de la décoration ; mais l'entêtement des architectes est depuis longtemps proverbial : quand une fois ils se sont coiffés d'une idée, ils y renoncent difficilement. Ils croient volontiers posséder seuls la souveraine sagesse ; ils ne voient, dans la peinture et la statuaire, que les très-humbles servantes de l'art qu'ils professent. Il arrive bien rarement qu'ils tiennent compte des objections les plus judicieuses. Il est donc probable que M. Simart eût perdu son temps, en discutant avec M. Duban les éléments de la décoration. Il s'est soumis sans résistance aux conditions qui lui étaient posées, et sa docilité ne lui a pas porté bonheur. Dans ce travail considérable, son talent n'est sorti victorieux que d'une seule épreuve : les médaillons, malgré la disposition des draperies, qui rappelle uniformément le style de Jean Goujon, se recommandent du moins par une rare élégance.

Après avoir prodigué l'or et les ornements de toute sorte dans la voûte, M. Duban ne s'est pas tenu pour satisfait. Il a imaginé, pour les quatre coins du salon, des écrans gigantesques formant des pans coupés. Ces écrans, qui ne s'élèvent pas même jusqu'à la place que devrait occuper la corniche, sont un non-sens ajouté à tant d'autres non-sens. Cette fantaisie singulière que les tapissiers ont réalisée avec empressement, et dont la fabrique de Lyon n'a pas à se plaindre, révèle dans M. Duban un homme appelé aux plus grands succès dans l'ameublement des boudoirs. Toutes les femmes à la mode vont sans doute se hâter de le consulter, ou plutôt d'accepter, les yeux fermés, tous les caprices de sa riche imagination. Le poirier, déguisé en ébène, qui encadre ces écrans et qui règne à hauteur d'appui tout autour du salon, fait le plus grand honneur, aux ébénistes chargés de le sculpter. Le chambranle des trois portes, taillé dans le même bois, imprime à la décoration une sévérité, quelque peu funèbre, qui n'est pas dépourvue d'agrément. Le canapé placé au milieu du salon, égayé par la même couleur, n'est pas sans analogie avec un catafalque, et je m'explique très-bien l'innocente espièglerie des jeunes gens qui viennent au Louvre étudier les secrets de leur art, en copiant les œuvres des grands maîtres : ils ont exprimé à leur manière ce qu'ils pensent de M. Duban, en traçant à la craie, sur le bois du canapé, des larmes destinées à compléter cette décoration funèbre. Cette raillerie, digne de leur âge, exprime très-fidèlement l'impression produite par le salon carré sur tous les esprits délicats. La méprise est si complète que la discussion ne sait où se prendre. La somme gaspillée dans cette œuvre sans nom peut, seule, encourager la réprimande.

La décoration de la salle dite des sept cheminées, je me plais à le reconnaître, n'est pas traitée sans élégance. Cependant cette décoration laisse beaucoup à désirer. M. Duret, chargé d'exécuter les figures qui ornent la voûte, a fait preuve d'un talent que j'aurais mauvaise grâce à contester. Il est certain que l'auteur de ces figures manie l'ébauchoir avec adresse. Toutefois, les Victoires ailées qu'il a modelées pour la salle des sept cheminées sont loin de défier la critique. Je ne veux pas nier l'élégance générale qui les caractérise; il est certain qu'il y a dans ces figures une précision, une harmonie linéaire que tous les yeux clairvoyants découvrent au premier aspect. Pourtant ces Victoires mêmes, si élégantes et si précises dans leurs contours, soulèvent plus d'une objection. Les fragments rapportés d'Athènes par les derniers explorateurs nous ont appris comment la Grèce comprenait les figures ailées, et ces fragments sont empreints d'une telle beauté qu'il n'est pas permis d'en méconnaître l'autorité. Nous possédons à Paris, à l'École des Beaux-Arts, plusieurs débris du temple de la Victoire Aptère placée à l'entrée des Propylées. M. Duret connaît parfaitement ces débris et s'en est inspiré. Il suffit de les avoir contemplés une seule fois pour demeurer convaincu qu'il ne les ignore pas. Il serait parfaitement absurde de lui reprocher les conseils qu'il a demandés à ces ruines éloquentes. L'antiquité, et surtout l'antiquité grecque, est tellement riche en leçons, qu'on ne l'interroge jamais sans fruit. Le reproche que je lui adresse est de tout autre nature : si M. Duret, au lieu de regarder pendant quelques minutes les débris du temple de la Victoire Aptère, les eût regardés pendant quelques heures, il n'eût pas commis la méprise que je suis obligé de relever. Les figures qu'il a modelées pour la salle des sept cheminées, malgré les ailes attachées à leurs épaules, manquent de légèreté. Pourquoi ? C'est que les draperies sont faites de laine, au lieu d'être faites de lin. Or, ce défaut, je pourrais dire ce contre-sens, ne se rencontre pas dans les fragments qui nous ont été rapportés d'Athènes. Les débris décapités placés à l'École des Beaux-Arts sont drapés de lin, et cela se conçoit. Une figure qui veut lutter de vitesse et de légèreté avec les oiseaux doit, en effet, répudier la laine comme un vêtement trop lourd et choisir le lin, si elle ne choisit pas la nudité. M. Duret ne paraît pas avoir compris les obligations que lui imposait la nature même des figures qu'il avait entrepris de modeler. Il a jeté, sur les épaules et sur les hanches des Victoires, des draperies qui seraient à grand'peine portées par des femmes vigoureuses, marchant sur le sol que nous foulons aux pieds. Les figures qu'il a modelées, depuis vingt ans, prouvent assez qu'il connaît le maniement de l'ébauchoir. Ce n'est pas l'adresse qui lui manque, c'est la réflexion. Il exécute avec finesse ce qu'il a conçu étourdiment. Les Victoires placées dans la salle des sept cheminées établiraient sans réplique la pensée que j'exprime, s'il était besoin de la démontrer. Les figures de M. Duret, élégantes et précises, semblent condamnées, par le poids même de leur vêtement, à ne pas quitter la terre.

Et si je parle du temple de la Victoire Aptère, ce n'est pas que la Grèce me refuse d'autres exemples; je pourrais facilement, en consultant les souvenirs familiers à tous les esprits, trouver de quoi étayer ma pensée; mais les fragments placés à l'École des Beaux-Arts sont unis par une si étroite analogie aux sujets que M. Duret a traités, qu'il me semble parfaitement juste d'estimer l'œuvre du sculpteur français d'après les documents qu'Athènes nous a laissés. Cependant je ne voudrais pas exagérer la portée de cette comparaison. Personne aujourd'hui parmi nous ne peut lutter avec les œuvres de l'école attique, et j'ajoute que l'Italie, l'Allemagne et l'Angleterre ne sont pas dans une condition meilleure. Je ne veux donc pas chicaner M. Duret sur l'intervalle qui sépare ses Victoires des Victoires du temple athénien; mais la manière dont il a distribué les couleurs sur les vêtements de ces figures ne saurait être acceptée. Rien de plus simple, en effet, que de jeter les étoffes colorées sur les étoffes blanches. Le procédé contraire ne peut être justifié par aucun argument. Et pourtant, M. Duret n'a tenu aucun compte de ces notions vulgaires; il a jeté sur les membres à demi nus de ses Victoires, des étoffes colorées, et sur ces étoffes colorées des étoffes presque blanches. C'est à mon avis une méprise sans excuse. Peut-être M. Duban a-t-il obligé M. Duret de distribuer les couleurs, dans l'ordre que je blâme et que le bon sens réprouve ; peut-être l'architecte, usant du droit souverain qui lui est dévolu, a-t-il contraint le statuaire à violer toutes les données fournies par l'usage, par l'évidence. Sans me prononcer sur la part de responsabilité qui revient à M. Duret, à M. Duban, je me contente d'affirmer que l'emploi des couleurs dans la salle des sept cheminées est contraire à tous les principes du goût. L'étoffe blanche sur la chair, l'étoffe colorée sur l'étoffe blanche, voilà ce que la tradition, ce que l'usage établit. Ni le peintre ni le statuaire ne peuvent méconnaître ces données élémentaires, et je me trouve amené à répéter, pour M. Duret, ce que j'ai dit pour M. Simart. Si M. Duban, en esquissant la décoration de la salle des sept cheminées, a posé les conditions absurdes que je viens d'énumérer, tout en reconnaissant que le statuaire s'est trouvé obligé de les subir, je ne renonce pas à les condamner. J'absous M. Duret, qui s'est soumis, et qui n'avait pas la liberté du choix ; je condamne l'architecte, qui lui a imposé ces conditions.

Je dois le dire, la salle des sept cheminées, malgré tous les défauts qui la déparent, est loin de soulever les mêmes objections que le salon carré. Les Victoires de M. Duret, drapées de laine au lieu d'être drapées de lin, enluminées de couleurs distribuées sans raison et sans prévoyance, n'inquiètent pas le spectateur comme les figures colossales de M. Simart. La seule conclusion que je veuille tirer de cette différence, c'est que M. Duban, complétement égaré par le désir d'éblouir les yeux en traçant la décoration du salon carré, a conçu la décoration de la salle des sept cheminées avec plus de sobriété. Les médaillons placés au-dessous des Victoires sont facilement acceptés malgré l'encadrement hexagonal, qui n'a rien de gracieux.

Toutes ces remarques, si graves qu'elles soient, passeraient sans doute inaperçues, si M. Duban eût consenti à tenir compte du monument qui lui était confié. Les figures modelées par MM. Simart et Duret, malgré toutes les objections qu'elles peuvent soulever, seraient acceptées sans résistance, si le fond même sur lequel sont placés les tableaux se prêtait à la contemplation, à l'étude de la peinture. Malheureusement il n'en est rien. Dans le salon carré comme dans la salle dite des sept cheminées, les tableaux sont complétement sacrifiés à la décoration. M. Duban ne paraît pas s'être préoccupé un seul instant de l'usage assigné aux deux pièces dont je viens de parler. Il faut bien le dire, toute la décoration imaginée par M. Duban semble dirigée contre la peinture, et bien que cette expression puisse paraître exagérée aux esprits timides, c'est la seule qui traduise fidèlement ma pensée. Le fond violet de la salle des sept cheminées, le fond jaune du salon carré, ne permettent pas d'étudier un seul tableau. On dit, et je le crois volontiers, étant donné les innombrables bévues que j'ai déjà signalées, que le fond du salon carré imitait d'abord le cuir doré et repoussé de Hollande, et que l'architecte, dans un accès inattendu de modestie, a consenti à éteindre l'éclat importun de cette imitation, à masquer l'or sous un ton qu'il lui a plu d'appeler neutre, et qui pourtant jette la confusion dans toutes les compositions qu'il devait rendre plus nettes et plus distinctes. L'erreur commise dans la décoration des voûtes, et qui ne saurait être imputée à MM. Simart et Duret, pourrait, à la rigueur, être considérée comme un accident, si les parois des deux salles, par la couleur que l'architecte leur a donnée, ne révélaient un système complet d'hostilités engagées contre la peinture. Si M. Duban consentait à nous avouer la pensée qui a dirigé tous ses travaux, il nous dirait sans doute qu'il n'a jamais songé à servir les intérêts de la peinture. Il voulait nous montrer son savoir-faire, mettre sous nos yeux des échantillons variés de ses souvenirs : c'est là l'unique but qu'il s'est proposé depuis deux ans ; puis, son œuvre achevée, par une condescendance que j'ai peine à m'expliquer, il s'est résigné à tenir compte des objections, et la percaline, qui parodiait le cuir doré de Hollande, s'est cachée sous un ton qui n'est précisément ni jaune ni vert. Étrange faiblesse! coupable pusillanimité! M. Duban avait décoré le salon carré pour le seul plaisir de ses yeux. Il se glorifiait dans le choix des couleurs et ne redoutait pas la présence importune des tableaux. Tout à coup, je ne sais quel ennemi de sa renommée vient lui rappeler que cette salle doit réunir les chefs-d'œuvre de toutes les écoles, et voilà que M. Duban, par un excès d'abnégation, renonce au cuir de Hollande. Quel dommage que les maîtres les plus illustres soient venus nous gâter la pensée de M. Duban, en l'obligeant à la modifier! N'eût-il point été cent fois plus sage de laisser le salon carré tel qu'il était sorti de ses mains, de nous montrer sa fantaisie dans toute sa splendeur, et de reléguer la peinture dans quelque galerie négligée jusqu'ici par le caprice tout-puissant de l'architecture?

L'arrangement des tableaux vient en aide à la pensée de M. Duban. Que l'architecte ait voulu prouver le rôle modeste assigné à la peinture, c'est ce qui ne saurait être douteux pour personne; aussi n'essaierai-je pas de l'établir : l'évidence parle pour moi; mais il ne pouvait se contenter de lutter contre la peinture par le choix des étoffes et des ornements : il a compris que, pour réaliser pleinement son projet, pour accomplir sa volonté dans toute son étendue, dans toute sa sévérité, il devait mettre la peinture aux prises avec elle-même, et il a franchement accepté cette dernière obligation. C'est lui, je me plais à le croire, qui a conseillé d'encadrer un tableau à la détrempe de Fra Angelico entre un Rubens, un Van Dyck, un Titien et un Gérard Dow. Qui donc, hormis M. Duban, se fût avisé de cette combinaison ingénieuse? Qui donc eût imaginé d'établir une lutte entre l'art mystique et incomplet de Fra Angelico et l'art sensuel et savant de l'école vénitienne et de l'école flamande? M. Duban était seul capable de recourir à ce procédé souverain pour nous prouver que la peinture, si elle est bonne à quelque chose, ne peut servir qu'à gâter l'architecture. Ne soyons pas injuste envers lui; reconnaissons qu'il n'a pas lésiné sur les preuves, qu'il a prodigué l'évidence autant qu'il était en lui. Fra Angelico, placé entre Titien, Rubens, Van Dyck et Gérard Dow, fait une piteuse figure. Pour s'obstiner à lui attribuer quelque valeur, il faut un courage héroïque ou plutôt un étrange entêtement. Et, pour que rien ne manque à l'effet de la démonstration, M. Duban, car je persiste à croire qu'il a seul présidé au placement des tableaux, M. Duban met en face de *la Vierge* de Fra Angelico *les Noces de Cana* de Paul Véronèse. Comment le peintre de Fiesole ne succomberait-il pas sous une telle comparaison? Les érudits s'en vont répétant qu'il a consacré toute sa vie à l'expression du sentiment religieux, et qu'il n'a jamais cherché le charme du coloris. M. Duban est trop sensé pour se laisser abuser par ces futiles paroles; il possède des idées vraiment originales, vraiment inattendues, sur l'histoire de la peinture, sur la manière d'estimer, d'éprouver la valeur des tableaux, quelle que soit l'époque ou l'école à laquelle ils appartiennent. Il veut confondre dans une mêlée sans pitié toutes les époques, toutes les écoles, et j'avoue que ce procédé lui a parfaitement réussi. Fra Angelico n'est plus maintenant qu'une vieille guenille; désormais il ne sera plus permis d'en parler sous peine de s'exposer au ridicule. M. Duban a gagné sa cause.

Les Noces de Cana avaient besoin d'être rentoilées; l'administration n'a pas voulu s'en tenir à ce soin vulgaire, elle a souhaité que *les Noces de Cana* fussent restaurées. Heureusement le peintre chargé de cette besogne dangereuse, qu'il serait plus sage de nommer impie, demandait six mois pour l'accomplir, et, comme l'administration ne pouvait lui accorder que vingt jours, il n'a pas eu le temps de défigurer l'œuvre de Paul Véronèse. Félicitons-nous-en, en comptant les blessures faites à cette œuvre immortelle. Qu'eût-il donc fait, mon Dieu! si l'administration lui eût accordé six mois au lieu de vingt jours? Le Christ placé derrière la table vient aujourd'hui en avant, grâce à la restauration qui a détruit la perspective aérienne. Un convive placé à la droite du Christ, et vêtu d'une draperie bleue, se trouve dans la même condition. Réjouissons-nous et souhaitons que la France, éclairée par l'exemple de l'Autriche, établisse enfin des peines sévères contre les hommes assez insensés, assez barbares pour dénaturer au gré de leurs caprices les œuvres du génie. L'Allemagne nous a ouvert la voie, pourquoi tarder plus longtemps à suivre ses conseils? N'y a-t-il pas urgence? Pourquoi hésiter à déclarer que les œuvres consacrées par l'admiration unanime de plusieurs générations sont inviolables, et que la loi sévira contre ceux qui oseront les profaner? Le charmant portrait de Rubens, qui fait pendant à la maîtresse du Titien, et destiné par M. Duban à égorger Fra Angelico, n'a pas été traité avec plus de respect. Que la loi parle, et les tribunaux parleront.

Dans la salle dite des sept cheminées, la peinture n'est pas soumise à des épreuves moins cruelles. David, Gros, Guérin, représentés par leurs œuvres les plus éclatantes, sont réduits à néant, grâce au fond violet imaginé par M. Duban. Géricault seul résiste à cette attaque furieuse de l'architecture. *La Méduse, le Chasseur, le Cuirassier*, se détachent vigoureusement sur ce fond criard, et le spectateur les admire comme si l'architecte ne les avait pas condamnés. Un délicieux portrait de femme, de Prudhon, essaye de lutter, mais succombe à la tâche. *Les Sabines, Léonidas, Eylau,* ne sont plus qu'une *purée* sans nom. L'*Antiope* du Corrège, placée sur un écran écarlate dans le salon carré, a gardé sa splendeur, sa divine beauté. David, Gros et Guérin, animés d'un sang moins généreux, devaient périr dans la bataille, et ils ont péri, ou du moins, tant qu'une main bienfaisante ne les aura pas délivrés des étreintes de l'architecte, ils seront rayés de la liste des vivants. Que le fond violet disparaisse et soit remplacé par un fond plus indulgent, et David, Gros et Guérin, que je ne songe pas à mettre sur la même ligne que Raphaël et le Vinci, reprendront sans effort le rang qui leur appartient. Dans l'état présent des choses, il ne faut pas songer à regarder les œuvres qui ont fondé leur renommée. M. Duban s'est chargé de les tuer, et n'a été que trop bien servi. Comment *les Sabines* et *Léonidas* résisteraient-ils à cette cruelle épreuve? Le mérite linéaire qui les recommande ne doit-il pas s'effacer devant l'éclat criard du fond choisi par M. Duban? *Eylau* pâlit et n'est plus qu'une ombre. Les mémoires les plus fidèles se demandent avec étonnement ce qu'est devenue la majesté de cette peinture. M. Duban, par la toute-puissance de sa fantaisie, réduit au silence, à la confusion, les esprits les plus résolus. Personne n'oserait défendre David, Gros et Guérin dans la salle des sept cheminées. L'architecte a pris soin de réduire à néant tous les arguments qui pourraient se produire. Toutes les pensées de ces hommes habiles, si applaudies dans les premières années du siècle présent, ne sont plus maintenant que des scènes inintelligibles. M. Duban, qui avait traité si rudement l'école de Florence, s'est montré sans pitié pour l'école de France. Il avait pardonné à l'école de Parme dans la personne d'Allegri; ne devait-il pas prendre sa revanche sur David? Il s'est cruellement vengé, et les peintres, à compter de ce jour, doivent voir en lui un irréconciliable ennemi. Je ne crois pas qu'il soit possible d'attribuer un autre sens au salon carré, à la salle des sept cheminées : c'est une guerre à outrance.

Les amis de M. Duban ont dit et répété, à l'envi, qu'il avait voulu faire du salon carré quelque chose d'analogue à la Tribune de Florence. J'accepte l'intention comme excellente ; quant au fait, je ne saurais l'accepter. Si Florence était aussi éloignée de Paris que Canton, il serait facile de se livrer à des conjectures sans fin, et la discussion ne saurait où se prendre; mais Florence n'est pas à huit jours de Paris, et la Tribune de Florence est connue depuis longtemps par un grand nombre de voyageurs. Or, je m'adresse à tous ceux qui ont visité la Toscane, et je leur demande s'il est permis d'établir un parallèle entre la Tribune de Florence et le salon carré. Il y a, je le sais bien, un terme de comparaison qui peut être invoqué avec succès : c'est l'importance, la valeur des ouvrages exposés dans le salon carré. Il est certain que le Musée de Paris possède des tableaux de premier ordre, des tableaux que l'Europe entière nous envie. Sur ce terrain, je ne me charge pas d'engager la discussion, et ce serait d'ailleurs pure folie. Oui, la *Joconde* de Léonard, l'*Antiope* du Corrége, les *Noces* du Véronèse, la maîtresse du Titien, peuvent lutter glorieusement avec les plus belles œuvres placées dans la Tribune de Florence. La question ainsi posée se résoudrait à l'avantage de M. Duban, ou du moins resterait tellement douteuse, qu'il pourrait s'attribuer la victoire ; mais il s'agit de savoir s'il a traité les peintures qui lui étaient confiées avec le soin, avec la réserve, avec le respect qui recommandent l'architecte de Florence. Or, la question posée en ces termes nouveaux change complétement d'aspect. Chacun sait, en effet, que les ouvrages placés dans la Tribune de Florence n'ont pas besoin de disputer l'attention des spectateurs aux ornements de la voûte. Le *Christ* d'André del Sarto, la *Vénus* du Titien, le portrait de la Fornarina, le portrait de Jules II, sont librement contemplés, et la voûte, qui se contente de verser des flots de lumière, ne distrait pas un seul instant l'attention. La *Sainte Famille* de Michel-Ange, la seule peinture à l'huile de ce maître illustre qui puisse être considérée comme authentique, se laisse étudier sans effort, sans hésitation, car l'architecte de Florence, dont j'ignore le nom, a pris à tâche de respecter la peinture. Ceux qui mettent en doute les *Parques* de la galerie Borghèse, malgré l'austérité qui les recommande et qui paraît leur donner un caractère d'authenticité, peuvent admirer à loisir cette composition singulière, dont les personnages principaux respirent la ferveur chrétienne, dont le fond est complétement païen. Le portrait de Jules II, dont l'exécution est si parfaite, dont le carton placé au palais Corsini est d'une largeur si désespérante, ne se laisserait pas étudier si librement, si l'architecte florentin eût été animé des mêmes idées que M. Duban, s'il eût voulu attirer l'attention sur son œuvre, et ne tenir aucun compte des tableaux placés sous la voûte qu'il avait à décorer.

Si tous les tableaux placés dans la Tribune de Florence sont librement étudiés, c'est que l'architecte n'a pas perdu de vue un seul instant le sens vrai de la mission qui lui était confiée; c'est qu'il s'est toujours considéré comme le très-humble serviteur de la peinture, et n'a pas songé un seul jour à la dominer, à l'effacer. Or, c'est là précisément la condition que M. Duban a constamment méconnue. Autant l'architecte florentin a montré de modestie et d'abnégation, autant M. Duban a montré d'orgueil et d'ostentation. Au lieu de mettre son talent au service de la peinture, il s'est efforcé d'assurer le premier rang aux ornements qu'il avait dessinés. Cette pensée qui, fidèlement exécutée, peut flatter l'amour-propre de M. Duban, n'a rien à démêler avec la destination du salon carré. Si l'*Antiope* du Corrége résiste à l'écran écarlate sur lequel elle se détache, ce n'est pas la faute de l'architecte : à parler franchement, il n'est pas complice de son succès. Si la *Joconde* de Léonard n'est pas éteinte par le fond nouveau où elle se trouve placée, ce n'est pas la faute de M. Duban. Sans la renommée, consacrée par trois siècles, qui défend aux plus incrédules de remettre en question la valeur de cette œuvre, je ne sais pas comment elle serait jugée dans le salon carré. Quant au Poussin, et surtout quant à *la Vierge* de Fra Angelico, il est facile de prévoir ce que la foule en dirait, si la foule n'était retenue par l'éclat de ces deux noms. Sans connaître précisément ce qu'ils valent, sans se rendre compte des épreuves qu'ont traversées ces deux artistes éminents, elle se rappelle confusément qu'ils sont grands et méritent son respect. Bien que les œuvres signées de Nicolas Poussin et de Fra Angelico ne produisent pas dans le salon carré l'effet qu'elles devraient produire, qu'elles produiraient infailliblement, si elles nous étaient montrées d'une manière plus intelligente, la foule n'ose pas les blâmer, parce qu'elle craint de se tromper, et cependant, tout en s'abstenant de les déclarer incomplètes, insignifiantes, elle n'ose pas admirer, et l'admiration ne lui coûterait rien, si l'architecte n'eût pas pris à tâche de distraire son attention. Cette hésitation de la foule, trop facile à constater, condamne sans réplique l'œuvre de M. Duban. Je ne veux pas m'évertuer à discuter le génie de Poussin et de Fra Angelico; je ne veux pas peser la valeur des pensées qu'ils ont exprimées. Ce qui est acquis depuis longtemps à l'évidence, c'est qu'ils occupent dans l'histoire de l'art une place considérable, et que cette place, que personne jusqu'à présent n'avait songé à leur contester, paraît remise en question, grâce à M. Duban. L'architecte, en effet, a si bien réussi dans l'expression de sa haine contre la peinture, que Poussin et Fra Angelico sont comme non avenus pour ceux qui ne les ont jamais étudiés que dans le salon carré, tel qu'il est aujourd'hui. Heureusement Poussin et Fra Angelico, pour demeurer ce qu'ils sont, n'ont pas besoin de l'estampille de M. Duban. Le caprice de l'architecte ne peut rien enlever à la pureté de leur génie. Les aberrations de la fantaisie, traduites en dorures sans fin, en moulures sans nombre, ne ternissent pas la splendeur de leurs conceptions.

La galerie d'Apollon est habilement restaurée. Sans vouloir exagérer les difficultés de cette tâche, je reconnais cependant qu'elle exigeait un goût délicat, un zèle assidu. M. Duban, en reprenant l'œuvre de Lebrun, a compris qu'il devait accepter sans réserve les données posées par le peintre favori de Louis XIV. Cette preuve de bon sens n'est sans doute pas un titre de gloire; toutefois, au milieu du chaos qui règne aujourd'hui dans l'architecture, au milieu de la confusion qui dénature aujourd'hui tous les styles, le bon sens doit être compté comme une faculté importante, un esprit chagrin dirait comme un don précieux. Je suis donc très-disposé à louer la restauration de la galerie d'Apollon. Je ne crois pas que l'accomplissement de cette tâche ait coûté des efforts surhumains; je ne crois pas que, pour retrouver les arabesques imaginées par Lebrun, il ait fallu épuiser toutes les ressources de l'érudition. De tels éloges prodigués à bonne intention me rappellent une fable qui trouve de nos jours des applications nombreuses : *l'Ours et l'Amateur de jardins.* Pour restaurer la galerie d'Apollon, le bon sens et le zèle suffisaient complétement. Il faut remercier M. Duban d'avoir respecté, d'avoir rajeuni, en la ménageant, la conception de Lebrun. Pousser la louange plus loin serait méconnaître la vérité et mêler à l'approbation une raillerie presque injurieuse. S'extasier sur la distribution des dorures, sur le choix des couleurs que le temps avait ternies sans les effacer, n'est à mon avis qu'un pur jeu de paroles, et les panégyristes, sans y prendre garde, écrasent le héros qu'ils veulent exalter. Quelle valeur, quelles facultés attribuent-ils donc à M. Duban? Ils lui prodiguent les épithètes les plus flatteuses en parlant de cette restauration, comme s'il s'agissait de la conception d'une œuvre savante et inattendue. Ils ne s'aperçoivent donc pas qu'en prodiguant la louange pour une tâche qui n'exigeait que du bon sens et de la docilité, ils le déclarent implicitement incapable d'imaginer un monument, une décoration dont le type n'existe nulle part? Ce n'est pas la première fois que l'amitié, dans son imprudence, joue le rôle de l'ironie; mais je dois avouer qu'il lui est arrivé rarement de pousser aussi loin la témérité de son zèle.

Les peintures de la voûte n'ont pas été traitées avec le même respect que les murs de la galerie. MM. Guichard et Muller ont interprété les débris, qui leur étaient confiés, avec une liberté capricieuse. Je n'ignore pas, et personne n'ignore, que le rajeunissement d'une peinture à demi effacée présente de nombreuses difficultés. Parfois l'artiste chargé de cette tâche en est réduit aux conjectures, et ne trouve, dans les contours respectés par le temps, qu'un guide insuffisant et problématique. Tout cela est parfaitement vrai; cependant, quelle que soit la délicatesse d'une telle œuvre, l'artiste qui l'accepte n'est jamais autorisé à méconnaître la pensée, à dénaturer le style de l'inventeur. Or, c'est là précisément ce que M. Guichard a fait plus d'une fois. Je suis loin de prendre Lebrun pour un peintre du premier ordre. Je ne pense pas que les *Batailles d'Alexandre* se placent entre les chambres du Vatican et la voûte de la chapelle

Sixtine. Je reconnais volontiers que les gravures d'Audran donnent de Lebrun une idée que les originaux sont loin de justifier. Toutefois personne ne peut méconnaître, dans ce peintre privilégié, un bon sens qui ne l'abandonne jamais, une harmonie qui permet à l'œil du spectateur d'embrasser sans effort l'ensemble de ses compositions. M. Guichard ne paraît pas avoir compris la portée toute spéciale des qualités qui recommandent ce maître, plus adroit que fécond. Il a voulu nous prouver qu'il ne comprend pas la couleur à la manière de Lebrun, et la preuve, hélas! n'est que trop complète. Je ne l'accuse pas de servilité, personne ne lui reprochera d'avoir suivi aveuglément les traces de son modèle : je l'accuse d'avoir méconnu le bon sens, d'avoir méconnu l'évidence, d'avoir substitué sa pensée à la pensée de Lebrun, d'avoir voulu nous montrer comment il conçoit le programme accepté par Lebrun, au lieu de se renfermer dans les limites posées par le maître et d'interpréter avec sagacité, sans timidité comme sans caprice, les indications que le cours des âges n'a pas détruites. En pareil cas, en effet, il ne s'agit pas d'inventer, mais de retrouver, et c'est pour avoir méconnu cette distinction, qui n'a rien de subtil, que M. Guichard a manqué le but. A vrai dire, je crois que M. Duban s'était trompé en choisissant M. Guichard; je crois qu'il n'avait pas consulté avec assez d'attention ses antécédents. Néanmoins, malgré les objections que soulève le passé de M. Guichard, je pense que, soumis à un contrôle sévère, il aurait pu faire mieux qu'il n'a fait. Abandonné sans réserve à tous les caprices de son imagination, qui n'a jamais étonné personne par sa fertilité, il a mis sous le nom de Lebrun les contours et les tons dont il avait composé son *Rêve d'amour*. Il a dénaturé, en essayant de les compléter, les débris qui lui étaient confiés. Il eût agi plus sagement en refusant la tâche qui lui était proposée. Puisqu'il ne voulait pas se résigner à suivre docilement la pensée de Lebrun, il devait se récuser. Il me répondra peut-être que des exemples nombreux justifient son indocilité. Peut-être citera-t-il comme un argument victorieux la façon toute cavalière dont M. Couder a traité les peintures du Rosso, au château de Fontainebleau. Ce serait une pitoyable défense. Si M. Couder a commis une faute irréparable, s'il a dénaturé une série de compositions qui, sans pouvoir lutter avec les chefs-d'œuvre de l'art, ont pris cependant un rang éminent dans l'histoire, est-ce une raison pour suivre un exemple absurde? Je laisse au bon sens le soin de résoudre cette question. L'improbation publique aurait dû éclairer M. Guichard sur le danger d'une pareille fantaisie, et lui révéler tous les reproches qu'il allait mériter. Il ne reste aux amis de la peinture qu'à confondre MM. Guichard et Couder dans un commun anathème.

L'ancienne administration du Louvre, qui a bien des fautes à se reprocher, avait pourtant compris la nécessité d'isoler les maîtres primitifs. Soit dédain, soit intelligence, car je n'ai pas la prétention de deviner les motifs de sa conduite, elle avait placé dans la salle d'entrée toutes les peintures empreintes du style byzantin. M. Duban, en conseillant à l'administration nouvelle de changer la destination de cette salle, a commis une faute grave, et la raillerie dont il se plaindra peut-être n'est à mes yeux que l'expression de la justice. Je ne veux pas lui demander pourquoi le public, après avoir franchi le premier étage, est obligé de tourner à gauche et de passer par la galerie d'Apollon : il me répondrait sans doute qu'il a voulu obliger la foule à contempler l'œuvre de Lebrun rendue à sa première splendeur. Ce qu'il y a de certain, c'est que la salle d'entrée où se trouvaient autrefois les maîtres primitifs, transformée aujourd'hui en salle de bijouterie, ressemble à une chapelle funèbre. Les esprits enclins à la plaisanterie ont eu raison de demander pourquoi on avait négligé d'allumer les cierges: un mort étendu sur un lit compléterait dignement la décoration de cette salle. M. Duban a cru peut-être que les bijoux, disposés sur ce fond sombre, paraîtraient plus éclatants, plus précieux; il doit savoir maintenant à quoi s'en tenir sur la valeur de cette opinion : il a voulu faire de cette salle un écrin, et la foule a répondu à cette fantaisie par un éclat de rire.

Quant à l'administration, qui s'est prêtée à cet étrange caprice, je ne saurais non plus l'amnistier : elle a laissé M. Duban disposer tout à son aise de la salle d'entrée, la décorer comme une chapelle ardente, sans songer un seul instant à ce qu'allaient devenir les maîtres primitifs: c'est de sa part une imprudence qu'on ne peut excuser. Les œuvres des maîtres primitifs, trop peu nombreuses dans notre Musée, ne peuvent être appréciées qu'à la condition d'occuper une place à part. Dès qu'une main ignorante ou étourdie les confond avec les maîtres du quinzième et du seizième siècle, elles sont condamnées à l'indifférence, à l'inattention. Le Fra Angelico si follement encadré aujourd'hui dans le salon carré, entre Titien, Rubens, Van Dyck et Gérard Dow, appartenait naturellement à la collection des dessins, et c'est en effet dans cette collection que l'administration nouvelle est allée le chercher. Cette peinture en détrempe, placée près d'une peinture à l'huile, doit nécessairement perdre toute sa valeur, et je ne comprends pas que des hommes habitués à voir des tableaux puissent commettre une pareille bévue : il faut vraiment vouloir servir de cible aux reproches et aux railleries pour mettre Fra Angelico côte à côte avec Rubens.

M. Jeanron, qui, pendant sa trop courte administration, a fait beaucoup pour le Musée, avait pensé avec raison que toutes les œuvres du même maître doivent être réunies. C'était se ranger du côté du bon sens, et chacun peut, à bon droit, s'étonner qu'une telle idée ait tardé si longtemps à se faire jour. Cependant cette idée, d'une justesse si évidente, ne suffit pas pour classer toutes les œuvres que possède le Musée. L'exemple de Florence, invoqué si maladroitement par M. Duban et par ses amis pour justifier la décoration du salon carré, devait être mis à profit avec plus de clairvoyance. Florence possède deux galeries publiques, la galerie des Offices et la galerie Pitti. La galerie Pitti ne renferme que des œuvres choisies avec un discernement sévère. J'en excepte pourtant la Vénus de Canova. La galerie des Offices a toutes les prétentions d'une encyclopédie pittoresque, et si elle ne les justifie pas complétement, du moins faut-il reconnaître qu'elle nous offre la série non interrompue des maîtres italiens. Or, pour les Toscans, l'Italie résume le monde entier. Pourquoi la France ne classerait-elle pas les tableaux qu'elle possède dans l'ordre adopté par Florence ? La galerie des Offices ne se contente pas de réunir les œuvres d'un maître, elle dispose les maîtres mêmes dans un ordre chronologique. Florence a écouté les conseils du bon sens ; pourquoi Paris s'obstinerait-il plus longtemps à les repousser ? Que les maîtres primitifs reprennent la place qui leur appartient, et que toutes les écoles soient disposées dans un ordre chronologique : les ignorants ne s'en plaindront pas, et tous les esprits studieux applaudiront.

Après la galerie des Offices, le Musée du Louvre est la plus riche galerie du monde entier. Malheureusement, les richesses que nous possédons sont livrées à tous les caprices de l'ignorance et de la vanité. Tantôt une main maladroite dérange pour le plaisir de déranger, tantôt une main sacrilége imprime au front d'une œuvre immortelle une blessure impérissable. Il serait temps d'arrêter ces profanations.

Si l'exemple de Florence était suivi, si tous les maîtres étaient disposés dans un ordre chronologique, la foule, en quelques années, apprendrait à les connaître, sinon à les apprécier, et les fautes commises par l'administration frapperaient tous les yeux. Il ne serait plus permis de traiter les vieux tableaux comme le linge sale, de les mettre à la lessive, de les poncer, de les savonner. Chacun saurait que tel jour, à telle heure, un Poussin, un Lesueur a subi l'affront d'une restauration ignorante, et la sottise dénoncée sur-le-champ ne pourrait plus se renouveler. J'appelle de tous mes vœux ce régime salutaire. Qu'on y prenne garde, les plus belles œuvres auront peut-être la même destinée que la *Vie de saint Bruno*. L'injure faite à Lesueur est demeurée impunie; qui nous assure que demain ce ne sera pas le tour de Raphaël?

M. Constant Dufeu, l'un des pensionnaires les plus distingués de l'école de Rome, aujourd'hui professeur à l'école de Paris, mais dont le talent par malheur n'a jamais été mis à l'épreuve, a composé, pour la société des architectes, une médaille dont la devise peut servir à juger les derniers travaux de M. Duban. Cette médaille, gravée par M. Oudiné, ne porte pour inscription qu'une seule parole empruntée à la langue d'Homère, mais cette parole unique résume dans son éloquente concision tous les devoirs de l'architecture. *Le beau dans l'utile*, tel est le but que l'architecture doit se proposer constamment. Qu'il s'agisse d'un palais, d'une église ou d'une forteresse, le devoir est toujours le même. La beauté sans l'utilité, l'utilité sans la beauté, ne sont qu'une moitié de la tâche. Or M. Duban, en décorant le Musée du Louvre, semble avoir oublié complétement la devise de son art. Je ne dis pas qu'il ait atteint la beauté à l'exclusion de l'utilité. Je suis très-loin de le croire, car la décoration qu'il a imaginée, malgré l'incontestable talent des hommes chargés de traduire sa pensée, ne contentera pas les esprits sérieux et ne séduira pas même la foule ignorante. Lors même que nous consentirions à oublier la destination du Musée, il nous serait bien difficile d'amnistier l'œuvre de M. Duban. Étant donné la destination du Musée, il est trop évident que l'utilité a été partout sacrifiée, sans profit pour la beauté. D'ailleurs, pour tous ceux qui comprennent pleinement les devoirs et la mission de l'architecture, le beau n'existe pas sans l'utile. Église, palais ou forteresse, tout monument dont la forme ne révèle pas l'usage, dont la destination n'est pas indiquée dans les lignes générales, écrite avec précision dans les ornements, est et sera toujours un monument bâtard, ou plutôt un monument avorté. Il faut que la richesse, le loisir et la puissance soient inscrits au front des palais, que l'église exprime le recueillement et la prière, que la forteresse révèle, en signes éclatants, le mépris du danger et la résistance désespérée. Sans parler des exemples sans nombre que l'antiquité nous fournit, des exemples plus récents, des exemples qui chaque jour frappent nos yeux, auraient dû éclairer M. Duban sur les dangers de la voie où il s'engageait. Pourquoi la Madeleine est-elle si généralement, si justement dédaignée? C'est que rien, dans ce monument, ne révèle sa destination religieuse. C'est que cette parodie de la maison carrée de Nîmes, salle de banquet ou salle de bal, ne parle de prière ni dans ses lignes ni dans ses ornements. Les caissons du plafond évoquent à l'envi les plus joyeuses ritournelles; à peine le pied a-t-il foulé les dalles, que l'esprit, au lieu de monter vers Dieu, songe à la valse, aux quadrilles. Quant aux chapelles placées dans les bas-côtés, elles ne font pas partie de l'église; ce sont des appliques nées du caprice et que le caprice pourrait effacer. Aussi l'œuvre de M. Huvé est et demeure parfaitement ridicule. Vainement invoquerait-il la nécessité où il s'est trouvé d'utiliser les travaux faits pour le temple de la Gloire. Bien que le plan commande à l'élévation, à la coupe, cependant comme les travaux livrés à M. Huvé étaient à fleur du sol, il n'était pas impossible de modifier le plan de Vignon, et de transformer en église chrétienne le temple de la Gloire.

Un exemple d'une nature toute diverse aurait dû dessiller les yeux de M. Duban. La bibliothèque Sainte-Geneviève, achevée l'année dernière par M. Henri Labrouste, répond parfaitement à sa destination. Bien que je n'approuve pas les myriades de noms inscrits au vermillon sur les murs de la bibliothèque, je rends pleine justice au talent fin et délicat, au rare bon sens qui éclatent dans toutes les parties de cet édifice. Le vestibule, qui d'abord paraissait obscur, s'éclaire de jour en jour à mesure que s'écroule la prison de Montaigu. L'escalier, ample et majestueux, s'accorde bien avec le caractère du vestibule. Quant à la salle de lecture, elle me semble réunir toutes les conditions d'une œuvre à la fois utile et belle. L'espace, divisé en deux voûtes jumelles soutenues par une charpente de fer, offre un mélange d'élégance et de simplicité. La lumière, sagement distribuée, sans profusion comme sans avarice, prépare l'esprit à l'étude, à la réflexion. Lors même que les rayons seraient vides, chacun sentirait encore que cette salle n'est pas faite pour le plaisir, mais pour le recueillement, tant il y a de sobriété, de gravité dans l'ornementation. M. Labrouste comprend son art autrement que M. Huvé. S'il y a quelque puérilité dans les noms inscrits sur les murs de la bibliothèque, il faut se rappeler que la modicité de la somme allouée à l'architecte ne lui permettait pas d'exprimer sa pensée par des bas-reliefs, et lui tenir compte du goût exquis avec lequel il a décoré l'intérieur du monument. La Madeleine et le salon carré se transformeraient sans effort en salle de bal; la bibliothèque Sainte-Geneviève, dépouillée des livres entassés sur les rayons, exprimerait encore l'austérité de sa destination. M. Labrouste a médité longtemps et ardemment sur les données, sur les devoirs, sur le but de son art. Il a compris la nécessité de réunir dans une étroite alliance le beau et l'utile, ou plutôt d'exprimer l'utile par le beau. Et en effet, dans toutes les parties de la bibliothèque, l'ornementation est toujours la très-humble servante de l'usage assigné à la construction. Enlevez les tableaux du salon carré, de la salle des sept cheminées : où trouver un Œdipe assez pénétrant pour deviner la destination de ces deux pièces ? M. Labrouste embrasse d'un seul regard les deux éléments de l'architecture, qui ne peuvent être impunément séparés l'un de l'autre ; M. Duban, en croyant subordonner l'utilité à la beauté comme une donnée secondaire à une donnée capitale, ne réussit pas même à réaliser ce vœu que le bon sens désavoue, car la beauté, même dans les arts qu'on est convenu d'appeler arts d'imitation, ne peut être envisagée d'une façon égoïste. Dans la Vénus de Milo comme dans le Thésée, dans la Diane chasseresse comme dans le Gladiateur, la beauté des formes exprime la mollesse ou l'énergie, la souplesse ou la vigueur. La beauté si diverse de ces personnages offre un sens déterminé, c'est-à-dire, en d'autres termes, que la forme exprime la nature habituelle des mouvements. Or, il n'est pas difficile de saisir l'analogie qui unit l'utilité et cette expression déterminée. Toute beauté qui ne repose pas sur un pareil fondement est une beauté capricieuse et incomplète.

A vrai dire, nous savions depuis longtemps à quoi nous en tenir sur le goût et l'habileté de M. Duban. L'École des Beaux-Arts de Paris disait assez clairement, assez nettement ce qu'il pouvait faire. Cette école, pour l'achèvement de laquelle l'État a dépensé une somme considérable, n'a pas de caractère déterminé. Le visiteur, en pénétrant dans la première cour, éprouve une impression singulière : il croit voir tout danser autour de lui. Tous les éléments de cet édifice sont en effet si étrangement disposés, que rien ne paraît occuper une place nécessaire. Je ne veux pas méconnaître les difficultés que présentait l'achèvement de l'École. La façade du château d'Anet, le fragment du château de Gaillon, conservés comme de précieux échantillons de la renaissance, devaient nécessairement gêner la liberté de l'architecte. J'ajouterai, pour n'être pas accusé d'injustice, que les travaux avaient été commencés par M. Huyot. Toutefois, malgré la façade d'Anet, malgré le fragment de Gaillon, malgré les travaux de M. Huyot, je suis pleinement convaincu que M. Duban, guidé par un goût sévère que par malheur il n'a jamais connu, pouvait faire de l'École des Beaux-Arts quelque chose de sensé. Or le monument qui porte aujourd'hui ce nom pompeux ne le justifie guère. Cette école, destinée à l'enseignement des arts du dessin, parmi lesquels l'architecture n'occupe certainement pas le dernier rang, envisagée sous le triple aspect du plan, de l'élévation et de la coupe, n'offre elle-même qu'un pitoyable enseignement. Distribution des salles, décoration extérieure et intérieure, tout est livré au caprice, rien ne relève d'une raison prévoyante. Mille détails étudiés et rendus avec coquetterie, rien qui exprime la destination du monument, car les bustes de Puget et de Nicolas Poussin ne suffisent pas pour marquer le but de cette construction. Le grand escalier qui mène au premier étage, vanté d'abord avec tant de fracas, n'est, à proprement parler, qu'une carte d'échantillons. Toutes ces plaques de marbre encastrées dans les murailles n'ont guère plus de valeur aux yeux d'un homme de goût qu'un habit d'arlequin. Il n'y a là rien qui ressemble à une véritable décoration, rien qui mérite une attention sérieuse. Le plafond de la salle destinée à l'exposition des ouvrages de peinture n'est pas conçu d'une façon plus sévère. De gais convives ou de joyeux danseurs seraient tout aussi bien placés dans cette salle que les tableaux des élèves, et je persiste à croire que toute œuvre d'architecture doit porter, à l'intérieur comme à l'extérieur, le signe de sa destination. M. Duban, qui a vécu cinq ans en Italie comme pensionnaire, ne l'ignore sans doute pas. Pourquoi donc se conduit-il absolument comme s'il l'ignorait?

Parlerai-je d'une salle du rez-de-chaussée qui devait offrir à l'étude les bas-reliefs moulés en Italie, et qui demeure aujourd'hui sans usage, pour une raison qui n'admet pas de réplique, parce que le plafond, qui n'avait à porter qu'un seul étage, ne s'est pas trouvé avoir les épaules assez fortes? Le plafond a fléchi et ne conserve un semblant d'existence que grâce aux arbres de fonte qui sont venus étayer sa faiblesse. Si M. Duban, au lieu de perdre son temps à disposer sur les parois du grand escalier tous les échantillons de marbre qu'il pouvait rencontrer, eût pris la peine d'étudier ou de se rappeler les lois de la statique, dont l'architecture ne saurait se passer, s'il eût mesuré l'armature du plafond au poids du premier étage, cette salle, aujourd'hui condamnée comme inutile, nous présenterait un choix de bas-reliefs empruntés soit à l'antiquité, soit à la renaissance. Livré tout entier au soin d'éblouir, il a négligé une condition prosaïque et vulgaire : la solidité de l'édifice. L'exemple de M. Debret n'aurait pourtant pas dû être perdu pour lui. La mésaventure du clocher de Saint-Denis, qui très-heureusement s'est écroulé à l'heure où les bourgeois étaient encore dans leurs lits, aurait dû lui montrer toute l'importance de cette condition vulgaire qui s'appelle solidité ; mais M. Duban ne daigne pas descendre jusqu'à ces détails mesquins. Son ambition vise plus haut : il prétend ressusciter l'architecture de la renaissance. Lors même que cette prétention serait justifiée, M. Duban n'aurait pas de place marquée dans l'histoire de son art. La résurrection du passé ne suffira jamais pour assurer la durée d'un nom ; mais il s'en faut de beaucoup qu'il ait retrouvé la fantaisie élégante et ingénieuse de la renaissance, car, sous Louis XII, sous François Ier, même sous Henri IV, les architectes, dans leurs caprices les plus hardis, n'ont jamais perdu de vue l'harmonie et l'unité, et l'École des Beaux-Arts n'offre rien de pareil. Quant à la solidité des édifices, ils n'en faisaient pas fi. Ainsi M. Duban, qui dédaigne les conditions prosaïques de l'architecture, n'en connaît pas mieux les conditions poétiques. Il néglige, il méconnaît l'utile sans rencontrer le beau. Anet, Gaillon, Moret, Amboise, Fontainebleau, ont amusé son esprit sans l'instruire, sans lui révéler les lois fondamentales sur lesquelles repose l'expression de la pensée, quelle que soit d'ailleurs la forme choisie, peinture, statuaire ou architecture. La coquetterie la plus exquise, les détails les plus charmants, ne dissimuleront jamais l'absence d'unité, et l'unité manque à l'œuvre de M. Duban. Rien de plus simple, rien de plus facile à comprendre : l'auteur de l'École des Beaux-Arts n'a jamais rien créé. Depuis qu'il manie le compas et l'équerre, il n'a jamais distingué l'imagination de la mémoire ; pour lui, inventer et se souvenir sont une seule et même chose. Il n'est donc pas étonnant que l'unité manque à tous ses travaux, car l'unité n'appartient qu'aux pensées librement conçues, librement écloses, librement épanouies. Conception, éclosion, épanouissement, trois faits que l'imagination peut revendiquer, et qui n'ont rien à démêler avec la mémoire. A cet égard, la renaissance est du même avis que l'antiquité.

Si de l'intérieur du Musée nous passons à l'extérieur, nous aurons un singulier spectacle. Je dis nous aurons, car les travaux sont encore enveloppés de charpente, et nous ne pourrons les voir librement que dans quelques mois ; mais les projets de M. Duban ne sont un mystère pour personne. Autant il s'est montré hardi à sa manière dans l'intérieur du Musée, autant il se montre timide dans la restauration des frontons qui font face au quai. Au lieu d'offrir aux jeunes statuaires l'occasion de prouver leur savoir et leur talent, il s'est borné à estamper les frontons achevés depuis longtemps, pour obtenir des répliques. Un tel procédé se conçoit tout au plus lorsqu'il s'agit du portail d'une cathédrale : la tradition de la sculpture gothique est à peu près perdue, et pourtant il vaudrait mieux laisser libre carrière à la fantaisie de l'artiste, en l'obligeant toutefois à respecter la donnée générale du monument; car Notre-Dame de Reims, Notre-Dame de Paris, Notre-Dame de Rouen se recommandent par une étonnante variété, et jamais, dans la restauration de ces œuvres puissantes, l'estampage ne pourra suppléer l'invention. Pour la galerie qui unit le vieux Louvre aux Tuileries, un tel procédé se conçoit encore plus difficilement. M. Duban réduit la tâche des statuaires à la tâche d'un praticien. Ils mettront au point les modèles trouvés dans les greniers du Louvre, et devront s'estimer trop heureux d'être payés à la journée. Comment expliquer une telle pusillanimité après une telle audace? Comment concilier une telle abnégation avec une telle hardiesse d'initiative? Faut-il croire que M. Duban, ayant épuisé tous les trésors de son imagination dans la décoration intérieure du Musée, s'est senti saisi d'une soudaine lassitude? Je serais tenté de le penser; après ce prodigieux enfantement, le repos lui était bien permis. A peine l'œil le plus attentif peut-il signaler çà et là quelques caprices inattendus, quelques œils-de-bœuf qui ne s'accordent pas précisément avec le style du vieux Louvre, et que rien ne motive. Les parties vermiculées sont rafraîchies avec un soin particulier, qui ne manquera pas de réjouir les badauds. La teinte sombre que le temps avait donnée à la pierre a disparu sous le grattoir, et c'est une bonne fortune pour ceux qui aiment les murailles neuves. Pour moi, je n'hésite pas à condamner sans restriction cette manie de rajeunissement; c'est une niaiserie qui devrait être bannie de tous les programmes de restauration.

Ainsi, la décoration du Musée, incohérente au dedans, timide à l'extérieur, établit clairement l'insuffisance de M. Duban, et tous les vrais amis de l'architecture ont droit de regretter qu'il ait été chargé d'une tâche si délicate. Personne, je l'espère, ne m'accusera de parler légèrement, car j'ai pris la peine de justifier mon opinion par une analyse patiente. Je n'ai rien avancé sans preuves, et chacun peut juger mon jugement.

Les travaux de la cour sont tellement ridicules, qu'il est inutile d'en parler. Ces triangles de gazon, entourés d'une guipure de fer qui ne verront jamais une fleur s'épanouir, donnent au Louvre l'apparence d'un cimetière, et la fontaine qui doit remplacer la statue du duc d'Orléans ne fécondera pas leur stérilité. Si M. Duban eût pris conseil d'un jardinier, il n'aurait jamais imaginé cette burlesque décoration, dont le bon sens public a déjà fait justice. Il nous reste à souhaiter qu'elle disparaisse bientôt.

Je reviens au Musée. Le salon carré et la salle des sept cheminées ont dévoré des sommes énormes, et cette dépense est d'autant plus regrettable, que les travaux offerts à notre admiration rétive ont été précédés de nombreux tâtonnements. Encore si ces tâtonnements n'avaient coûté qu'une rame de papier, nous pourrions nous résigner à l'indulgence. Si l'architecte, suivant l'exemple des médecins qui éprouvent une substance nouvelle sur une vile créature avant de l'appliquer au traitement des maladies humaines, eût confié ses doutes au vélin, qui souffre tout et ne ruine personne, nous pourrions compatir à son échec; mais, pour nous servir d'une expression vulgaire, il a taillé en plein drap. C'est sur les murailles mêmes du Louvre qu'il a essayé son savoir. Les travaux que nous avons sous les yeux représentent tou au plus le tiers de la dépense, car ils ont été recommencés plusieurs fois, et, lors même qu'ils seraient nés d'une inspiration soudaine, ils ne mériteraient pas l'indulgence des connaisseurs.

Avec la moitié de la somme dépensée, le Musée pouvait s'enrichir, se compléter; il pouvait acquérir en Italie, en Espagne, en Hollande, en Allemagne, des échantillons précieux des maîtres qui lui manquent, ou ne sont pas représentés d'une façon digne de leur nom. Des Murillo, des Velasquez, des Ribeira, des Van Hemling, des Albert Durer, les maîtres primitifs de l'Italie, voilà ce qu'il fallait chercher, ce qu'il fallait trouver pour compléter le Musée de Paris. L'argent prodigué pour de telles acquisitions n'eût soulevé aucun murmure, n'eût excité aucune raillerie. Les travaux de M. Duban ne sont, pour les yeux les moins sévères, qu'une fastueuse inutilité. Le mal est accompli, force nous est de l'accepter. Espérons toutefois que l'improbation publique dessillera les yeux des hommes à qui est confiée la tâche délicate d'entretenir et d'embellir les monuments dont la France se glorifie, et qu'ils choisiront désormais un artiste plus savant et plus sensé que M. Duban : c'est le vœu de tous les esprits qui, dans l'art comme dans la poésie, préfèrent l'harmonie au clinquant.

1851.

XXII

PIERRE PUGET

La vie de Pierre Puget s'accorde merveilleusement avec la nature de ses ouvrages. Ses études, ses épreuves, ses souffrances expliquent très-bien l'indépendance de son génie. Bien que les figures taillées par son ciseau offrent par elles-mêmes un intérêt assez puissant pour défrayer la plus large discussion, il n'est cependant pas hors de propos de rappeler en quelques pages la vie de cet artiste éminent; car le style de ses ouvrages n'est que l'image de son caractère. L'homme et le statuaire s'interprètent mutuellement avec une rare précision. Passionné pour l'indépendance, Puget n'a jamais tenu compte, dans ses actions comme dans ses ouvrages, que de ses idées personnelles, et le récit de sa vie est un des plus nobles exemples qui se puissent proposer. Placé en apprentissage, à l'âge de quatorze ans, chez un sculpteur en bois nommé Roman, dont la principale occupation était d'orner les proues des navires, il s'est élevé par son travail, par sa persévérance, jusqu'aux plus hautes conceptions de son art. La fortune n'avait rien fait pour lui. Sa famille, quoique investie trois fois des honneurs consulaires dans la ville de Marseille, était réduite à la pauvreté. Pierre Puget, par son énergie, sut triompher de toutes les difficultés. Après deux ans d'apprentissage, il en savait autant que son maître, et le comte de Dreux-Brézé lui confiait non pas la proue, mais la construction entière d'un navire. Ainsi le jeune élève de Roman avait su mener de front les études plastiques et les études mathématiques. Il ne s'était pas occupé seulement de la sculpture d'ornement, mais des conditions scientifiques de la construction navale. Quel fut son guide dans cette voie nouvelle? La tradition est muette. Il est donc permis de penser qu'il n'eut d'autre maître que lui-même. Cependant les éloges prodigués à ses travaux ne l'avaient pas enivré. Malgré les applaudissements légitimes qu'il recueillait, il sentait le besoin de voir l'Italie pour compléter son éducation. Ses travaux, à peine récompensés, lui rendaient le voyage difficile, et pourtant il n'hésita pas. Parti à pied, muni d'une bourse assez maigre, avec l'espérance d'aller jusqu'à Rome, il fut forcé de s'arrêter à Florence: sa bourse était épuisée. Déjà, pour subvenir aux besoins les plus impérieux, il avait mis ses hardes en gage, lorsque l'idée lui vint de se présenter chez un sculpteur en bois et de demander de l'ouvrage. Le maître l'accueillit avec un dédain railleur. « Je le veux bien, si vous êtes capable. » Pour toute réponse, Puget prit une feuille de papier et improvisa, au grand étonnement de son hôte, une série de projets imprévus et variés. Ornements, bas-reliefs, figures en ronde-bosse naissaient en profusion sous sa main, et le maître n'hésita pas à lui confier de nombreux travaux. Au bout de quelque temps, Puget n'avait plus rien à souhaiter pour son bien-être matériel; son maître le traitait comme un fils.

Cependant le jeune Marseillais n'avait pas renoncé à son rêve. Il voulait voir Rome et contempler à loisir tous les monuments de l'art antique réunis au Vatican et au Capitole. C'était là son ambition; les promesses les plus séduisantes ne pouvaient l'en distraire. Au lieu donc de rester à Florence, où la fortune lui souriait, il partit pour Rome avec une lettre de son maître pour Pietro de Cortone qui jouissait alors d'un grand crédit. Tous ceux qui ont visité Rome savent à quoi s'en tenir sur le talent et le savoir de ce peintre si vanté par ses contemporains. Le plafond du palais Barberini, admiré d'abord comme une des plus vastes machines dont l'histoire ait gardé le souvenir, n'obtient pas aujourd'hui les suffrages des connaisseurs. La tradition signale dans cette œuvre plusieurs figures qui seraient de la main de Puget. Les moyens de contrôle nous manquent absolument : aussi ne prendrai-je pas la peine de discuter le mérite de ces figures et de les comparer aux œuvres authentiques du statuaire que j'étudie. Tout ce que je peux affirmer sans crainte d'être démenti, c'est que le style de Pietro ne s'accorde guère avec le style de Puget. Le plafond du palais Barberini a quelque chose de théâtral qui ne se retrouve pas dans les œuvres de Puget, et pourtant Pietro conçut rapidement une vive affection pour le jeune Marseillais. Les biographes nous apprennent que, pour le retenir près de lui, il lui offrit sa fille unique avec une riche dot; mais Puget, satisfait du fruit de ses études, sentait le mal du pays et voulait retourner à Marseille. Son désir le plus impérieux était de montrer à ses concitoyens le savoir qu'il avait amassé dans son voyage, et les offres de Pietro ne purent ébranler sa résolution.

Il nous serait difficile d'estimer d'une manière précise l'influence du maître italien sur Puget, car les tableaux exécutés par son élève sont presque tous dispersés en Provence, et les galeries publiques n'en possèdent qu'un petit nombre. Je renonce d'ailleurs sans regret à l'analyse de ses tableaux, car les panégyristes les plus complaisants n'osent pas les comparer à ses œuvres de sculpture. Et bien que l'élève de Roman et de Pietro de Cortone ait cultivé, comme Michel-Ange, les trois arts du dessin, c'est comme statuaire seulement qu'il occupe un rang éminent dans l'histoire de notre pays. Ses travaux d'architecture et de peinture, admirés à Marseille et à Toulon, ne dessinent pas sa physionomie aussi nettement que ses travaux de sculpture, et c'est à ces derniers seulement que je veux demander le secret de son génie. C'est dans le marbre qu'il a révélé toute sa pensée. La couleur et la pierre ne l'ont exprimée que d'une façon incomplète, et pourtant, chose singulière, Puget préférait l'architecture à la peinture, et la peinture à la statuaire.

A peine revenu à Marseille, son premier soin fut de faire le portrait de sa mère, qui se trouve à Aix dans le cabinet d'un amateur, et présente avec l'auteur même une frappante ressemblance. N'ayant pas de travaux commandés, comme il occupait ses loisirs à dessiner des projets de vaisseaux, des officiers de marine qui avaient entendu parler de son talent précoce pour les constructions navales, le recommandèrent au comte de Brézé, grand amiral de France. Le comte l'appela près de lui à Toulon, et le pria d'exécuter pour lui le navire le plus riche qu'il pourrait imaginer. Ce fut alors que Puget, libre enfin de déployer son génie, conçut pour la poupe le projet d'une double galerie ornée de bas-reliefs et de figures en ronde-bosse. L'invention des armes à feu avait singulièrement appauvri le caractère des navires. Les ingénieurs n'avaient plus en vue qu'un seul but : la solidité. Il s'agissait avant tout de résister à l'artillerie, et d'offrir aux boulets une coque difficile à entamer. Puget, tout en tenant compte des données de la science, résolut d'allier à la solidité l'élégance et la richesse, et sa pensée se traduisit sous une forme si attrayante et si sage, tout à la fois, qu'elle réunit tous les suffrages. Le modèle de ce navire devint bientôt populaire dans toute l'Europe, et fut reproduit, avec des variantes sans importance, dans les ports de l'Océan et de la Méditerranée. Les bas-reliefs et les figures ronde-bosse composaient une allégorie en l'honneur d'Anne d'Autriche, nommée régente du royaume, et le bâtiment, qui portait soixante canons, prit le nom de *la Reine*. Les nombreux dessins conservés dans plusieurs villes de Provence, où se lisent tous les caprices de cette riche imagination, nous expliquent l'enthousiasme excité par la poupe de *la Reine*. Et d'ailleurs nous possédons un document plus précis : l'arsenal de Toulon garde avec un soin jaloux des figures sculptées en bois, de la main de Puget, détachées d'un navire construit par lui. Hardiesse, élégance, tout se trouve réuni dans ces débris précieux. Ce qui frappe tous les yeux dans ce travail qui appartient à la jeunesse de l'auteur, c'est la vie qu'il a su donner au bois : il a rendu toutes les parties du corps avec une souplesse merveilleuse.

Le vaisseau *la Reine* était achevé en 1643 : Puget n'avait encore que vingt et un ans. Mis en apprentissage chez Roman, à l'âge de quatorze ans, dans le court espace de sept années il était devenu maître consommé dans l'art qu'il avait embrassé. En attendant que le hasard offrît à son ciseau une matière plus riche et plus durable, en attendant qu'un protecteur éclairé lui fournît un bloc de marbre, il se contentait modestement de sculpter des poupes de navire, et ne songeait pas à se plaindre de l'injustice ou de l'ignorance de ses contemporains. Instruit par le spectacle de Florence et de Rome, familiarisé avec les monuments de l'art antique, il fouillait le bois, puisque le marbre lui manquait, et n'accusait pas son pays de le méconnaître. Il était soutenu dans ses travaux par une foi vive et sincère. Trop sensé, trop savant pour croire qu'il n'avait plus rien à apprendre, il avait la conscience de sa force et ne désespérait pas de l'avenir. C'est pourquoi je ne crains pas de recommander la jeunesse de Puget comme un enseignement moral : il y a dans les débris conservés à l'arsenal de Toulon quelque chose de plus que l'expression du génie, l'expression d'un caractère vigoureux, d'une âme fortement trempée. Pour un maigre salaire, l'élève de Roman n'hésitait pas à prodiguer les trésors de son imagination : il ne mesurait pas les difficultés de sa tâche à la récompense promise, mais au besoin impérieux qui le dominait, au besoin de devenir le premier dans son art. Il avait vu dans les galeries, sur les places publiques de Rome, les œuvres efféminées de Bernin, et s'était donné pour mission de réagir contre le faux goût introduit dans la sculpture par ces œuvres si follement vantées. Et pour atteindre ce but glorieux, pour détromper la France, qui partageait l'engouement de l'Italie, il ne négligeait aucune occasion : il demandait au chêne, au poirier ce qu'il espérait demander plus tard au Paros et au Carrare. Tritons, néréides, tout lui était bon, pourvu qu'il pût exprimer la vie sous la forme la plus abondante, la plus énergique. Malgré le juste sentiment de son génie, il ne croyait pas déroger en sculptant des poupes de navire. Il savait bien qu'à deux cents lieues de Marseille, des hommes qui ne le valaient pas, qui ne possédaient pas la moitié de son savoir, étaient chargés de la décoration des monuments publics et des parcs royaux, et cependant il ne songeait pas à s'en indigner ; quelque chose lui disait qu'un jour sa supériorité serait reconnue, proclamée, et, pour hâter l'heure de la justice et de la réparation, il travaillait sans relâche. Un esprit moins élevé eût perdu courage ; Puget trouvait dans le travail même sa plus douce récompense : produire, produire à toute heure était pour lui une joie que l'ignorance et l'injustice ne pouvaient lui enlever. Seul avec sa pensée, trouvant dans sa main puissante un interprète fidèle, il se consolait de n'être pas à sa place, il s'interdisait toute plainte comme un signe de faiblesse, et chaque figure qui naissait sous son ciseau le confirmait dans ses espérances. Il élevait jusqu'à la dignité de l'art les travaux confiés trop souvent à des ouvriers dont la main n'est pas conduite par la pensée et reproduit docilement des types consacrés. Il agrandissait à plaisir la tâche qui lui était confiée, et trouvait dans ce surcroît de besogne une joie fière et féconde : l'orgueil de se sentir supérieur à sa condition doublait son ardeur et ses forces.

Puget achevait les dernières figures de *la Reine*, lorsqu'un religieux de l'ordre des Feuillants, chargé par Anne d'Autriche de faire dessiner les principaux monuments de Rome, le prit avec lui et l'emmena en Italie. Ce fut alors que se développa chez le jeune Marseillais un goût passionné pour l'architecture. Il employait toutes ses journées à mesurer, à reproduire, sur le papier ou sur la toile, tous les débris de l'antiquité qui s'offraient à ses yeux. Chose singulière pour la foule, et qui pourtant n'étonnera pas les esprits familiarisés avec la biographie des artistes célèbres, Puget, pendant le second séjour qu'il fit à Rome, avait ainsi réglé l'emploi de sa vie : l'architecture devait occuper la meilleure partie de son temps, la peinture ses loisirs. Quant à la sculpture, il ne songeait pas à la pratiquer d'une manière suivie. Il suffit de rappeler Milton préférant le *Paradis reconquis* au *Paradis perdu*. Puget se méprenait alors sur sa véritable vocation, comme le secrétaire de Cromwell se méprenait sur la valeur de ses œuvres. Comme il revenait en France, il fut retenu à Gênes par les offres les plus flatteuses. Les familles Sauli et Lomellini s'engagèrent à lui faire une pension annuelle de trois mille six cents livres, et à payer généreusement les œuvres qu'il voudrait bien exécuter. Tous ceux qui ont visité les églises de Gênes ont gardé le souvenir du *Saint Sébastien* et de l'*Alessandro Sauli*, placés à Sainte-Marie de Carignan. Ces morceaux, d'une importance capitale, sont les premiers que Puget ait sculptés dans le marbre; jusque-là il n'avait fouillé que le bois. Il y a dans ces deux statues une élégance, une énergie que personne ne pourra méconnaître. Comblé d'honneurs, assuré de trouver la gloire et la richesse dans cette seconde patrie, il n'hésita pourtant pas à revenir en France, dès que Colbert l'eut nommé directeur des constructions navales à Toulon. Les biographes racontent, à propos de cette nomination, une anecdote assez curieuse : ce serait sur la recommandation du cavalier Bernin que l'ancien secrétaire de Mazarin se serait décidé à rappeler en France l'élève de Roman. Le sculpteur italien, en voyant les travaux du jeune Marseillais, aurait eu le bon sens et la générosité de déclarer qu'il ne comprenait pas comment le roi s'adressait à des étrangers, lorsqu'il avait sous la main des hommes d'un tel mérite. Ces paroles font d'autant plus d'honneur au cavalier Bernin, que la manière de Puget n'a rien de commun avec la manière du sculpteur italien. Je ne parle pas des statues placées sur le pont Saint-Ange, dont toutes les draperies sont agitées capricieusement par un vent furieux qui s'échapperait de la plinthe. Je prends les meilleurs ouvrages de Bernin, ceux mêmes qui ont réuni, parmi les connaisseurs les plus exercés, de nombreux suffrages, la *Daphné* de la villa Borghèse et la *Sainte Thérèse* qui se voit à Sainte-Marie de la Victoire. Ces deux morceaux, qui se recommandent d'ailleurs sinon par un goût sévère, du moins par une rare souplesse d'exécution, n'offrent pas la moindre analogie avec le style de Puget. Et pourtant, sans les paroles de Bernin, Colbert n'aurait pas songé à Puget.

A peine arrivé à Toulon, le jeune Marseillais fut chargé de la construction et de la décoration du vaisseau *le Magnifique*, de 104 canons. Comme le duc de Beaufort, qui devait bientôt trouver la mort sur ce bâtiment, manifestait son impatience en voyant que les travaux se prolongeaient au delà de ses calculs, Puget, blessé dans son orgueil, ne put s'empêcher de lui dire : « Si votre altesse n'est pas contente de mes services, je la prie de me donner mon congé. » Le duc, étonné d'une telle hardiesse, répondit sèchement : « Le roi ne retient personne contre son gré. » Puget prit le prince au mot et rentra dans sa maison. Il s'occupait déjà à faire ses malles pour retourner à Marseille lorsque le duc, comprenant sa méprise, lui députa un de ses pages pour le prier de revenir à l'arsenal. Dès que Puget parut, le prince s'avança vers lui, l'embrassa, en témoignant le désir que tout fût oublié. La rancune légitime de l'artiste ne pouvait tenir contre une démonstration si affectueuse : il se remit à l'œuvre et acheva en quelques mois la poupe du *Magnifique*. Malheureusement le temps nous a envié les débris de cet admirable navire, dont les contemporains s'accordent à louer sans réserve la hardiesse et la majesté. Les figures qui soutenaient la double galerie de la poupe n'avaient pas moins de vingt pieds. Le vaisseau périt dans une bataille navale, et les colosses taillés par la main de Puget sont enfouis au fond de la mer. J'ai rapporté fidèlement les paroles du duc de Beaufort et la réponse de l'artiste, pour dessiner en traits précis ce caractère indépendant. Quelle que fût en effet son ardeur pour la gloire, il mettait au-dessus de tout sa dignité personnelle. Il s'estimait trop haut pour entendre de sang-froid des paroles hautaines, et j'aime à penser que la fierté de son âme est pour beaucoup dans la grandeur de ses œuvres. Michel-Ange avait tenu la même conduite envers Jules II, lorsque le pape s'indignait de sa lenteur, et Jules II, pour obtenir l'achèvement de la Sixtine, avait été forcé de le poursuivre jusqu'à Bologne. De pareils traits méritent d'être recueillis, parce que l'homme explique l'artiste. Un homme servile n'enfantera jamais que des œuvres vulgaires; tout homme qui a conscience de sa valeur doit garder son rang.

Cependant la réconciliation de Puget avec le duc de Beaufort ne le mit pas à l'abri de nouvelles épreuves. Il avait obtenu la construction d'un arsenal dans le port de Toulon, et ses dessins avaient été approuvés par le duc de Vendôme, commandant général des galères, et par le ministre de la marine. Déjà même il avait achevé en quelques mois une magnifique salle d'armes, lorsque le gouverneur de la province, poussé par ses rivaux, suscita des difficultés inattendues. La construction de l'arsenal fut suspendue provisoirement, et ses rivaux, pour triompher plus sûrement de sa patience, mirent le feu à la salle d'armes. Puget, désespéré, quitta Toulon en toute hâte et reprit la route de Marseille. Pendant qu'il dirigeait la décoration des vaisseaux, il avait obtenu de Colbert trois blocs de marbre de Carrare destinés aux travaux de Versailles, et dans l'un des blocs il avait ébauché Milon de Crotone dévoré par un lion. Lenôtre, qui vit cette ébauche, en parla si vivement à Louvois, à Colbert, au roi lui-même, que Puget reçut l'ordre de l'achever pour le parc de Versailles. Ce travail, qui établit la renommée de l'auteur sur des bases durables, ne fut achevé qu'en 1683, c'est-à-dire que Puget, lorsqu'il donna le dernier coup de ciseau, n'avait pas moins de soixante ans : il avait attendu bien longtemps le jour de la justice. On lit avec étonnement dans les mémoires du père Bougerel sur quelques hommes illustres de Provence, toutes les pièces qui se rapportent à cette œuvre importante. Puget n'était pas présent à Versailles lorsque le *Milon* fut découvert. La reine Marie-Thérèse, en voyant l'athlète dévoré par le lion, ne put retenir un cri d'effroi et de compassion : « Ah! le pauvre homme! » Toute la cour comprit qu'elle devait se mettre à l'unisson, et Puget fut proclamé souverainement habile par ceux mêmes qui lui préféraient Girardon. Lebrun, premier peintre du roi, transmit à Puget l'opinion de la cour. « Sa Majesté m'ayant fait l'honneur de me demander mon sentiment, je n'ai pas hésité à témoigner mon admiration, et j'ai tâché de lui montrer tous les mérites de cet ouvrage; car, en vérité, cette figure est fort belle. J'espère que vous voudrez bien me donner une part de votre amitié. L'affection d'une personne de vertu comme vous m'est plus chère que celle des personnes les plus qualifiées de notre cour. » Telles sont les expressions rapportées par le père Bougerel. Le roi était si enchanté du *Milon*, qu'il chargea Louvois d'écrire à l'auteur pour lui demander quelque nouvelle figure qui pût servir de pendant et en même temps de savoir son âge. La réponse de Puget est pleine à la fois de grandeur et de naïveté. Il commence par décrire en quelques lignes son groupe d'*Andromède et Persée*. Il parle de ses projets pour l'embellissement de Versailles, d'un Apollon colossal de trente-huit pieds de haut, qui devait se tenir debout sur des rochers couverts de tritons et de néréides. « Toutefois, ajoute-t-il, avant de rien décider sur la valeur et l'avenir de ces projets, il convient d'attendre l'achèvement de mon *Andromède*. Alors, je l'espère, vous serez plus facilement persuadé de ma suffisance. » Il ne dit rien des œuvres dont il avait enrichi les églises de Gênes. Répondant à la question de Louvois sur son âge, il ne peut se défendre d'un mouvement d'orgueil que personne ne pourra condamner : « J'ai soixante ans, monseigneur, mais j'ai des forces et du courage pour servir encore longtemps. Je suis nourri aux grandes œuvres, et je nage quand j'y travaille. Pour gros que soit le bloc, il tremble sous mon ciseau. » L'*Andromède* fut terminée en 1685 et présentée à Versailles par le fils de l'auteur, François Puget. Louis XIV, qui savait distribuer à propos les éloges, rendit pleine justice à l'œuvre nouvelle. « Votre père, monsieur, dit-il à François, est grand et illustre. Il n'y a pas un artiste en Europe qui puisse lui être comparé. » Il n'y avait rien d'exagéré dans ces louanges. Malheureusement la générosité du monarque ne répondait pas à l'éclat de ses paroles. Les 15,000 livres données pour l'*Andromède* couvrirent à peine les déboursés; et le placet, présenté par le statuaire sept ans plus tard, où il exposait l'insuffisance d'une telle rémunération, demeura sans réponse. Cependant le roi, qui aimait sincèrement le talent de Puget, lui demanda son bas-relief d'*Alexandre et Diogène*, dont l'esquisse avait été vue par Lenôtre comme l'ébauche du *Milon*. Ce bas-relief fut terminé en 1688. Puget n'avait pas encore mis les pieds à la cour, lorsqu'un projet de décoration pour Marseille, accueilli d'abord, puis refusé, l'obligea de quitter sa patrie pour demander justice. Il s'agissait d'une statue équestre de Louis XIV, dont Puget avait donné le modèle, et qu'il devait exécuter dans des proportions colossales. Déjà le contrat était passé et le prix du travail arrêté à 150,000 livres, lorsqu'un sculpteur obscur, Clérion, dont le nom ne serait pas venu jusqu'à nous sans cette circonstance, offrit un rabais de 12,000 livres. Les échevins déchirèrent le contrat passé avec Puget, et l'artiste, indigné de leur mauvaise foi, partit pour Versailles. Accueilli avec empressement par toute la cour, présenté au roi, comblé d'éloges, il reçut des mains de Louis XIV une médaille d'or, portant d'un côté l'effigie royale et de l'autre ces deux mots : *Publica Felicitas*. Louis XIV aimait à se louer lui-même et n'attendait pas qu'on le remerciât de la prospérité publique.

Toutefois, malgré toutes ces preuves de bienveillance, Puget ne put obtenir l'exécution du contrat passé avec les échevins de Marseille, et Clérion, qui l'avait supplanté, ne fut pas plus heureux. Nous devons d'autant plus regretter la mésaventure de Puget en cette occasion, que la statue de Louis XIV n'eût pas manqué de nous montrer son savoir sous un aspect nouveau. Le cheval devait être lancé au galop et, si les lois de la statique l'eussent exigé, soutenu par des figures de nations vaincues. L'esquisse en terre cuite de cette œuvre colossale se conserve encore, en Provence, dans le cabinet d'un amateur éclairé. Après avoir construit dans le quartier des Acoules la halle aux poissons dont il avait obtenu l'adjudication pour 8,300 livres, et qui porte aujourd'hui son nom, après avoir sculpté pour la façade de l'hôtel de ville les armes de France accostées de deux anges, il passa les dernières années de sa vie dans la retraite, entouré de ses amis. Il avait construit pour sa famille une maison d'un style sévère, dont la façade était ornée du buste du Christ. Au-dessous du buste se lit cette inscription dont Puget paraît avoir fait sa devise : « Nul bien sans peine. »

Telle est la vie de cet artiste éminent, dont il nous reste à examiner les œuvres. C'est là, comme on le voit, une vie pleine d'épreuves. Puget n'a jamais connu la richesse, et la statue équestre de Louis XIV, lors même qu'il l'eût exécutée au prix convenu, ne lui aurait pas donné dix arpents d'oliviers, car, pour 150,000 livres il s'était engagé à livrer la statue fondue, et le cheval devait avoir vingt pieds du sabot au garrot. Ceux qui connaissent le prix de la main-d'œuvre savent ce qu'il aurait gagné, dans l'accomplissement d'un tel marché. Mais il a connu la gloire, et ce que disent plusieurs biographes de l'indifférence de ses contemporains ne s'accorde guère avec les traits que j'ai rapportés. Il avait conscience de sa valeur et n'hésitait jamais à parler de lui-même avec une noble fierté. Un jour que Louvois s'étonnait du prix qu'il avait demandé pour une de ses œuvres, et ajoutait d'un ton railleur : Pour ce prix-là, le roi aurait un général, il répondit : « Le roi n'aurait pas de peine à trouver un général parmi les excellents officiers qu'il possède dans son armée, mais le roi ne peut faire un second Puget. » Lorsqu'il vint solliciter à Versailles l'exécution du contrat passé avec les échevins de Marseille, Mansart lui offrait la préférence, s'il voulait accepter les conditions proposées par Clérion. « Me comparer à Clérion ! s'écria Puget, y pensez-vous ? Il n'y a que deux hommes à qui vous puissiez me comparer : l'Algarde et Bernin. » Est-il probable que Puget prît Bernin pour son égal? Il est au moins permis d'en douter. J'aime mieux croire que la reconnaissance parlait seule dans cette occasion. S'il eût été pleinement convaincu de ce qu'il affirmait, il n'eût pas fait son *Milon*.

Sans doute pour étudier le talent de Puget, il vaudrait mieux avoir sous les yeux toutes les œuvres du maître illustre. Cependant celles que nous possédons à Paris et qui sont réunies dans une salle du Louvre suffisent amplement à la discussion. Ce qui nous manque, soumis à l'analyse la plus sévère, ne modifierait pas nos conclusions. Cependant je m'étonne que l'administration, qui a fait mouler à grands frais la belle cheminée de Bruges, très-digne assurément d'un tel honneur, n'ait pas encore songé à faire mouler les œuvres de Puget qui décorent les églises de Gênes. Le *Saint Sébastien*, l'*Alessandro Sauli*, l'*Assomption de la Vierge*, mériteraient, à coup sûr, de figurer au Louvre, entre le *Milon* et l'*Andromède*. Je crois même devoir ajouter que ces morceaux ont plus d'importance que les caryatides de Toulon qu'on a pris soin de mouler. La cheminée de Bruges est une excellente acquisition ; le *Saint Sébas-*

tien, l'*Alessandro Sauli*, l'*Assomption de la Vierge*, offriraient aux statuaires un sujet d'étude plus sérieux et plus fécond; car il y a dans ces trois ouvrages une grandeur, une sévérité de style que nous retrouvons, il est vrai, dans les morceaux placés au Louvre, mais qui se révèlent, je crois, d'une manière plus évidente à Sainte-Marie de Carignan, à l'*albergo de' Poveri*, que dans la salle du Louvre baptisée du nom de Puget. Le moulage de ces compositions serait donc de l'argent bien placé. Il serait plus facile encore, et non moins utile assurément, de mouler *la Peste de Milan*, bas-relief placé aujourd'hui dans le bureau de la santé à Marseille. A ne considérer que les lois générales du bas-relief, il est très-vrai que *la Peste de Milan* n'apprend rien à ceux qui connaissent *Alexandre et Diogène;* mais, comme le sujet est d'une nature toute différente, il est évident que *la Peste de Milan* nous montrerait le talent de Puget, sinon sous un aspect absolument nouveau, du moins sous un aspect très-digne d'attention : *la Peste de Milan* représente, dans la vie de Puget, une période aussi importante que le *Milon*. Dans le bas-relief comme dans le groupe, nous trouvons l'expression de la souffrance, et certes la comparaison de ces deux ouvrages ne serait pas sans profit.

Le bon sens conseillerait, je crois, de compléter cette collection déjà si précieuse par quelques morceaux d'architecture. Personne n'ignore en effet que Puget a laissé à Toulon et à Marseille des preuves mémorables de son talent d'architecte. Il a interprété à sa manière les grandes traditions de l'art romain. Pourquoi ne réunirait-on pas dans la salle qui porte son nom les modèles des édifices qu'il a construits dans ces deux villes? La halle du quartier des Acoules ne mérite peut-être pas tous les éloges qu'on lui a prodigués. Cependant il est impossible de méconnaître l'élégance et la légèreté de cette composition. Je n'examine pas si les panégyristes ont eu raison de vanter comme une invention de génie l'emploi du nombre impair dans la distribution des colonnes; je laisse aux hommes du métier le soin de décider s'il a eu raison d'appuyer directement les arcades sur les chapiteaux corinthiens : ce sont là des questions purement techniques auxquelles la majorité des lecteurs prêterait sans doute une attention assez languissante. Ce qui demeure évident, c'est que la halle du quartier des Acoules pourrait offrir aux architectes de notre temps plus d'une leçon. Que voyons-nous en effet dans la plupart des édifices construits à grands frais pour les besoins généraux de la population? Tantôt la destination est sacrifiée à l'aspect théâtral, tantôt la beauté des lignes est sacrifiée sans pitié à la destination. Or, si Puget n'a pas toujours réussi à concilier le double devoir de l'architecture, le beau dans l'utile, s'il n'a pas toujours montré un goût très-pur dans l'accomplissement de cette double tâche, il est hors de doute qu'il s'en est toujours préoccupé; les fautes qu'un œil exercé signale sans peine dans les édifices signés de son nom sont plutôt les fautes de son temps que les fautes de son génie, et les mérites qui les recommandent lui appartiennent tout entiers. Il a construit des chapelles, une église; il a donné des projets pour des îles de maisons dans sa ville natale. Pourquoi le Musée ne s'empresserait-il pas de réunir toutes les manifestations de cette intelligence si laborieuse et si variée? Bien que l'ignorance ait déjà défiguré à Marseille même, où le nom de Puget est un objet de vénération, plusieurs maisons dessinées de sa main, et dont il avait dirigé la construction, il serait possible encore de retrouver les traces vivantes de son imagination et de son savoir, et je me plais à croire que les disciples mêmes de tradition grecque ne verraient pas sans plaisir et sans profit ces tentatives ingénieuses de conciliation entre les leçons de l'antiquité et les besoins de la vie moderne. Il est permis de sourire en écoutant les panégyristes de Puget ; il est permis de se demander comment et pourquoi les colonnes en nombre pair sont plus sérieuses que les colonnes en nombre impair, pourquoi les fidèles qui gravissent les degrés du temple acceptent le nombre huit, tandis que les ménagères qui vont au marché préfèrent le nombre sept. Ce sont là sans doute d'étranges puérilités. Toutefois le génie de Puget n'est pas responsable des louanges immodérées qui lui ont été prodiguées. Je ne m'arrête pas aux qualités arithmétiques de la halle aux poissons, et je suis convaincu que le modèle de cet édifice serait très-bien placé dans une salle du Louvre.

Quant aux tableaux peints par Puget, je pense qu'ils n'offrent pas le même intérêt. J'ai vu au musée de Marseille plusieurs morceaux signés de son nom, ou qui du moins sont considérés comme des œuvres très-authentiques, et je dois dire que, malgré l'élévation de la pensée, la peinture de Puget est très-loin de mériter la même attention que ses œuvres d'architecture et de sculpture. Quoique ses tableaux soient assez nombreux, quoique la Provence les cite comme des modèles accomplis, il est évident que Puget ne possédait pas le maniement du pinceau comme le maniement du ciseau. La peinture, dont il avait fait d'abord sa plus chère étude, n'était pas sa vraie vocation. Avant comme après les leçons de Pietro de Cortone, il n'a jamais composé que des tableaux dont l'intention facile à saisir est très-supérieure à l'exécution. Il possédait au plus haut point le sentiment de la forme, de la forme réelle et vivante. Quant au sentiment de la couleur, il ne l'a jamais connu, et je ne songe pas à m'en étonner, car les plus grands artistes dont l'histoire ait gardé le souvenir n'ont pas réussi à pratiquer les trois arts du dessin avec la même pureté. Raphaël, proclamé prince de la peinture, quoiqu'il ne possède ni le savoir du Vinci et de Michel-Ange, ni le coloris de Titien, ni la tendresse d'Allegri, n'occuperait pas dans le passé le rang glorieux que personne ne songe à lui contester, s'il n'eût jamais conçu que la statue placée à Sainte-Marie del Popolo et sculptée par Lorenzetto. Les loges mêmes du Vatican, malgré leur élégance, et c'est de l'architecture seule que j'entends parler, n'auraient pas suffi à perpétuer la durée de son nom. Michel-Ange lui-même, malgré la hardiesse qui signale à l'admiration de tous les esprits éclairés la coupole de Saint-Pierre, n'occupe pas dans l'architecture le même rang que dans la peinture et la statuaire. Faut-il s'étonner que Puget, doué moins richement que Raphaël et Michel-Ange, essayant comme eux de pratiquer les trois arts du dessin, soit demeuré moins grand dans la peinture que dans l'architecture, et surtout que dans la statuaire ?

Pour le comprendre pleinement, pour savoir ce qu'il vaut, il suffit d'étudier les œuvres que nous possédons à Paris. L'analyse de ces œuvres nous donne la mesure de son génie. Envisagées d'après les traditions de l'art grec, elles donneraient lieu aux plus graves reproches; envisagées selon la doctrine étroite qui réduit les devoirs de la peinture et de la statuaire à l'imitation littérale de la réalité, elles obtiendraient des louanges sans restriction et pourtant peu méritées. Je tâcherai, en examinant le *Milon*, l'*Andromède* et le *Diogène*, d'éviter ce double écueil; j'essaierai de marquer en termes précis combien la vérité domine la réalité, combien la beauté domine la vérité. Cette double affirmation pourrait paraître stérile, si je négligeais de la développer; j'ai la ferme confiance qu'elle perdra ce caractère, dès que j'aurai appelé à mon secours la comparaison des œuvres antiques et des œuvres modernes. Le lecteur même qui n'a pas étudié les galeries de Rome et de Florence et qui connaît très-incomplétement le musée du Louvre, sentira toute la portée de ma pensée, en voyant comment des sentiments de même nature ont été compris, interprétés aux diverses époques de l'histoire. C'est, je crois, la seule manière de populariser, de vulgariser la théorie de la beauté. Les idées pures, les idées réduites aux formules abstraites, ne convertissent qu'un petit nombre d'esprits. Les idées représentées par des œuvres, les idées commentées par une statue, incarnées dans un bas-relief, deviennent claires, lumineuses, splendides pour les yeux mêmes qui ne sont pas habitués à la contemplation de la vérité. L'esthétique prise en elle-même ne comptera jamais que des disciples peu nombreux; l'esthétique démontrée par les œuvres de Phidias et de Lysippe, de Jean Goujon et de Puget, de Michel-Ange et de Ghiberti, trouvera des disciples sans nombre.

De tous les ouvrages que nous possédons, le plus célèbre est le *Milon dévoré par un lion,* et le mérite du groupe justifie pleinement cette célébrité. Celui qui voudrait étudier Puget dans son *Hercule au repos* ne prendrait de son génie qu'une idée très-incomplète, car l'*Hercule,* malgré le savoir qui se révèle dans plusieurs parties, n'a pas de caractère bien déterminé, tandis que le *Milon* respire une énergie que la statuaire ne pourra peut-être jamais surpasser, et dont l'antiquité n'offre pas de modèles. Le sujet choisi par le sculpteur marseillais lui a permis de déployer toutes les ressources de son talent. Représenter un athlète qui terrassait un bœuf d'un coup de poing et l'emportait sur ses épaules n'était pas une tâche facile; l'artiste, en effet, devait craindre de montrer la force sous un aspect trop brutal; c'est un écueil que n'a pas su éviter l'auteur de l'*Hercule Farnèse* placé au musée de Naples. Puget, tout en respectant les conditions historiques du sujet, a trouvé moyen de concilier la force et l'élégance. La tradition rapporte que

Milon, ayant voulu déchirer de ses mains un chêne à moitié fendu par la foudre, demeura pris dans le tronc qui s'était refermé et fut dévoré par des loups. Le sculpteur marseillais a préféré mettre l'athlète aux prises avec un lion, et je crois qu'il a très-bien fait. Le lion se prête mieux que le loup aux conditions de la statuaire. L'auteur a d'ailleurs tiré de cette donnée un excellent parti. Il n'y a pas un spectateur qui ne soit tenté de s'écrier avec la reine Marie-Thérèse : « Ah! le pauvre homme! » Les griffes du lion s'enfoncent dans la chair de l'athlète, et ses dents aiguës s'apprêtent à le dévorer. Livré sans défense à son terrible ennemi, Milon ne peut manquer de succomber; cependant il essaye, par un effort désespéré, de dégager sa main retenue dans le tronc du chêne comme dans un étau. Son corps plié en deux exprime à la fois la souffrance et l'énergie. Il peut sembler singulier, au premier aspect, que Milon ne réussisse pas à briser le piége où il s'est pris : quelques instants de réflexion suffisent pour dissiper l'étonnement. Il ne faut pas oublier, en effet, que le chêne, bien que frappé de la foudre, est encore vivant, et le bras de l'athlète écarterait, plus facilement, deux blocs de rocher que les deux moitiés d'un arbre dont la sève n'est pas encore desséchée. Ainsi je ne crois pas que l'auteur ait méconnu aucune des conditions du sujet. Il a très-bien rendu ce qu'il voulait rendre; il a très-clairement exprimé la pensée qu'il avait conçue. Sans doute il est permis de discuter la forme qu'il a donnée à son lion ; sans doute on y chercherait vainement l'imitation, je ne dis pas littérale, mais fidèle, de la nature. Toutefois le mouvement est si vrai, il y a tant de souplesse dans le corps, tant de joie dans les yeux, tant de rage dans les griffes et les dents, que le spectateur oublie volontiers tout ce qu'il y a de pure fantaisie dans l'exécution de ce morceau. On trouverait sans peine un artiste secondaire capable de copier un lion de l'Atlas; mais cette reproduction littérale de la nature nous laisserait froids et indifférents, tandis que le lion de Puget, malgré l'inexactitude des détails, nous frappe d'épouvante. Nous frissonnons en voyant l'athlète se débattre vainement sous la morsure de son adversaire. Jamais la transcription du modèle, si habile, si patiente qu'elle soit, n'obtiendra un tel triomphe. Regardez les chasses de Rubens, regardez ses tigres, ses panthères : il est facile de signaler dans ces admirables compositions plus d'un morceau dont le type ne se trouve pas dans la réalité; et pourtant il serait puéril de les compter, car, malgré ces défauts, les chasses de Rubens sont encore assez belles pour désespérer tous ceux qui voudront tenter la même voie.

Si le lion de Puget n'est pas d'une exactitude littérale, son *Milon* est d'une vérité si éclatante que nos yeux ne se lassent pas de l'admirer. Ceux qui reprochent à la tête de manquer de noblesse ne méritent pas qu'on leur réponde, car ils prouvent très-clairement qu'ils ignorent la nature du modèle, et prennent un athlète pour un héros. Terrasser un bœuf et le porter sur ses épaules n'est pas une action qui développe l'intelligence et ennoblisse le regard. La tête de Milon est ce qu'elle doit être, et Puget, en élevant le front, en creusant les tempes, eût agi follement. Les membres sont traités avec une fidélité qui réunit les suffrages de tous les juges éclairés : il y a dans la manière dont les muscles sont indiqués, dans leurs contractions et leurs attaches, une précision et une vigueur qui placent l'auteur parmi les maîtres de son art. Quant au torse, je ne crains pas de le proposer comme sujet d'étude à ceux mêmes qui ont vécu pendant plusieurs années parmi les monuments de l'art antique. Il y a dans la division des masses musculaires une grandeur, une simplicité qui rappellent les meilleurs temps de la statuaire. Il est évident que Puget, en modelant le torse de son Milon, ne se contentait pas de copier le modèle, et s'imposait le devoir de l'agrandir en l'interprétant ; et ce devoir, il l'a fidèlement accompli. Liberté, hardiesse dans l'interprétation du modèle, tels sont, en effet, les mérites qu'il importe de signaler dans le torse du *Milon*. Il n'y a pas un morceau qui soit la reproduction littérale de la nature. Tout relève de la pensée aussi bien que du regard. Puget ne s'en est pas tenu au témoignage de ses yeux ; il a compris en même temps qu'il voyait. Ses yeux apercevaient la forme du modèle vivant, son intelligence animait le marbre, comme le feu dérobé à Jupiter avait animé l'argile.

Est-ce à dire que le *Milon* soit à l'abri de tout reproche ? Cette œuvre si savante et si vraie ne laisse-t-elle rien à souhaiter ? Y a-t-il dans ce groupe si émouvant autant de goût que d'énergie ? Je ne le pense pas, et je crois que ma franchise n'étonnera, ne scandalisera personne parmi ceux qui admirent sincèrement Puget, et n'obéissent pas à un mot d'ordre en le proclamant grand et habile. Tous ceux qui savent la raison de leur admiration comprennent très-bien que Puget n'a presque jamais tenu compte de l'harmonie linéaire, et le *Milon* est une des preuves les plus éclatantes que je puisse fournir à l'appui de mon affirmation. Je rends pleine justice aux qualités éminentes qui recommandent cet ouvrage ; mais je reconnais, avec tous les hommes de bonne foi, que les lignes pourraient être plus heureusement choisies. Et qu'on ne se méprenne pas sur le sens de ma pensée : si je blâme les lignes du *Milon*, ce n'est pas en prenant le groupe de *Laocoon* comme un type sacré dont les statuaires ne doivent jamais s'écarter. Le groupe trouvé dans les thermes de Titus et placé aujourd'hui dans le musée du Vatican n'est probablement qu'une réplique : l'original n'est pas venu jusqu'à nous. Il y a lieu de penser d'ailleurs que l'original n'appartenait pas aux plus beaux temps de la sculpture : il n'est permis qu'à l'ignorance de mettre le *Laocoon* sur la même ligne que le *Thésée*. Il y a dans cette composition si vantée, qui a suggéré aux rhéteurs tant de périodes sonores, quelque chose de théâtral qui n'a rien à démêler avec le vrai style de la statuaire. C'est au nom d'une théorie moins étroite que je blâme les lignes du *Milon*. Je ne parle pas de la draperie que rien ne motive et qui ressemble à un chiffon oublié sur une haie : je parle du corps même de l'athlète, qui ne présente qu'un seul côté satisfaisant. Du moment, en effet, qu'on n'a plus à sa droite la silhouette de *Milon*, les lignes s'appauvrissent, et le sujet ne s'explique pas aussi clairement. Or une des conditions les plus importantes de la statuaire, est d'offrir au spectateur une figure ou un groupe dont il puisse faire le tour. Puget ne s'en est pas souvenu ou n'a pas voulu en tenir compte. Sans partager la colère des puristes, je reconnais qu'il eût agi plus sagement en suivant les conseils de l'antiquité.

Le groupe d'*Andromède et Persée* n'a pas, à mes yeux du moins, la même valeur que le *Milon*. Le *Persée* surtout me semble traité dans un style beaucoup moins élevé ; mais l'*Andromède* est à coup sûr une des plus charmantes créations de l'art moderne. Il y a dans ce beau corps tant de grâce et de délicatesse, tant de jeunesse et de souffrance, que le spectateur se sent ému de pitié en le contemplant. Ces membres si frêles, meurtris par les chaînes, excitent dans notre âme un attendrissement profond. Le torse tout entier est d'une rare élégance ; aussi je ne crains pas d'affirmer que ce groupe gardera longtemps une des premières places dans l'histoire de l'art français.

Le bas-relief d'*Alexandre et Diogène* donne lieu à des remarques toutes spéciales, et je crois d'autant plus utile de les présenter qu'elles s'appliquent avec la même rigueur à *la Peste de Milan.* Ce bas-relief, dont je ne veux pas contester le mérite, est composé comme un tableau. Puget avait étudié les portes du baptistère de Florence, et l'exemple de Ghiberti semblerait devoir le justifier. Cependant, malgré mon admiration pour le maître toscan, je crois qu'il ne convient pas de traiter le bas-relief comme une composition pittoresque. Je sais très-bien que l'*Alexandre* est plein d'élégance et de grandeur, je sais très-bien que les courtisans groupés autour de *Diogène* respirent l'étonnement et la curiosité, que le visage du philosophe exprime d'une façon merveilleuse l'orgueil et le dédain, et pourtant, malgré toutes ces rares qualités, ce bas-relief ne me paraît pas conçu selon les lois de la statuaire. Les plans sont trop nombreux ; bien que l'œil embrasse facilement toutes les parties de la composition, il est évident que le sujet gagnerait beaucoup en se simplifiant. La saillie donnée au cheval d'*Alexandre* et au chien tenu en laisse devant le roi de Macédoine ne contente pas le regard. Ce mélange de ronde-bosse et de bas-relief n'est pas harmonieux. On aura beau invoquer les portes du baptistère, on ne réussira pas à prouver que le ciseau puisse se permettre tout ce que le pinceau se permet. Le succès obtenu par Ghiberti ne change pas les conditions fondamentales de la statuaire. Ce n'est pas pour avoir violé ces conditions qu'il s'est acquis une légitime renommée, mais pour avoir traité toutes ses figures avec une finesse désespérante. S'il les eût disposées sur deux ou trois plans seulement, au lieu de demander au bronze ce que la couleur seule peut donner, sa gloire serait encore plus grande. Je crois donc que Puget a eu tort de suivre l'exemple de Ghiberti. La frise du Parthénon lui offrait un enseignement plus salutaire et plus fécond. Et si je préfère Athènes à Florence, ce n'est pas que je conseille à personne l'imitation servile de l'art grec, mais les cavaliers et les canéphores des panathénées nous offrent le type le plus pur du bas-relief, et ce type doit toujours demeurer présent à la mémoire des statuaires. Le petit nombre des plans n'est pas pour peu de chose dans l'effet de cette vaste composition, et cette vérité ne doit jamais être perdue de vue.

Cette rapide analyse suffit à montrer tout ce qu'il y a de vraiment grand dans les œuvres de Puget. Si, dans les questions qui se rattachent à l'harmonie linéaire, il n'a pas touché les dernières limites de son art, il est hors de doute qu'il a pris place parmi les hommes les plus éminents, non-seulement de notre pays, mais de l'Europe. Par l'énergie de l'expression, par la vérité de la pantomime, il appartient à la famille des génies privilégiés. L'étude attentive de ce maître démontre, sans réplique, toute l'insuffisance de l'imitation littérale. Le *Milon*, l'*Andromède* et le *Diogène* nous offrent, en effet, quelque chose de plus que la réalité. Puget ne s'est jamais astreint à copier servilement le modèle, et c'est par son indépendance qu'il domine tous les sculpteurs de son temps. Les Lepautre, les Girardon, les Coyzevox, les Coustou, ne peuvent lui être comparés. Il y a dans son style une hardiesse, une audace qu'ils n'ont jamais connue. Malheureusement ses œuvres ne sont pas comprises par tous ceux qui les vantent; il m'est arrivé plus d'une fois d'entendre célébrer son mérite par des hommes qui se méprenaient sur la nature de sa méthode et sur la portée de son génie. Ils louaient en lui ce qu'il n'a jamais cherché, ce qu'il n'a jamais voulu, l'imitation littérale de la réalité. Pour sentir toute l'inanité de ces éloges, il suffit de contempler le torse du *Milon*. Je défie le plus habile de trouver dans la nature vivante le type d'un tel athlète. Il y a dans la division des masses musculaires une grandeur que le modèle n'offrira jamais. Puget, qui n'avait pas eu le temps d'étudier les théories, dont toute la vie s'était passée à manier le ciseau, était arrivé par l'instinct de son génie à deviner les principes les plus élevés de son art. Il ne croyait pas, comme on le répète aujourd'hui à l'envi, que la statuaire se réduise à l'imitation littérale de la forme réelle, et c'est pour avoir compris la nécessité d'interpréter, d'idéaliser le modèle, qu'il a produit le *Milon* et l'*Andromède*. A l'âge de soixante et onze ans, il étudiait encore avec persévérance, comme au début de sa vie, et marchait d'un pas ferme vers le but qu'il s'était marqué. Or quel était ce but ? A coup sûr, ce n'était pas de reproduire dans le marbre, dans la pierre ou le bois tout ce qu'il voyait, mais de choisir dans chaque figure l'accent de la vie, le signe de la force ou de la grâce, et de l'exagérer volontairement, résolûment pour le rendre plus évident. Voilà pourtant ce que paraissent ignorer les statuaires de notre temps qui se donnent pour les disciples de Puget. Quand ils ont moulé le torse et les membres du modèle, et mis au point cette reproduction où l'intelligence ne joue aucun rôle, ils s'imaginent volontiers qu'ils ont touché les dernières limites de l'art. Ils s'applaudissent d'avoir mis dans le marbre tout ce que le plâtre a surpris sur la chair. S'ils avaient étudié sérieusement le maître dont ils se vantent d'avoir suivi les leçons, ils sauraient que Puget n'a jamais vu dans l'imitation pure le dernier mot de la statuaire. Les arts du dessin relèvent de l'intelligence, de la réflexion, du raisonnement aussi directement que la science du monde extérieur, ou la science même de la pensée. Si les idées que la couleur et la forme peuvent nous révéler sont moins nombreuses, moins variées que les idées dont se compose la science proprement dite, il faut reconnaître que les artistes vraiment dignes de ce nom n'ont acquis une gloire solide qu'en appelant la méditation à leur secours. Sans la méditation, le statuaire le plus habile ne sera jamais qu'un ouvrier. Puget, qui avait commencé son apprentissage dans l'atelier d'un sculpteur en bois, et qui semblait condamné par sa pauvreté à demeurer dans une condition subalterne, Puget n'a pas négligé la méditation, et c'est par la méditation qu'il s'est élevé au-dessus de ses contemporains. Ne voir dans ses œuvres que l'imitation de la réalité, c'est ne pas les comprendre. S'il est grand et illustre, ce n'est pas seulement parce qu'il maniait le ciseau d'une main habile, c'est aussi, et surtout, parce qu'il a pensé avant de modeler. L'art matérialiste ne sera jamais qu'un art incomplet et impuissant. Toute l'histoire est là pour le démontrer. L'œil le plus pénétrant, le ciseau le plus adroit ne pourront jamais se passer du travail de l'intelligence. Puget ne l'ignorait pas, et toutes ses œuvres nous le prouvent. Il faut donc leur restituer leur vrai sens, et c'est ce que j'ai tâché de faire. La pensée exprimée par la forme, tel a été le vœu de toute sa vie : c'est là, selon moi, la vraie signification de ses travaux. Combien y a-t-il de statuaires parmi nous qui aspirent aussi haut ?

1852.

XIX

DE L'ÉDUCATION ET DE L'AVENIR

DES ARTISTES EN FRANCE.

L'enseignement de l'art est-il chez nous ce qu'il devrait être? L'école de Paris et l'école de Rome ne laissent-elles rien à désirer ? N'y a-t-il rien à changer dans la direction des études ? C'est par l'examen des faits que nous essayerons de résoudre ces questions. Pour peu qu'on ait vécu pendant quelques années dans le commerce des artistes sérieux, il est impossible de ne pas comprendre l'utilité d'une instruction générale dans la pratique des arts du dessin. La plupart des artistes vraiment dignes de ce nom, qui sentent la dignité de leur profession, sont d'un avis unanime à cet égard. La plupart de ceux qui ont réussi à conquérir une popularité durable, dont la renommée repose sur des œuvres savantes, reconnaissent la nécessité d'une instruction générale, et n'hésitent pas à déclarer que, pour faire un bon tableau, une bonne statue, les études spéciales ne suffisent pas. Or, pour être admis à l'école de Paris, les élèves qui se présentent n'ont pas à prouver qu'ils possèdent une instruction générale; pourvu qu'ils subissent d'une manière satisfaisante certaines épreuves purement techniques, l'école leur est ouverte. Non-seulement ils ne sont pas obligés de prouver qu'ils savent ce qu'on enseigne dans les écoles primaires, mais encore, une fois admis, ils ne contractent pas l'engagement d'apprendre ce qu'ils ignorent. L'omission de cette condition préliminaire exerce, à coup sûr, une influence fâcheuse sur l'avenir des artistes dont l'éducation se fait à l'école de Paris. Les connaissances élémentaires dont je parle leur permettraient, en effet, de développer leur intelligence par la lecture, par la réflexion ; privés de ce secours précieux, ils réduisent leur tâche à l'étude exclusive du dessin, et ne font jamais dans l'art qu'ils ont choisi tout ce qu'ils pourraient faire, s'ils étaient secondés par une instruction générale. A l'appui de cette affirmation, j'invoquerai le témoignage des peintres et des sculpteurs les plus habiles. Combien de fois ne leur est-il pas arrivé de regretter la direction donnée à leurs premières études! combien de fois n'ont-ils pas senti que la connaissance complète de tous les moyens matériels dont l'art dispose est tout au plus la moitié de l'art! Pour devenir ce qu'ils sont aujourd'hui, ils ont dû s'armer de courage et apprendre dans l'âge viril, à la sueur de leur front, ce que l'enfance apprend sans peine. Ils ont été forcés de faire eux-mêmes l'éducation de leur intelligence. C'est à cette condition seulement, qu'ils ont pu comprendre nettement le but suprême de l'art et marcher d'un pas ferme vers l'accomplissement de leur pensée.

Je n'ignore pas que ces idées si simples, si évidentes, qui semblent échapper à toute démonstration, tant elles sont conformes au bon sens le plus vulgaire, rencontrent, parmi les artistes mêmes, une opposition vigoureuse. Quelques hommes doués d'une véritable habileté, dont le mérite ne saurait être mis en question, soutiennent, avec acharnement, que le dessin doit être la première étude des élèves qui se destinent à la peinture ou à la statuaire. A les entendre, il est toujours inutile, souvent même dangereux, d'occuper l'intelligence des élèves d'objets étrangers à la pratique matérielle de l'art. Le temps donné aux études générales est du temps perdu. Celui dont la main obéissante reproduit fidèlement la nature en sait toujours assez et n'a pas besoin de consulter les livres. A mon avis, les artistes qui se prononcent d'une façon absolue pour l'étude exclusive du dessin s'ignorent eux-mêmes et oublient la route qu'ils ont suivie. Justement fiers d'avoir touché le but, ils ne tiennent pas compte des tâtonnements par lesquels ils ont dû passer, et proscrivent, comme inutiles ou dangereuses, les études mêmes qui, plus d'une fois, leur ont frayé la route. S'ils eussent borné leur tâche, comme ils le disent, à la pratique du dessin, ils ne seraient pas arrivés où ils sont maintenant. S'ils eussent négligé toutes les connaissances qui ne se rattachent pas directement à la peinture, à la statuaire, ils ne vaudraient pas ce qu'ils valent, ils n'auraient pas conçu, ils n'auraient pas réalisé les œuvres que nous admirons. Ils se calomnient en parlant de leur ignorance ; ils sont injustes pour eux-mêmes et n'ont jamais mesuré le développement réel de leurs facultés.

Oui sans doute, le dessin tient le premier rang dans la statuaire et la peinture ; oui sans doute, c'est sur l'étude du dessin que les élèves doivent concentrer la meilleure partie de leurs forces ; mais, à mon avis, c'est se tromper étrangement que de voir dans le dessin l'art tout entier. Et qu'on ne dise pas qu'en exigeant des élèves qui se présentent à l'école une instruction générale, je ferme peut-être la porte aux plus heureux génies. Les connaissances élémentaires que je demande sont aujourd'hui à la portée des plus pauvres familles. Qu'on n'invoque pas l'exemple de Giotto pour démontrer le danger des conditions préliminaires que je propose. Si Giotto, en effet, occupe un rang si glorieux dans l'école italienne, il ne doit pas toute sa renommée à l'étude exclusive de son art. Ses œuvres sont là pour attester qu'il n'avait pas pour les livres le dédain superbe qu'on voudrait lui attribuer. Si Giotto gardait les moutons avant d'entrer dans l'atelier de Cimabue, pour surpasser son maître non-seulement dans l'exécution matérielle des figures, mais bien aussi dans l'expression des physionomies, dans la partie poétique de la composition, il s'est nourri de lecture, de méditation; il n'a reculé devant aucune étude; l'histoire, la philosophie, sont venues en aide à son génie. L'infinie variété que nous admirons dans ses ouvrages n'est pas, quoi qu'on puisse dire, le fruit d'études purement techniques. S'il naissait aujourd'hui un nouveau Giotto, les conditions que je propose ne lui fermeraient pas les portes de l'école; car une intelligence si heureusement douée comprendrait, sans le secours de personne, l'utilité de ces conditions et les accepterait avec joie. Une année lui suffirait pour acquérir ces connaissances élémentaires, sans négliger d'ailleurs son étude de prédilection, et cette année serait féconde.

Pour éviter d'ailleurs l'ombre même du danger, pour ne pas décourager les génies futurs, ne pourrait-on pas obliger les élèves, une fois admis, à suivre, dans l'école même, le cours d'instruction élémentaire qu'ils n'auraient pas suivi avant de se présenter? De cette manière, toutes les difficultés seraient levées. Les génies prédestinés sur lesquels on paraît compter seraient assurés de réaliser pleinement les espérances qu'ils auraient données; aucun obstacle ne les arrêterait à l'entrée de leur carrière, et leur intelligence, une fois éveillée, prendrait goût à l'étude et se développerait librement. En adoptant ce dernier parti, on n'exclurait personne, et les partisans exclusifs du dessin se résigneraient sans doute de bonne grâce.

L'école des Beaux-Arts de Paris compte douze professeurs de dessin, sept peintres et cinq sculpteurs. Ces douze professeurs se partagent l'enseignement, de façon à ne donner personnellement qu'un mois de leçons. Je conçois sans peine tout ce qu'il y a d'avantageux pour eux dans un tel arrangement, mais je doute fort qu'il puisse contribuer efficacement aux progrès des élèves. En effet, chacun des douze professeurs voit la nature à sa manière et comprend l'imitation du modèle vivant d'après certaines lois qui, très-souvent, ne sont pas acceptées par le professeur qui lui succède. Qu'arrive t-il? que doit-il arriver? Les élèves, obligés de subir ces enseignements contradictoires, hésitent sur le choix de la route qu'ils ont à suivre; comme les conseils qu'ils reçoivent ne s'accordent pas entre eux, il leur est bien difficile de les mettre à profit. S'ils acceptent comme vraies toutes les paroles qu'ils entendent, ils sont fort embarrassés pour les concilier ensemble; si leur intelligence n'est pas assez éclairée pour les estimer à leur juste valeur, ils s'égarent, se troublent et n'avancent pas. Je sais qu'il a plu à quelques esprits singulier de vanter cette diversité d'enseignement comme un bouclier contre la routine. Cet argument, je l'avoue, ne me paraît pas sérieux. Il faut sans doute combattre la routine et la prévenir par tous les moyens imaginables; mais il n'est pas moins nécessaire d'inspirer aux élèves une pleine confiance dans les leçons qu'ils reçoivent, et l'enseignement, tel qu'il est organisé maintenant à l'école de Paris, rend la confiance bien difficile. Si le professeur du mois de février corrige les erreurs qu'a pu commettre le professeur du mois de janvier, et si ses propres erreurs sont à leur tour corrigées par le professeur qui lui succède le mois suivant, le résultat le plus clair de toutes ces leçons, qui se modifient mutuellement, me paraît être l'anéantissement de toute autorité. Or, sans autorité, sans confiance, il n'y a pas d'enseignement vraiment profitable. Je pense donc que les élèves devraient avoir la liberté de choisir, parmi les douze professeurs, celui qui s'accorderait le mieux avec leur goût, avec l'instinct de leur talent. Il faudrait, à la vérité, obliger les professeurs à donner leurs leçons, non pendant un mois, mais pendant toute l'année, et peut-être cette obligation semblerait-elle bien dure à quelques-uns d'entre eux. Cependant elle est toute naturelle et se trouve d'ailleurs dans le règlement de l'école, au moins implicitement; car le règlement, en parlant des douze professeurs de dessin, ne dit nulle part qu'ils se partageront l'enseignement, comme ils le font aujourd'hui. Il ne dit nulle part qu'ils auront le droit de rester, pendant onze mois, étrangers aux travaux des élèves. Pour que les élèves fassent des progrès rapides, pour qu'ils ne soient pas exposés à oublier dans un mois ce qu'ils apprennent aujourd'hui, il est nécessaire qu'ils aient foi dans la parole du maître. Or, je soutiens qu'ils ne peuvent avoir foi dans un maître qui, chaque mois, est remplacé par un maître nouveau. Quelle que soit leur déférence pour celui qu'ils écoutent, ils ne peuvent effacer de leur mémoire celui qu'ils ont entendu la veille, et cette comparaison affaiblit nécessairement l'autorité de la leçon. Et ce que je dis ne s'applique pas seulement à l'imitation du modèle vivant. L'imitation de l'antique est soumise aux mêmes chances de contradiction. Lors même qu'il s'agit de copier un fragment de sculpture grecque ou romaine, chaque professeur l'interprète à sa manière, selon ses prédilections, selon la direction habituelle de ses travaux. Il appelle l'attention sur telle ou telle partie, et néglige, comme sans importance, ce qui sera signalé peut-être comme un détail précieux par le professeur qui lui succédera. En face du modèle vivant ou des monuments de l'art antique, les élèves, livrés à cet enseignement capricieux, éprouveront le même embarras. En écoutant des conseils dont le premier trop souvent ne s'accorde guère avec le second, ils ne pourront s'empêcher de douter ; or, le doute doit être banni de l'enseignement. Toute affirmation du maître qui n'est pas acceptée sans réserve est une affirmation stérile. Si la croyance est nécessaire à celui qui enseigne, elle n'est pas moins nécessaire à celui qui étudie et qui reçoit l'enseignement. Méconnaître cette condition impérieuse, c'est semer dans une terre ingrate, c'est imposer à l'intelligence une fatigue inutile. Que si l'on objectait la modicité des appointements accordés aux professeurs, je répondrais que cet argument ne détruit pas l'évidence des idées que j'expose. Si leurs appointements sont en effet trop modiques, et pour ma part je ne le pense pas, il y a un moyen bien simple de les augmenter sans élever la dépense générale, c'est de réduire de moitié le nombre des professeurs, et de partager entre six la somme qui se partage aujourd'hui entre douze ; mais, quel que soit le nombre des professeurs, il me paraît indispensable de les obliger à donner leurs leçons pendant toute l'année. Tant que durera l'enseignement morcelé, il ne faut pas espérer que les élèves fassent de rapides progrès. Condamnés à désapprendre plusieurs fois ce qu'ils auront appris, ils perdront en efforts inutiles la meilleure partie de leur temps.

Si les professeurs ont voulu, comme ils le disent, en se partageant l'enseignement par douzième, éviter le danger de la routine, ils se sont trompés. Les élèves, il est vrai, ne sont pas exposés à croire que la vérité tout entière se trouve dans les leçons d'un seul maître; mais cet avantage qui, théoriquement, n'est pas sans valeur, est payé bien cher, puisqu'ils ne savent où prendre la vérité. Au lieu de trouver une vérité partielle qu'ils compléteraient plus tard soit en consultant la nature, soit en interrogeant les monuments de l'art antique, loin de l'œil du maître, mais à laquelle du moins ils ajouteraient foi, ils s'égarent et trébuchent à chaque pas; ils prodiguent l'attention et recueillent le doute en échange de leur docilité. Il est temps de mettre un terme à cet usage que rien ne justifie; il est temps de rétablir dans toute sa sincérité l'application du règlement.

L'anatomie, la perspective et l'histoire forment aujourd'hui, avec le dessin, l'enseignement destiné aux sculpteurs et aux peintres. Quant à l'enseignement destiné aux architectes, il comprend la théorie, la construction, les mathématiques et l'histoire de l'art. Pourquoi l'histoire de l'architecture figure-t-elle dans le programme de l'école, tandis que l'histoire de la peinture et de la statuaire n'y figure pas? L'histoire de l'architecture serait-elle plus utile aux architectes que l'histoire de la peinture aux peintres et l'histoire de la sculpture aux sculpteurs? Je ne crois pas qu'il soit possible de soutenir une pareille thèse. Quel que soit l'art qu'on étudie, il est toujours utile de connaître l'histoire de cet art. Si les architectes ont besoin de savoir ce qu'a été l'architecture depuis les Égyptiens jusqu'à nos jours, s'ils ont besoin de connaître par quelles transformations elle a passé, les statuaires et les peintres n'ont certainement pas un moindre profit à retirer de l'étude historique de leur art. Je cherche vainement par quels motifs on pourrait justifier le privilége accordé à l'architecture dans l'école de Paris. L'histoire de l'architecture aurait-elle pour mission d'enseigner aux élèves l'art si facile et si obstinément pratiqué de nos jours, l'art de composer des églises et des palais sans se mettre en frais d'invention, l'art, en un mot, de substituer la mémoire à l'imagination? Je ne veux pas le croire, quoique la plupart des monuments construits de nos jours autorisent une pareille conjecture.

Si l'histoire de l'architecture peut amener à cette conclusion déplorable les esprits qui la comprennent incomplétement, elle a pour les esprits vraiment éclairés un sens plus large et plus fécond. En nous montrant que l'art, à toutes les grandes époques, a fait de l'invention le premier de ses devoirs, en signalant à notre attention le néant des monuments enfantés par la seule mémoire, en nous prouvant que pour prendre un rang glorieux, pour le garder, il faut avant tout vivre d'une vie personnelle, être soi-même, l'histoire de l'architecture est appelée à renouveler la face de l'art, ou du moins à préparer le renouvellement, que l'invention seule peut accomplir avec le secours de la science. Loin d'inviter à la paresse, comme le disent quelques esprits étroits, loin de décourager ceux qui entrent dans la carrière en déroulant devant leurs yeux le tableau de toutes les merveilles déjà créées par l'imagination humaine, elle doit servir d'aiguillon et d'encouragement aux artistes qui savent pénétrer le véritable sens du passé. Tous les grands noms qui ont survécu conseillent l'invention hardie et non l'imitation servile. Chercher dans le passé l'apologie de l'inaction et de l'impuissance, c'est méconnaître le véritable objet des études historiques. Dans l'ordre esthétique aussi bien que dans l'ordre politique, cette vérité ne souffre aucune contradiction. Il n'y a pas de vie sans mouvement; qu'il s'agisse de gouverner les hommes ou de les charmer, il faut avant tout agir; dans le domaine de la volonté ou de l'invention, renoncer à exister par soi-même, continuer le passé sans y rien ajouter, c'est tout simplement renoncer à vivre. Oui, sans doute, il est bon que les architectes connaissent pleinement toutes les métamorphoses de l'art monumental, depuis les temples de Memphis jusqu'aux temples d'Athènes, depuis les palais romains jusqu'aux cathédrales gothiques, jusqu'aux châteaux si délicatement ornés de la renaissance; mais l'étude attentive de toutes ces merveilles ne doit servir qu'à féconder leur pensée. Emprunter à toutes les époques de l'art un des éléments qui ont fait leur gloire et leur grandeur, dérober à l'Égypte, à la Grèce, à l'Italie antique, à l'Europe du moyen âge, quelques fragments précieux, et de tous ces larcins composer des œuvres impersonnelles qui ne sont d'aucun temps, d'aucun lieu, c'est une triste manière d'employer le temps; ce n'est pas profiter de l'histoire, c'est violer ouvertement les préceptes qu'elle nous donne. Nous reposer quand elle nous dit d'agir, nous souvenir quand elle nous dit d'inventer, ce n'est pas obéir à ses conseils, c'est fermer ses yeux à la lumière, son oreille à la vérité. Pour moi, je le répète, quoique les faits accomplis devant nous donnent le droit de penser le contraire, je ne puis consentir à croire que l'histoire de l'architecture soit destinée à justifier la stérilité presque générale de l'art contemporain. La pierre et le marbre traduisent aujourd'hui un bien petit nombre d'idées; les frontons et les colonnes que nous voyons s'élever révèlent bien rarement une volonté originale. La pierre taillée sous nos yeux n'est trop souvent qu'une ruine rajeunie; tout cela est vrai, je le confesse avec tristesse; mais l'histoire n'est pas coupable de tous ces honteux plagiats, elle n'a pas à répondre de toutes ces copies inanimées. L'histoire n'est pas un plaidoyer en faveur de l'inaction, une égide pour l'impuissance; les leçons qu'elle nous donne ont un sens bien différent; les artistes laborieux et féconds qui ajoutent quelque chose au passé, en produisant des idées nouvelles sous une forme éclatante ou sévère, sont les seuls qui la comprennent, les seuls qui obéissent à ses conseils.

Cependant, malgré le privilége que nous signalons, l'enseignement de l'architecture est loin d'être complet à l'école de Paris et présente même des lacunes assez graves.

Pour que cet enseignement ne laissât rien à désirer, il faudrait ajouter, aux chaires qui existent déjà, trois chaires nouvelles : une chaire de physique et de chimie appliquées à l'architecture, une chaire de droit des bâtiments, et enfin une chaire de comptabilité spéciale. Et, pour que les leçons données par les trois professeurs nouveaux que nous demandons eussent un caractère vraiment sérieux, les élèves devraient être appelés à subir des examens sur la matière de ces leçons. Ce serait, à notre avis, la seule manière de prévenir ce qui arrive pour l'étude historique de l'architecture, que les élèves suivent ou négligent, selon leur caprice. Est-il besoin de démontrer l'importance, la nécessité des trois chaires nouvelles que nous demandons? La salle construite cette année pour l'assemblée nationale a révélé aux moins clairvoyants le rôle immense que joue la physique dans la construction des monuments publics. Chacun sait, en effet, qu'une grande partie de l'assemblée n'entend pas l'orateur qui parle de la tribune. A quelle cause faut-il attribuer ce fait si fâcheux? N'est-ce pas à l'ignorance, ou du moins à la connaissance très-incomplète des lois de l'acoustique? Si l'architecte chargé de construire la salle nouvelle eût possédé à cet égard des notions positives; si, au lieu de consulter une commission spéciale, qui a pu émettre un avis excellent en lui-même, mais stérile ou insuffisant, parce qu'elle n'a pas pas été appelée à surveiller l'exécution de ses idées, l'architecte eût été capable, par lui-même, de déterminer les rapports qui existent entre la propagation du son et la forme du vaisseau où il se produit; si, outre ces premiers rapports, il eût connu d'une façon précise toutes les variations que subit la propagation du son selon la nature des matériaux employés, la salle nouvelle répondrait parfaitement à sa destination. Démontrer l'utilité, l'importance de la physique et de la chimie dans l'architecture, serait démontrer l'évidence, et je ne veux pas insister plus longtemps sur ce point. Chacun sait, en effet, que la connaissance complète de la coupe des pierres et de la statique ne suffit pas pour bâtir un monument durable, et que plus d'une construction, élevée à grands frais d'après toutes les lois mathématiques, a donné lieu à de cruels mécomptes, parce que l'architecte n'avait pas su apprécier la qualité des matériaux. Quant à la chaire de droit dont je parlais tout à l'heure, il n'est pas difficile de prouver à quel point elle serait avantageuse pour les élèves et pour le public. Cet enseignement, présenté avec clarté, avec méthode, préviendrait bien des procès, et je ne vois pas trop qui pourrait s'en plaindre. Avant d'élever une muraille, de percer une fenêtre, l'architecte ne serait plus obligé d'interroger un homme de loi, et, plus libre dans son action, achèverait son œuvre en moins de temps. On ne verrait plus naître des contestations si faciles à prévenir. La chaire de comptabilité spéciale n'a pas besoin d'être défendue. Il y a deux hommes dans l'architecte, l'artiste et l'administrateur. Or, pour administrer, il faut posséder sur la comptabilité des notions positives; c'est pourquoi je demande la création d'une chaire destinée à cet enseignement.

La peinture et la statuaire proprement dites ne comptent pas à l'école de Paris un seul professeur. Les leçons données par les sculpteurs et les peintres sont des leçons de dessin, et rien de plus. Je reconnais très-volontiers que la connaissance du dessin est la base de la peinture et de la statuaire; mais le dessin n'est pas à lui seul toute la peinture, toute la statuaire, et je ne comprends pas comment une école destinée à former des sculpteurs, des peintres et des architectes, n'offre pas aux élèves un seul professeur de peinture et de statuaire. Les jeunes gens qui cultivent l'une de ces deux branches de l'art sont obligés de choisir un professeur hors de l'école, ou du moins, s'ils le trouvent à l'école parmi les professeurs de dessin, ce n'est pas dans l'enceinte même de l'école qu'ils apprennent de lui la pratique de la peinture et de la statuaire. En insistant sur cette lacune, je ne crois pas me rendre coupable de puérilité. Quoique le dessin nous révèle les proportions du modèle humain, l'harmonie des lignes, les rapports constants qui unissent la forme et le mouvement et qui permettent de deviner l'un à l'aide de l'autre, avant de passer à la pratique de la peinture et de la statuaire, il reste encore bien des choses à apprendre, et je m'étonne que cet enseignement complémentaire n'existe pas à l'école de Paris. Rien, à mon avis, ne serait plus raisonnable que de réduire le nombre des professeurs de dessin, et de créer pour la peinture et la statuaire un enseignement spécial. A quoi bon recruter les professeurs de dessin parmi les sculpteurs et les peintres, si aucun d'eux, dans les leçons qu'il donne, ne tient compte du caractère spécial de ses études? L'ébauchoir et le pinceau peuvent-ils reproduire la forme sans l'interpréter? Personne ne soutiendra sérieusement une telle hérésie. Mais qui donc, si ce n'est le sculpteur et le peintre, enseignera aux élèves comment il faut interpréter la forme pour la peindre ou la modeler?

La connaissance générale de l'histoire de leur art serait certainement d'une haute utilité aux peintres et aux sculpteurs. L'étude attentive de toutes les grandes écoles qui se sont produites depuis Phidias jusqu'à Jean Goujon, depuis Giotto jusqu'à Raphaël, éveillerait dans l'âme des élèves une émulation féconde et contribuerait puissamment à former leur goût. L'histoire de la peinture et de la statuaire serait le complément naturel et nécessaire de l'enseignement technique. Pour peindre et pour modeler, il est bon de savoir à quels principes ont obéi les grandes écoles. Et, quand je parle de Phidias et de Jean Goujon, de Giotto et de Raphaël, je n'entends pas donner à l'enseignement historique le caractère exclusif qui plaît tant à certains esprits. Tout en insistant sur l'excellence de l'art grec, le professeur ne devrait pas négliger de montrer tout ce qu'il y a d'élégant et d'ingénieux, de souple et de fin dans la sculpture de la renaissance. Il serait sage de ne pas s'arrêter aux dernières années du seizième siècle, et d'appeler l'attention sur les artistes mêmes qui, tout en s'éloignant des traditions de la Grèce et de la renaissance, ont signalé leur passage par des œuvres énergiques et empreintes d'une véritable grandeur. Si Jean Goujon est plus près de Phidias que Puget, ce n'est pas une raison pour traiter avec dédain le Milon de Crotone, dont la chair palpite, dont la blessure saigne, dont les bras et la poitrine expriment la force et la souffrance. Il est permis de blâmer sévèrement les lignes générales de cet ouvrage; mais, tout en le critiquant, il faut l'admirer, et l'histoire serait une leçon stérile, si elle n'enseignait pas la justice et l'impartialité. Il ne faudrait pas non plus dire que la peinture finit à Raphaël, et traiter comme des artistes d'une importance secondaire tous les hommes qui ont, après lui, révélé leur génie par des œuvres originales. En dehors de l'école romaine, en dehors de l'école florentine, il y a des hommes vraiment grands, vraiment dignes d'admiration, et ce n'est pas manquer de respect à Raphaël, au Vinci, que d'admirer le Titien, le Corrége, Michel-Ange et Rubens. Le Sueur et Nicolas Poussin sont deux sources fécondes, et l'étude de ces deux maîtres n'est pas à dédaigner pour ceux mêmes qui ont vécu dans l'intimité des maîtres illustres que je viens de nommer.

Je pense donc qu'il faudrait ajouter à l'enseignement du dessin, outre l'enseignement technique de la peinture et de la statuaire, l'histoire de ces deux branches de l'art; mais cette histoire, pour être vraiment utile, devrait être conçue d'une façon très-large quant aux principes généraux. La série entière des écoles qui se sont succédé depuis Phidias jusqu'à Canova, depuis Cimabue jusqu'à Géricault, devrait être jugée sans colère, non pas au nom d'une école, si excellente qu'elle soit, mais au nom de la justice, au nom du goût. Se placer au centre du seizième siècle pour condamner comme imparfait tout ce qui a précédé Raphaël, comme un art en décadence toutes les œuvres qui se sont produites après lui, ce n'est pas comprendre, ce n'est pas enseigner l'histoire; c'est la dénaturer, c'est en méconnaître la vraie signification. Que le peintre ou le statuaire dans la solitude de leur atelier proscrivent tout à leur aise les écoles pour lesquelles ils n'éprouvent aucune sympathie, qu'ils impriment à leurs œuvres le cachet de leur colère, il n'y a rien dans une telle conduite qui puisse être blâmé sévèrement; car, s'ils se trompent, ils portent la peine de leur méprise, et ils n'imposent à personne la haine et la sympathie qui les animent. Mais la justice est le premier devoir de l'histoire, et c'est manquer à la justice que de proscrire Rubens au nom de Raphaël.

Je croirais avoir obtenu beaucoup si tout ce que j'ai proposé jusqu'à présent venait à se réaliser, et pourtant mes vœux ne s'arrêtent pas là. Les trois arts du dessin, mais surtout la peinture et la statuaire, sont unis à la poésie par une étroite parenté. La lecture des poëtes fournit aux peintres et aux statuaires la plupart des sujets qu'ils sont appelés à traiter, la meilleure partie de ceux mêmes qu'ils choisissent librement. Or, pour que la lecture des poëtes soit vraiment féconde, pour qu'elle suscite dans l'âme du peintre et du statuaire une moisson de pensées nouvelles, ne faut-il pas que l'âme de l'artiste soit préparée par l'étude, comme la terre par la charrue au moment des semailles? Les élèves de l'École polytechnique ont une chaire de littérature, et l'École des Beaux-Arts n'offre rien de pareil. Je me demande si les connaissances littéraires ont plus d'importance, plus d'utilité pour les ingénieurs, pour les officiers d'artillerie, que pour les peintres et les statuaires. Pour les ingénieurs, il est facile de le comprendre, les études littéraires n'ont qu'un but, le développement général de leur intelligence. A coup sûr, la connaissance d'Homère et de Virgile, d'Eschyle et de Sophocle, ne trouve jamais d'application immédiate dans la carrière à laquelle se destinent les élèves de l'École polytechnique, et pourtant, depuis l'époque même de sa fondation, l'École polytechnique possède une chaire de littérature. Croit-on qu'un tel enseignement ne serait pas au moins aussi utile aux élèves de l'École des Beaux-Arts ? Les programmes offerts chaque année aux peintres et aux statuaires de l'École par la quatrième classe de l'Institut sont généralement empreints d'une remarquable sécheresse ; pense-t-on que la connaissance des sources où l'Académie va puiser ces programmes ne serait pas pour les élèves un puissant auxiliaire ? Plutarque nous apprend que Phidias se nourrissait assidûment de la lecture d'Homère, et tout ce qu'il raconte de la Minerve du Parthénon et du Jupiter Olympien n'est, à vrai dire, qu'une page de l'Iliade, dont chaque mot anime l'or et l'ivoire, comme le feu dérobé par Prométhée animait l'argile. Eh bien ! qu'on interroge les élèves qui se présentent aux concours de peinture et de statuaire, qu'on mette leur savoir à l'épreuve, et vous verrez ce qu'ils répondront. Qu'on leur demande la biographie des demi-dieux et des héros qu'ils sont appelés à représenter, et l'on sera justement étonné de la légèreté de leur bagage littéraire. La plupart des élèves ne connaissent Achille, Thésée, Oreste, Ajax, Agamemnon, que par les programmes de l'Académie ; quelques-uns d'entre eux ont employé leurs loisirs à feuilleter le dictionnaire de Chompré. Comptez ceux qui ont lu Homère et Sophocle, et vous serez effrayé en voyant à quel chiffre se réduisent les élèves quelque peu lettrés.

Il n'est pas douteux pour moi que l'absence de culture littéraire n'exerce une influence très-fâcheuse sur les études et sur les ouvrages des peintres et des statuaires : ou bien ils ne savent absolument rien touchant le sujet qu'ils ont à traiter, et quelquefois c'est pour eux la meilleure des conditions, car, dans ce cas, ils consultent ceux qui savent ; ou bien ils ont dans leur mémoire quelques notions incomplètes et confuses, qui ne servent qu'à les égarer. Une chaire de littérature générale serait donc, pour l'École des Beaux-Arts, d'une utilité incontestable. Cet enseignement devrait être conçu d'après la nature même des études spéciales auxquelles il servirait de complément. Ainsi, par exemple, il ne s'agirait pas de développer chez les élèves le sens critique, mais bien et surtout d'orner, de meubler leur mémoire. Il serait parfaitement superflu de leur montrer en quoi l'Héracléide, ou la biographie complète d'Hercule, diffère de l'Iliade, dont tous les épisodes se groupent autour de la colère d'Achille. Toutes ces dissertations, très-bonnes en elles-mêmes, n'apprendraient rien aux élèves de l'École. Ce qu'il leur faut, c'est une analyse bien faite de l'Iliade et de l'Odyssée, une riche moisson d'épisodes fidèlement traduits. Ils doivent connaître Homère comme les élèves de Saint-Cyr connaissent la théorie militaire, car il n'y a pas, dans le domaine entier de la poésie, une mine plus riche et que les arts du dessin puissent exploiter avec plus de profit. Ce n'est pas que je veuille, à l'exemple de l'Académie, circonscrire les études et les compositions des élèves dans le champ de l'antiquité : une telle pensée est loin de moi ; mais, lors même que l'imagination s'exerce librement et va choisir le thème d'un tableau ou d'un bas-relief dans un âge quelconque de l'histoire, le souvenir d'Homère garde toujours une action salutaire sur les œuvres mêmes dont il ne fournit pas le sujet. Je voudrais que le professeur de littérature générale, ne perdant jamais de vue le caractère de ses auditeurs, s'appliquât surtout à déposer dans leur mémoire le germe de compositions simples et grandes. Sa mission serait de leur présenter les tragédies d'Eschyle et de Sophocle dans leurs rapports avec les arts du dessin; à mesure qu'il avancerait dans la lecture du *Prométhée enchaîné* ou de l'*OEdipe-roi*, il insisterait sur la beauté des scènes qui peuvent trouver, dans le marbre ou la couleur, un fidèle interprète, et, sans proposer ces admirables scènes comme des sujets de tableau ou de bas-relief, il amènerait ses auditeurs à chercher leurs inspirations dans la lecture qui les aurait émus.

Cet enseignement, loin de détourner les élèves de l'objet spécial de leurs études, ôterait à ces études ce qu'elles ont parfois de trop matériel; il exercerait leur intelligence en même temps que leur main, et donnerait à leurs pensées une élévation qui leur manque trop souvent. D'ailleurs, il devrait se borner à l'analyse des œuvres du premier ordre. Après *l'Iliade* viendraient *la Divine Comédie, le Paradis perdu*. Dans le commerce familier d'Homère, d'Alighieri et de Milton, l'âme se fortifie, et, vivant dans les régions habitées par ces beaux génies, l'imagination prend à son insu une grandeur, une sérénité qui se réfléchit dans toutes ses œuvres.

Quant aux concours annuels de l'École de Paris, quelques mots suffiront pour expliquer ma pensée. Comme principe d'émulation, je les trouve excellents; mais je voudrais voir changer le mode de jugement et la nature des récompenses accordées aux lauréats. Les concours annuels de l'école sont jugés par l'Académie des Beaux-Arts. Or, la plupart des professeurs de l'École appartiennent à l'Académie. Les œuvres des élèves sont donc, en réalité, jugées par les professeurs. Ce mode de jugement me paraît offrir de graves inconvénients. A moins d'admettre, en effet, que les professeurs, qui sont des hommes, passent à l'état de demi-dieux dès qu'ils se réunissent en académie, et oublient, comme par enchantement, toutes les faiblesses humaines, on doit craindre que les récompenses ne soient pas données avec une irréprochable impartialité. Je ne dis rien de l'adjonction à la section de peinture, de sculpture ou d'architecture, de l'Académie tout entière ; c'est un enfantillage auquel je n'attache pas grande importance, car l'Académie ne se réunit à la section que lorsque la section elle-même a déjà prononcé un jugement préparatoire, et je pense que MM. Auber, Adam, Halévy, adoptent volontiers l'avis de MM. Ingres et Delaroche, de MM. David et Pradier, lorsqu'il s'agit de prononcer un jugement définitif sur un concours de peinture ou de sculpture. Mais le jugement de l'Académie n'a pas et n'aura jamais une grande autorité, car les professeurs ou les membres de l'Académie, en jugeant leurs élèves, jugent leur enseignement, et il est permis de croire qu'ils le jugent avec indulgence. Sans doute il peut arriver, quelquefois il arrive que les professeurs jugent sévèrement leurs élèves ; mais cet héroïsme n'est pas à la portée de tous les caractères et ne détruit pas la valeur de l'objection. L'opinion publique se défie des jugements de l'Académie : il y aurait un moyen bien simple de la rassurer ; ce serait de confier le jugement des concours à un jury pris en dehors de l'École et de l'Académie, qui, pour nous, sont un seul et même corps sous deux noms différents. Si l'enseignement des professeurs est excellent, si le goût qui les dirige est irréprochable, ils doivent tenir à honneur d'entendre proclamer l'excellence et la pureté de leurs leçons par des juges autres qu'eux-mêmes, car l'approbation, en passant par leur bouche, doit perdre, à leurs yeux du moins, une partie de sa valeur. Un jury pris en dehors de l'École et de l'Académie offrirait à l'opinion publique des garanties plus sérieuses d'impartialité. Je sais bien qu'il pourrait se trouver, qu'il se trouverait presque toujours, parmi les concurrents, un ou plusieurs élèves dont le maître ferait partie du jury; mais, en admettant même que ce fait se réalisât, il n'y aurait aucune comparaison à établir entre le jugement de l'Académie et le jugement du jury que je propose; car ceux qui n'auraient pas d'élèves parmi les concurrents, et qui formeraient sans doute la majorité, seraient à l'abri de toute tentation et prononceraient avec une complète indépendance.

Si cette mesure semblait trop radicale, si la substitution d'un jury aux professeurs de l'école paraissait blessante pour les professeurs, et, pour ma part, je l'avoue, je le comprendrais difficilement, on pourrait composer le jury de six professeurs et de six artistes pris en dehors de l'école. C'est à peu près le mode de jugement adopté à l'école même pour les concours d'émulation dans la section d'architecture. Pourquoi ce mode adopté pour les concours d'émulation, et dont l'expérience a démontré les avantages, ne serait-il pas adopté, dans les trois sections, pour le jugement des concours annuels?

Quant à la nature des récompenses, ma pensée se réduit à deux points très-précis : je ne voudrais pas qu'il fût permis de concourir passé vingt-cinq ans, et je crois qu'il conviendrait de supprimer l'école de Rome. Le premier point ne soulèvera sans doute aucune objection. Si les élèves qui doivent commencer l'étude de leur art, peinture, statuaire ou architecture, vers l'âge de quinze ans, n'ont pas donné la mesure de leurs facultés à vingt-cinq ans, il est probable qu'à trente ans ils ne seront pas devenus des artistes éminents. Dans l'espace de cinq ans, ils pourront se perfectionner dans la pratique matérielle du métier, mais il n'est guère permis d'espérer qu'ils révèlent une abondance d'imagination, une élévation de pensée qu'ils n'auraient pas montrée jusque-là. Le second point soulèvera, je le sais, des objections nombreuses, et pourtant, malgré ces objections, dont je reconnais toute la gravité, toute l'importance, je crois devoir demander formellement la suppression de l'école de Rome.

Personne moins que moi n'est disposé à nier l'utilité d'un voyage en Italie pour les peintres, les sculpteurs et les architectes. Je reconnais volontiers qu'une année passée à Rome peut exercer sur l'imagination des jeunes artistes la plus heureuse influence. Je choisis Rome à dessein, car aucune ville d'Italie n'est aussi féconde en enseignements. Les deux galeries de Florence, la galerie des Offices et la galerie Pitti, malgré leur prodigieuse richesse, ne peuvent remplacer la Sixtine et les chambres du Vatican. Le musée de Naples offre un assemblage précieux de morceaux antiques. Les bronzes trouvés à Pompéi, à Herculanum, sont d'un immense intérêt. Les peintures murales enlevées aux ruines de ces deux villes seront toujours un sujet d'études très-profitable; cependant il ne faut pas oublier que ces peintures ne sont, pour la plupart, que des répétitions d'œuvres perdues aujourd'hui sans retour. Il est bon de les consulter; mais ce serait se tromper grossièrement que d'y chercher un témoignage précis sur l'état de l'art au premier siècle de l'ère chrétienne. Quant à Venise, dont les églises et la galerie offrent des trésors nombreux, les leçons qu'elle peut donner se renferment dans un cercle trop étroit pour qu'elles puissent jamais dispenser d'un voyage à Rome. Je n'hésite donc pas à déclarer que Florence, Naples et Venise, malgré l'éclat et la valeur très-réelle des œuvres qu'elles possèdent, sont pour l'artiste une étude moins féconde que Rome. Deux hommes, en effet, remplissent Rome de leur grandeur, et, fussent-ils seuls, n'y eût-il autour d'eux aucun monument de l'art antique, ils suffiraient encore à renouveler, à transformer l'imagination de tous les artistes appelés à marcher sur leurs traces. Ai-je besoin de nommer ces deux hommes? Leurs noms ne sont-ils pas déjà sur toutes les lèvres? Chacun n'a-t-il pas deviné que je veux parler de Raphaël et de Michel-Ange?

Lors même que Rome n'offrirait à l'étude que la chapelle Sixtine et les chambres du Vatican peintes par Raphaël, Rome serait encore la première de toutes les écoles. Les œuvres de ces deux hommes éminents sont empreintes, en effet, d'un savoir si profond, que celui qui les connaît, qui a vécu dans leur intimité, peut, à bon droit, se vanter de connaître l'art tout entier. En quittant Raphaël et Michel-Ange, il emporte au fond de son âme une image que le temps ne saurait effacer; chaque fois qu'il se trouve en présence d'une œuvre éclatante ou sévère, pour l'estimer à sa juste valeur, il n'a qu'à interroger cette image, et il est sûr de ne pas se tromper. Cependant Raphaël et Michel-Ange ne représentent pas même la moitié des richesses de Rome. Outre les musées du Vatican et du Capitole, que de palais, que d'églises, que de galeries où l'on peut étudier les principales écoles d'Italie! La plupart des maîtres que nous connaissons à Paris, dont la galerie du Louvre possède plus d'une œuvre importante, se révèlent à Rome sous un aspect inattendu. Annibal Carrache, au palais Farnèse, est un peintre nouveau pour ceux qui ne l'ont étudié que dans ses tableaux. Il y a dans *le Triomphe de Bacchus* une franchise, une hardiesse, une verve à laquelle nous ne sommes pas habitués. La tribune de Saint-André della Valle nous montre Dominiquin avec des qualités qu'on ne trouve pas même dans le plus célèbre et le plus vanté de ses tableaux, dans *la Communion de saint Jérôme*. C'est dans la tribune de Saint-André qu'il faut étudier Dominiquin, si l'on veut savoir vraiment ce qu'il vaut. *Le Martyre de saint André*, qui se voit à San-Gregorio, en regard d'une fresque du Guide, la chapelle même de Saint-Basile, à Grotta-Ferrata, dont les diverses compositions se recommandent par tant de vérité, ne peuvent donner une idée du mérite qui éclate dans la tribune de Saint-André. Jamais Dominiquin ne s'est montré aussi simple, aussi savant ; jamais il n'a tiré un plus riche parti de l'architecture. Le Guerchin et Guide, étudiés à la villa Ludovisi, au palais Rospigliosi, ne sont pas moins nouveaux pour ceux qui ne connaissent que leurs peintures à l'huile. Guide et le Guerchin, comme Dominiquin et Annibal Carrache, dans leurs fresques de Rome, se montrent à nous avec une puissance qu'on chercherait vainement dans leurs autres compositions.

La sculpture n'est pas représentée à Rome moins richement que la peinture. Le Vatican et le Capitole renferment une foule de figures qui, sans pouvoir se comparer à la Vénus de Milo, aux marbres d'Athènes, se recommandent pourtant par de rares mérites. Le torse du Vatican, qui passe parmi les antiquaires pour un fragment d'Hercule au repos, pourrait seul se placer à côté de l'Ilissus et du Thésée. Le Laocoon, l'Apollon du Belvéder, le Méléagre, sans appartenir à un art aussi élevé, et qu'on ne pourrait mettre sur la même ligne sans avouer hautement son ignorance, offrent pourtant d'utiles enseignements. Le torse et le masque du Laocoon expriment la douleur avec une admirable énergie. Quant au Capitole, quoiqu'il soit moins riche que le Vatican, il renferme cependant plus d'une œuvre précieuse.

L'Hercule en bronze doré, l'Antinoüs, la Diane, la Junon, seront toujours étudiés avec fruit. Le Moïse de Saint-Pierre aux Liens, le Christ de la Minerve, la Pietà de Saint-Pierre, sont encore des leçons excellentes, même après les chefs-d'œuvre de l'art antique. Si le goût n'est pas pleinement satisfait par le style de ces trois compositions, en revanche le savoir qui se révèle dans chaque morceau excite une légitime admiration.

Rome n'est pas, pour l'architecte, une école moins généreuse que pour le peintre et le statuaire. Ruines antiques, palais modernes, tout ce qui peut servir à développer l'imagination se trouve réuni dans l'enceinte de Rome. Le Colysée, le théâtre de Marcellus, les arcs de Constantin, de Titus et de Septime Sévère, le Panthéon et le temple de la Paix, le portique d'Octavie et les colonnes du temple de Jupiter Stator nous montrent l'art antique sous des aspects variés. Le palais Farnèse, le palais Giraud, le palais de la Chancellerie, nous montrent l'art moderne dans toute son élégance, toute sa pureté. Il est impossible de ne pas admirer, d'étudier sans profit la sobriété, la simplicité sévère, qui font du palais Giraud une œuvre exquise. Le palais Farnèse, quoique moins pur, offre pourtant plusieurs parties d'une grande élégance. Quant au palais de la Chancellerie, il est depuis longtemps apprécié par tous les hommes compétents.

Rome n'enseigne pas seulement à l'architecte ce qu'il doit faire, mais bien aussi ce qu'il doit éviter. Si le palais Giraud est un modèle de grâce, de simplicité, le palais Doria est une des œuvres les plus ridicules que puisse enfanter l'imagination humaine. Il est difficile, peut-être impossible, de produire un monument d'un style plus tourmenté, plus maniéré; je ne crois pas qu'il soit permis d'aller plus loin dans le mauvais goût. Et que d'églises je pourrais nommer dont le style ne vaut guère mieux que celui du palais Doria!

Certes, l'architecte qui veut étudier son art trouve de quoi nourrir sa pensée sans sortir de Rome. Il y a, dans les monuments que je viens de nommer, une variété de formes qui se prête aux comparaisons les plus instructives. Si Rome ne peut tenir lieu d'Athènes, si le goût qui a présidé aux œuvres de l'architecture romaine n'est pas aussi pur que le goût des artistes grecs, il y a cependant une riche moisson à recueillir dans l'étude des monuments romains. Personne, je crois, ne voudra contester l'importance de ces monuments, je parle de ceux qui appartiennent à l'antiquité, non-seulement sous le rapport de l'art proprement dit, mais aussi sous le rapport de la science. Si le goût, en effet, trouve parfois à blâmer, l'esprit demeure confondu en voyant avec quelle sagacité consommée tous les moyens sont réunis et combinés pour assurer la durée de l'œuvre. Le Colysée, debout depuis dix-huit siècles, est là pour attester jusqu'à quel point les architectes romains avaient porté la science de la construction. Il y a dans ces ruines une majesté, une force qui semble défier le temps. Et l'histoire nous apprend, en effet, que la main des hommes, bien plus que la main du temps, a ébréché les murailles du Colysée.

Ainsi donc, les trois arts du dessin, peinture, statuaire, architecture, trouvent à Rome des leçons sans nombre, des conseils variés à l'infini; des inspirations généreuses, des remontrances austères, et pourtant je n'hésite pas à demander qu'on supprime l'académie de France à Rome. Si je crois, en effet, à l'utilité d'un voyage en Italie, je ne crois pas que l'académie réponde à sa destination.

Les pensionnaires de l'académie forment à Rome une petite église et se mêlent rarement à la société des étrangers; ils vivent entre eux et s'encouragent mutuellement, à leur insu, à persévérer dans la voie qu'ils ont choisie. Préjugés, idées étroites, principes exclusifs puisés à l'école de Paris, ils n'oublient rien. Ils respirent l'air de Rome, et c'est à peine si, au bout de deux ans, ils jugent avec clairvoyance, avec impartialité les œuvres les plus admirables, les créations les plus complètes de l'art moderne. Un mot suffit pour caractériser les idées singulières que les pensionnaires apportent en Italie et qu'ils n'ont pas toujours abandonnées quand ils reviennent en France. Il y a quelques années, je me trouvais à Rome au Vatican : je vis arriver un jeune lauréat qui, pour la première fois, contemplait l'*École d'Athènes*. J'étais curieux, je l'avoue, d'étudier l'impression que produirait sur lui cette composition. Ma curiosité fut bientôt satisfaite, car le jeune lauréat n'essaya pas de cacher son étonnement en présence d'une peinture si nouvelle pour lui, si peu d'accord avec tout ce qu'il avait vu jusque-là : il était dépaysé. « Si c'est là Raphaël, dit-il naïvement, il faut le temps de s'y faire. » Je ne sais pas si, avec l'aide du temps, le pensionnaire dont j'ai recueilli l'aveu est arrivé à comprendre pleinement le génie de Raphaël, je ne sais pas si, à l'heure où je parle, il pense comme tous les hommes éclairés que l'*École d'Athènes* n'a jamais été surpassée; mais il y a dans cette parole un accent de franchise et de vérité que je ne puis oublier. Qu'est-ce donc que l'enseignement de Paris, si les élèves couronnés, en présence de Raphaël, éprouvent plus d'étonnement que d'admiration? La plupart des pensionnaires quittent Rome sans avoir modifié profondément les opinions qu'ils avaient puisées dans l'atelier de leur maître. L'isolement où ils vivent ne leur permet guère de se renouveler. Le bagage de préjugés qu'ils ont apporté, ils le remportent comme un trésor précieux dont ils ne doivent jamais se séparer. Comme les œuvres qu'ils envoient chaque année sont soumises au contrôle de leurs maîtres et louées ou blâmées publiquement, ils continuent à régler leurs études en Italie d'après les principes qui les guidaient en France. Ils demeurent ce qu'ils étaient et tirent de leur voyage un assez maigre profit. Sans doute ce que je dis des pensionnaires ne se réalise pas constamment, sans doute il se trouve parfois à l'académie un peintre, un statuaire, un architecte qui ne débute pas à Rome par l'étonnement et se fait Italien au bout de quelques mois; mais cette exception n'entame pas la vérité générale de mes paroles. Pour un pensionnaire qui aborde sans surprise l'*École d'Athènes* et le *Jugement dernier*, il y en a vingt qui diraient, s'ils n'étaient retenus par la crainte du ridicule : « Si c'est là Michel-Ange et Raphaël, il faut le temps de s'y faire. »

Pourquoi les pensionnaires forment-ils à Rome une petite église? pourquoi vivent-ils entre eux? pourquoi semblent-ils dédaigner les idées nouvelles? Je me suis plus d'une fois posé cette question, et je crois l'avoir résolue. Les pensionnaires de l'académie s'isolent, parce qu'ils pensent sincèrement n'avoir plus rien à apprendre. Comme ils sont presque tous parvenus à la moitié de la vie ; comme, pour obtenir le grand prix de Rome, ils ont étudié pendant dix ans, quelquefois même pendant quinze ans, ils arrivent sans peine à se persuader que le grand prix de Rome est la limite extrême du savoir et du talent. Ils vivent seuls et ne se mêlent pas volontiers à la société des artistes étrangers, et, par le nom d'étrangers, je désigne tous les artistes qui ne font pas partie de l'académie; ils gardent fidèlement les principes qui leur ont été enseignés à Paris, parce qu'ils sont pleinement convaincus de l'excellence de ces principes. Dans la langue, j'allais dire dans le jargon de l'académie, les peintres, les statuaires, les architectes, qui ne sont pas au nombre des lauréats, à quelque nation qu'ils appartiennent d'ailleurs, s'appellent vulgairement *les hommes d'en bas*. Quant à ceux qui habitent la villa Medici, ils se nomment modestement *les hommes d'en haut*. Sous cette double désignation, si puérile en apparence et qui semble d'abord empruntée à la configuration des lieux, puisque la villa Medici, placée à côté de la Trinité-du-Mont, sur le Pincio, domine la place d'Espagne, il faut reconnaître un sentiment de supériorité qui, par malheur, est bien rarement justifié.

A cet orgueil que la durée de leurs études explique sans l'excuser, vient s'ajouter le bien-être que l'État leur assure. La pension des lauréats est certainement très-modique, et, si l'école de Rome était vraiment utile, la France pourrait l'augmenter sans se rendre coupable de prodigalité; mais cette pension suffit pour éloigner tout souci de l'esprit des lauréats. Logés, nourris à la villa Medici, ils reçoivent chaque mois 18 piastres romaines; quand ils voyagent en Italie, ils reçoivent 32 piastres. A coup sûr, ce n'est pas la richesse, mais c'est au moins l'indépendance; et comme cette condition privilégiée dure cinq ans, comme pendant cinq ans les pensionnaires de l'académie n'ont pas à se préoccuper de la vie matérielle, il ne faut pas s'étonner si ce bien-être, venant en aide à l'orgueil, les conduit à l'indolence. Il y a tel pensionnaire qui, dans l'espace de cinq ans, n'a pas visité cent fois le Vatican, et qui ne connaît pas même toutes les richesses de ce prodigieux musée. Ils font à Rome un si long séjour, qu'ils ne se pressent pas d'étudier tous les trésors mis à leur disposition, et souvent la cinquième année s'achève, sans qu'ils aient passé en revue toutes les merveilles qui devraient renouveler, qui devraient féconder leur pensée.

A leur retour en France, les pensionnaires de l'académie s'étonnent de l'oubli profond où leur nom est tombé. En partant pour Rome, ils croyaient naïvement que le public se souviendrait d'eux; ils espéraient le retrouver fidèle, empressé. En voyant sur tous les visages la plus parfaite indifférence, ils accusent le public d'injustice et d'ingratitude. Personne ne songe à les interroger sur leurs projets. Les travaux envoyés de Rome chaque année produisent une impression si passagère, que le retour d'un lauréat passe nécessairement inaperçu. Il est bien rare qu'un artiste absent depuis cinq ans, qui, pendant toute la durée de son séjour en Italie, n'a produit le plus souvent aucune œuvre d'un caractère vraiment nouveau, réussisse à exciter la curiosité. Après quelques jours d'étonnement et de colère, forcé de se rendre à l'évidence, le lauréat qui n'est plus jeune, qui vient d'achever son septième lustre, se résigne enfin à recommencer la lutte qu'il croyait terminée. Chacun devine ce qu'il doit souffrir, en acceptant pour rivaux, ceux qu'il avait dédaignés jusque-là comme des athlètes trop faibles pour entrer en lice avec lui. Bon gré, mal gré, quelle que soit sa pensée sur lui-même et sur le public, il faut bien qu'il se décide à faire ses preuves pour attirer l'attention. Puisque le public ne le connaît pas, il faut qu'il lui apprenne son nom. Après cinq ans passés dans la sécurité la plus complète, dans le contentement de soi-même, c'est une rude épreuve, et, parmi les pensionnaires, il en est bien peu qui l'abordent sans frayeur. Pour sortir victorieux de cette lutte avec l'indifférence, un courage de quelques mois ne suffit pas; il faut, pendant plusieurs années, une persévérance qui ne se démente pas un seul instant. Dans l'isolement volontaire où il vivait, le pensionnaire de l'académie s'était habitué à se considérer comme un maître consommé. Sans avoir produit aucune œuvre éclatante, il se respectait, il se savait bon gré d'avoir étudié pendant dix ans pour obtenir les suffrages de l'Institut. Il avait été couronné, donc il avait du talent. Le fameux enthymème de Descartes, sur l'existence prouvée par la pensée, n'avait pas à ses yeux une évidence plus lumineuse. Les professeurs réunis à l'Institut n'avaient pu se tromper; puisqu'ils l'avaient jugé digne de vivre pendant cinq ans en Italie aux frais de l'État, il était sûr de trouver à son retour des travaux selon son goût. Le jugement prononcé par les professeurs en séance publique n'était-il pas un argument sans réplique, une recommandation victorieuse?

Hélas! qu'il y a loin de ces rêves à la réalité! Le public, pour admirer, pour blâmer un tableau, une statue, une église ou un palais, ne tient pas à savoir si l'auteur a été couronné par l'Institut. Il juge l'œuvre en elle-même sans demander si le peintre, le statuaire ou l'architecte a vécu cinq ans en Italie. Si le pensionnaire a de lui-même une trop haute idée, s'il a pour son talent et son savoir une estime que ses œuvres ne justifient pas, le public se charge de lui enseigner la modestie. Certes, il arrive parfois au public de se tromper; parmi ceux qui donnent leur avis, qui se prononcent sans hésiter, il en est plus d'un qui tranche les questions dont il ne sait pas le premier mot. Pour avoir eu le talent de s'enrichir, ou le bonheur de naître dans la richesse, on n'est pas nécessairement capable d'apprécier un tableau, une statue; mais, à tout prendre, malgré bon nombre de bévues, le public est rarement injuste. Si parfois il s'engoue d'une œuvre sans importance, il reconnaît volontiers sa méprise, et ne se fait pas prier pour bafouer ce qu'il admirait huit jours auparavant, dès qu'une voix sincère a parlé au nom de la vérité. Sans connaître, sans chercher la raison de ses sympathies, il préfère généralement ce qui doit être préféré. Sans être souverainement juste, il possède une justice relative qui ne s'éloigne pas trop de la vérité. Si le tableau placé devant lui n'a d'autre mérite que de rappeler une composition de l'école romaine, ou de l'école florentine, faute de pouvoir saluer dans ce pastiche une vieille connaissance, il passe, et ne daigne pas même demander le nom des personnages. Si le pensionnaire n'a pas appris à penser par lui-même, s'il n'a appris en Italie que l'art trop facile de substituer en toute occasion la mémoire à l'imagination, s'il n'est pas assez fort pour reconnaître combien il est peu de chose, pour sentir qu'il n'a aucun droit aux applaudissements, il est perdu sans retour. Confondu dans la foule, il aura beau transcrire ses souvenirs, la renommée ne viendra pas le trouver. Après d'inutiles efforts pour appeler, pour enchaîner l'attention, aigri, découragé, il maudira ses illusions, ses espérances, et ne pensera jamais sans colère au grand prix de Rome, qui devait lui donner la gloire, et qui souvent ne lui donne pas même le pain de chaque jour.

Si telle est la destinée commune des pensionnaires de l'académie, si la plupart d'entre eux trouvent à peine dans la pratique de leur art de quoi subvenir aux besoins de la vie matérielle, est-il sage de maintenir l'académie? Ne conviendrait-il pas de récompenser l'étude et le talent d'une autre manière? Qu'on ne se méprenne pas sur la nature de ma pensée; ce n'est pas une économie que je propose. L'académie de France à Rome est pour l'État une dépense insignifiante. Loin de regretter les 112,000 francs affectés à l'encouragement des jeunes artistes, je voudrais voir doubler, tripler cette somme; mais je voudrais qu'elle fût employée autrement. L'Italie est pleine d'enseignements; que les jeunes artistes qui ont donné des preuves de talent aillent donc en Italie aux frais de l'État, mais qu'ils n'y demeurent pas cinq ans, qu'ils ne restent pas si longtemps éloignés de la patrie qui doit un jour les juger. Pour renouveler, pour agrandir leur pensée, deux années suffiraient amplement, et, pour qu'ils reçoivent de l'Italie une éducation vraiment féconde, qu'ils soient affranchis de tout contrôle pendant toute la durée de leur séjour; qu'ils étudient librement, selon l'instinct de leur imagination; qu'ils interrogent les monuments de l'art antique; qu'ils vivent dans le commerce familier des maîtres de toutes les écoles; qu'ils s'arrêtent à Florence ou à Venise, à Pise, à Padoue, à Rome, sans se demander ce que pensera de leur prédilection pour tel ou tel maître la quatrième classe de l'Institut. S'ils veulent aller chercher à Orvieto, dans les fresques de Signorelli, l'origine du *Jugement dernier*, ou consulter Giotto à Saint-François d'Assise, que rien ne les retienne. Si leur goût les appelle ailleurs qu'en Italie, s'ils se sentent attirés vers les maîtres de l'école espagnole ou de l'école flamande, qu'ils visitent les musées d'Anvers et de Madrid, les églises de Gand, de Bruges, de Tolède, de Séville; qu'ils aillent, à leur guise, de Van-Eyck à Murillo, de Jean Hemling à Velasquez, de Rubens à Ribeira. Que la France, en mère généreuse, leur ouvre l'Europe entière, rien de mieux : ce n'est pas là de l'argent perdu.

Mais, s'il est juste d'encourager ceux qui entrent dans la carrière, il n'est pas moins juste assurément d'encourager, de récompenser ceux qui ont déjà donné quelque chose de plus que des espérances, qui ont produit un bel ouvrage. Au lieu d'entretenir, pendant cinq ans, en Italie, les élèves qui trop souvent ont montré plus de persévérance que de vrai talent, ne serait-il pas plus sage d'appliquer une partie de cette somme à des œuvres de peinture ou de statuaire dignes d'admiration et d'étude? Pourquoi n'accorderait-on pas chaque année au plus beau tableau, à la plus belle statue du Salon, un prix de 10,000 francs, par exemple?

Quant aux architectes, il est clair qu'ils ne peuvent se dispenser de voyager. Les élèves qui auraient fait preuve de savoir et de goût à l'école de Paris devraient donc voyager, pendant deux ans au moins, aux frais de l'État, et visiter tour à tour l'Égypte, la Grèce, l'Italie, l'Angleterre, l'Allemagne, l'Espagne, et enfin la France. Ils devraient rapporter de leurs voyages des dessins précis, accompagnés de tous les documents nécessaires pour établir la sévérité de leurs études. De cette façon, en laissant de côté l'Inde, qui n'est pas sans intérêt, mais qui tient dans l'histoire de l'art une place à part, ils auraient parcouru le cercle entier de l'architecture, depuis Thèbes jusqu'à Reims, depuis le Parthénon jusqu'à l'abbaye de Westminster, depuis Grenade jusqu'à Cologne. Quand ils seraient appelés à restaurer une église gothique, ils n'auraient qu'à ouvrir leurs cartons pour accomplir la tâche qui leur serait confiée.

Reste la distribution des travaux, qui n'est, ou du moins qui ne devrait être qu'une forme particulière d'encouragement, une récompense accordée aux plus dignes, aux plus capables. Si l'école de Rome était supprimée, on aurait fait un grand pas vers le bon sens. Les pensionnaires de l'Académie ne réclameraient pas, au nom du privilége dont ils jouissent pendant cinq ans, l'exécution des tableaux et des statues destinés à nos églises, à nos musées. Aujourd'hui, quoique la plupart d'entre eux trouvent à peine de quoi vivre dans la pratique de leur art, il en est qui obtiennent des travaux, sans avoir d'autres titres à faire valoir que leur titre de pensionnaire. Puisque l'État les a nourris pendant cinq ans, il ne peut pas, il ne doit pas, disent-ils, les laisser sans travaux. C'est une prétention qu'il ne faut pas accueillir, une erreur qu'il ne faut pas encourager. Le privilége n'a rien de commun avec le droit. Les pensionnaires de la villa Medici s'habituent volontiers à croire que les travaux de peinture, de statuaire, d'architecture, leur appartiennent légitimement. A les entendre, l'État n'a pas le droit de décorer une chapelle, d'élever un palais, sans réclamer leur concours; ils ne peuvent demeurer oisifs, et, pour eux, un travail qui n'est pas commandé ne vaut pas mieux que l'oisiveté. Aussi qu'arrive-t-il? Les travaux s'émiettent, se divisent en parcelles, et, quand il s'agit de décorer un monument, l'unité manque presque toujours. Pour contenter les pensionnaires qui parlent de leurs droits, on arrive à mécontenter un juge qu'il serait sage peut-être de consulter, le public qui paye, et qui a bien aussi quelques droits à faire valoir.

C'est pourquoi, dans l'intérêt de l'enseignement, au nom de la justice, au nom de l'art, je pense qu'il serait sage de supprimer l'école de Rome.

1848.

XXIV

PRADIER

Né à Genève en 1790, Pradier fut destiné par sa famille à la profession de graveur, comme son frère aîné, à qui nous devons plusieurs planches plus remarquables par le caractère que par le maniement du burin. Il me suffit de citer *Virgile lisant le sixième livre de l'Énéide*. A coup sûr, il est facile de signaler bien des traces de gaucherie dans cette gravure, et pourtant il y a lieu de croire que l'auteur de la composition n'en est pas mécontent. M. Ingres pouvait trouver sans peine un interprète plus habile, mais il devait désespérer de rencontrer un interprète plus docile, plus fidèle, et je pense qu'il a bien fait de s'en tenir à M. Pradier. Le statuaire que la France vient de perdre, et dont je vais essayer de caractériser le talent, montra de bonne heure une passion très-vive pour le dessin. M. Denon, homme d'esprit et de goût, dont les livres n'apprennent pas grand'chose, mais qui avait beaucoup vu et savait discerner le vrai mérite, se prit d'affection pour James Pradier encore enfant, et le plaça dans l'atelier de Lemot. Les leçons d'un tel maître n'étaient pas de nature à féconder l'esprit de ses élèves. Les sculptures qu'il a exécutées pour le Louvre et la statue équestre d'Henri IV démontrent clairement qu'il n'a jamais deviné, jamais entrevu la suprême beauté. Cependant, quelle que fût la sécheresse de sa manière, quelle que fût l'indigence de ses idées, il ne manquait pas d'une certaine adresse dans le maniement de l'ébauchoir et du ciseau, et je crois que Denon agissait sagement en plaçant Pradier chez Lemot; car les statuaires du consulat et de l'empire, dont les noms sont presque oubliés aujourd'hui, mais que nous pouvons juger par leurs œuvres, ne comprenaient guère mieux que Lemot le but de l'art qu'ils pratiquaient, et ne le surpassaient pas dans la partie matérielle, dans le métier. Confié aux soins de Chaudet ou de Cartelier, il est probable que Pradier n'eût pas fait des progrès plus rapides que dans l'atelier de Lemot.

Au bout de quelques mois, il avait gagné l'amitié de son maître par son ardeur au travail et son aptitude singulière pour l'imitation du modèle. A peine âgé de vingt-deux ans, il concourut pour le grand prix de Rome et obtint une médaille d'or. L'année suivante, son bas-relief d'*Ulysse et Néoptolème* lui ouvrait les portes de l'Italie. Ainsi, à vingt-trois ans, l'élève de Lemot allait se trouver en présence des chefs-d'œuvre de l'art antique. C'était là sans doute un grand bonheur pour Pradier, une occasion féconde qu'il a su mettre à profit. Nous devons regretter qu'avant d'interroger les musées du Vatican et du Capitole, les galeries des Offices et du palais Pitti, il n'ait pas reçu les leçons d'un maître plus savant et plus habitué à la méditation, capable en un mot de lui inspirer le goût et la passion de l'originalité. Lemot pratiquait la sculpture, plutôt avec la persévérance d'un homme industrieux qu'avec l'ardeur d'un homme épris de la forme, et qui veut lutter de grâce et d'élégance avec les artistes grecs. Il enseignait patiemment ce qu'il savait, mais son savoir n'allait pas très-loin. Quant à la partie purement intellectuelle de son art, il ne s'en préoccupait guère, et je ne m'étonne pas que Pradier, en quittant l'atelier de Lemot, ait attaché plus d'importance au travail de la main qu'au travail de la pensée. C'était la conséquence nécessaire des leçons qu'il avait reçues. Pour tenter une autre voie, pour rendre à la pensée l'importance qui lui appartient, pour soumettre l'ébauchoir et le ciseau à la seule volonté vraie, c'est-à-dire à la volonté préconçue, il eût fallu réagir violemment contre les habitudes du maître, et c'était, pour un jeune homme de vingt-trois ans, une tâche bien difficile. Cependant la lecture des poëtes avait développé en lui un goût fort vif pour les temps héroïques de la Grèce, et l'on pouvait espérer que ce goût, excité par les chefs-d'œuvre de l'art antique, se traduirait plus tard en méditations, en compositions lentement conçues; on pouvait croire que la poésie le mènerait à la pensée, comme la peinture et la statuaire le menaient à la forme. Malheureusement, à peine arrivé en Italie, Pradier oubliait la lecture des poëtes pour se livrer tout entier à la pratique de son art; à peine si, vers la fin de la journée, il feuilletait encore d'une main distraite les pages qui l'avaient enivré pendant les premières années de sa jeunesse. Il copiait avidement, et souvent avec un rare bonheur, tout ce qu'il voyait; mais sa prédilection l'entraînait plutôt vers les œuvres sorties de la main de l'homme que vers les œuvres créées par la main de Dieu. Il étudiait plus volontiers les statues et les bas-reliefs que le modèle vivant. Il s'attachait à graver dans sa mémoire les lignes choisies par les artistes d'Athènes et de Rome, et ne songeait pas à se demander la raison de leur choix. Quant à la nature, s'il lui arrivait de la consulter, c'était plutôt pour l'exécution d'un morceau que pour l'expression d'un sentiment. En un mot, il est permis d'affirmer que de vingt-trois à vingt-huit ans, c'est-à-dire avant de soumettre ses œuvres au jugement de la foule, Pradier a mis la partie plastique de son art bien au-dessus de la partie intellectuelle. Son espérance, son ambition n'était pas de traduire sous une forme élégante une pensée personnelle, d'offrir aux yeux quelque chose de nouveau, une œuvre originale qui ne réveillât aucun souvenir : plus modeste dans ses prétentions, il se contentait déjà de combiner avec adresse, de réunir, en les transformant légèrement, les différents mérites qui recommandent les statues placées au Vatican. C'était renoncer, de bien bonne heure, à la moitié de la tâche. D'ordinaire les jeunes artistes rêvent des œuvres complètes, et, s'il ne leur est pas donné de les accomplir, le seul souvenir de leurs espérances, de leurs aspirations, suffit parfois pour les maintenir dans une région supérieure. S'ils ne peuvent pas faire tout ce qu'ils ont voulu, tout ce qu'ils ont tenté, la grandeur seule du but qu'ils ont entrevu nourrit dans leur esprit une activité féconde. L'espérance est le privilége de la jeunesse, et lorsque les années, en s'accumulant, nous conseillent de chercher plus près de nous l'objet de nos vœux, c'est encore le souvenir de l'espérance à laquelle nous avons renoncé qui soutient, qui renouvelle notre énergie.

Pradier semble avoir échappé à la loi commune : son esprit ne paraît pas avoir connu la jeunesse. De 1843 à 1848, il était ce que nous l'avons vu de 1830 à 1852 ; pensionnaire de l'école de Rome, il ne portait pas plus haut son ambition que dans la pleine maturité de son talent. De quarante à soixante-deux ans, il voulait ce qu'il avait voulu de vingt-trois ans à vingt-huit ans, rien de plus, rien de moins. Les années n'avaient pas attiédi son ardeur, car, pour me servir d'une expression vulgaire, il n'avait jamais été possédé du démon de son art. Il faisait mieux, plus habilement, plus sûrement, plus rapidement ce qu'il voulait faire ; mais la pratique assidue de sa profession n'avait ni rétréci ni élargi l'horizon de sa pensée. Habitué de bonne heure à imiter les œuvres qu'Athènes et Rome nous ont léguées, il avait fini par ne plus comprendre l'importance de l'invention. Pour lui, l'imagination n'était pas une partie intégrante, une partie nécessaire de la statuaire, et je pourrais même ajouter qu'il comprenait dans cette pensée les trois arts du dessin. Inventer! à quoi bon? Pourquoi courir les aventures? pourquoi se mettre à la poursuite de l'inconnu? Les anciens n'ont-ils pas laissé des modèles dans tous les genres? N'ont-ils pas tenté toutes les voies, traité tous les sujets vraiment dignes d'attention? Ramenée à sa plus simple expression, réduite à sa formule la plus précise, c'est là, si je ne m'abuse, la doctrine de Pradier, car cette doctrine se retrouve dans toutes ses œuvres. Il est vrai que dans les vingt dernières années de sa vie il s'est préoccupé de la nature plus souvent que dans les vingt années précédentes, il est vrai qu'il s'est plus d'une fois efforcé de reproduire jusqu'aux moindres détails de la réalité; mais lors même qu'il réussissait à copier fidèlement le modèle, ce n'était pas dans l'imitation littérale qu'il fallait chercher la clef de son œuvre. Ce n'était pas l'amour de la réalité qui l'inspirait, ce n'était pas l'étude du modèle qui lui dictait le choix du mouvement et des lignes. Un esprit vigilant retrouvait, sans peine, l'origine et le type de l'œuvre que Pradier venait de signer. L'imitation de la réalité, loin d'ajouter à cette œuvre un prix nouveau, en troublait l'harmonie ; car les mouvements et les lignes étant dérobés à la Grèce, la main ou le bras, la cuisse ou l'épaule, copiés d'après les modèles qui se rencontrent sous le ciel de la France, s'accordaient rarement avec la volonté de l'artiste grec. Tout en applaudissant à l'habileté singulière du statuaire français, les hommes clairvoyants étaient forcés de condamner la réunion violente de l'idéal et de la réalité. Ainsi l'amour ardent qu'il avait conçu pour la nature, dans le dernier tiers de sa vie, n'avait pas changé les habitudes de son esprit; la doctrine qui présidait à ses travaux était demeurée ce qu'elle était, lorsqu'il vivait dans l'étude exclusive du passé. Il essayait de greffer la nature sur l'antique, mais ne songeait pas à tenter la voie périlleuse de l'invention : à son insu ou à bon escient, il obéissait toujours à la même formule.

Il n'aimait pas Michel-Ange et s'en vantait comme d'un trait de sagesse. Il ne voyait, dans les admirables figures de la chapelle des Médicis à Florence, que des œuvres dangereuses pour ses élèves, et n'hésitait pas à blâmer la plupart des moulages faits en Italie par les soins du gouvernement français. Et je ne parle pas ici légèrement, d'après des on-dit plus ou moins contestables; ce que je raconte, je l'ai entendu plus d'une fois. *L'Aurore, le Crépuscule, le Jour* et *la Nuit*, placés aujourd'hui dans une salle de l'École des Beaux-Arts, n'avaient aucune valeur aux yeux de Pradier. Il allait même jusqu'à traiter de maniérés ceux qui avouaient leur admiration pour ces personnages allégoriques, si puissamment conçus et traités dans un style si élevé. Il répétait volontiers que Michel-Ange avait corrompu le goût et qu'il fallait se défier de ses ouvrages. Cette opinion, qui nous étonne dans la bouche d'un artiste éminent, n'est d'ailleurs pas nouvelle : elle s'est déjà produite en France plus d'une fois. La plupart des statuaires qui mènent de front l'enseignement et la pratique de leur art croient faire preuve d'un goût pur, en affectant pour Michel-Ange un dédain superbe. Ils s'imaginent que l'amour de la Grèce ne peut se concilier avec l'amour de la renaissance. Ils espèrent donner plus d'autorité à leurs leçons, en proscrivant l'étude du maître florentin. Or tous ceux qui ont pris la peine d'examiner cette question savent à quoi s'en tenir, sur cette prétendue incompatibilité de la Grèce et de la renaissance. Pour ma part, je crois fermement que le culte le plus sincère pour le génie de Phidias se concilie très-bien avec l'étude de Michel-Ange. Il est facile de relever des fautes de goût dans les œuvres du statuaire florentin : il ne faut pas une grande sagacité pour apercevoir tout ce qu'il y a de singulier dans le costume de son *Moïse;* mais ces fautes de goût disparaissent devant la grandeur de la conception. Pradier, en refusant son admiration au législateur hébreu exécuté pour le tombeau de Jules II et placé aujourd'hui dans l'église de Saint-Pierre aux Liens, loin de prouver l'excellence de son goût, prouvait tout simplement l'étroitesse de sa pensée. J'ajoute qu'il me paraît difficile de sentir toute la valeur de l'art grec, quand on nie d'une manière absolue la valeur de l'art florentin : le *Prisonnier* que nous avons au Louvre peut être étudié sans danger, et ceux qui ne l'aiment pas n'ont aucune raison d'aimer les Parques d'Athènes.

Heureusement Pradier avait la passion du travail, et ceux qui le voyaient à l'œuvre oubliaient volontiers les erreurs de son esprit. Il taillait le marbre avec une habileté rare et n'imitait pas ses confrères, qui abandonnent au praticien les quatre-vingt-dix-neuf centièmes de la besogne. C'était plaisir de le voir, le ciseau à la main, faisant voler le Carrare en éclats. Il ne croyait pas sa tâche achevée quand le mouleur avait reproduit son modèle : il prenait le maillet des mains du praticien, quand son travail était arrivé aux trois quarts, et se réservait ainsi la faculté de corriger dans le marbre les fautes qu'il apercevait dans le plâtre; la plupart des statuaires de notre temps se privent de cette ressource précieuse. Dès que leur modèle est livré au praticien, ils regardent leur travail comme terminé. Quand ils touchent au marbre, ce n'est pas avec le ciseau et le maillet, mais avec la prêle. Au lieu de tailler le marbre d'une main hardie, ils se contentent d'enlever quelques onces de poussière et polissent la figure que le praticien vient d'achever. Pradier n'était pas seulement un artiste éminent, c'était aussi un excellent ouvrier. S'agissait-il de percer un trou, de couper un tenon, il n'appelait personne à son aide, et faisait lui-même ce que tant d'autres font faire. Cette manière de procéder lui assurait une grande supériorité, car elle lui permettait de modifier sa première pensée et de recommencer, avec le ciseau, ce qu'il avait fait avec l'ébauchoir.

Un des traits caractéristiques de Pradier était la prétention d'avoir sondé la mythologie grecque, et de l'expliquer d'une manière nouvelle. Je me souviens de l'avoir entendu exposer ses projets à cet égard. Il venait d'achever un groupe de *Nessus et Déjanire*, et relisait un passage des *Métamorphoses*. Il nous dit, en fermant le livre : « Je composerai d'après Ovide une suite de dessins, et je donnerai en même temps le sens symbolique de toutes les *Métamorphoses;* c'est un travail qui n'a jamais été fait, e je suis peut-être le seul qui peut le bien faire; les littérateurs n'y entendent rien. » Et il le croyait comme il le disait. Il se figurait que la mythologie grecque n'avait jamais été commentée d'une manière sérieuse. Les travaux de Creutzer étaient pour lui comme non avenus. Les prétentions philosophiques de Pradier étaient d'autant plus singulières, qu'il n'avait jamais eu le goût de la réflexion. Il avait lu les poëtes, mais seulement pour la pratique de son art; la nature de son esprit ne le portait pas vers l'analyse des symboles. Tout ce qui ne s'adressait pas directement aux yeux n'avait pas pour lui grande importance. Aussi, quand il voulait tenter l'explication de la mythologie, il arrivait souvent aux conclusions les plus étranges, et personne ne songeait à s'en étonner. Ses amis lui pardonnaient ce travers inoffensif.

Il y avait dans son caractère une mobilité que les années ne pouvaient effacer. A cinquante ans, il avait encore toutes les habitudes de la jeunesse. Rien n'était changé dans son langage. Ne pas s'apercevoir de la fuite du temps est sans doute un précieux privilége. A ne considérer que le bien-être et le contentement, il est certain que l'insouciance est digne d'envie; mais il est bien rare que l'homme habitué à ne pas tenir compte des années tire de son esprit tout ce qu'il pourrait en tirer : en s'obstinant à demeurer jeune, il arrive presque toujours à placer trop près de lui le but de son ambition; il ne comprend pas la nécessité d'agrandir sa tâche à mesure que les années s'accumulent. Pradier, je dois le dire, n'avait pas su éviter le danger que je signale : dans la pratique matérielle de son art, il n'avait plus rien à souhaiter. Eût-il vécu aussi longtemps que Titien, il n'aurait pas poussé plus loin la souplesse de l'exécution; mais, dans la partie intellectuelle de la statuaire, il n'avait fait aucun progrès. En revenant de Rome, à l'âge de vingt-huit ans, il avait, sur le rôle de la pensée dans les arts du dessin, les idées qu'il a gardées toute sa vie. Le spectacle de Rome n'avait parlé qu'à ses yeux; plus tard, quand il revit l'Italie, son esprit n'avait pas mûri. Il avait encore toute sa curiosité; il n'avait pas pris le goût de la méditation : dans la pratique de son art, il n'assignait à la conception qu'un rang secondaire. Et ce n'est pas là une pure conjecture. Ses amis et ses élèves l'ont entendu plus d'une fois dire que dans une statue la tête est la partie la moins importante, la dernière dont il faille se préoccuper, ce qui signifie que la forme est tout et que l'expression du caractère et des passions ne vaut pas la peine qu'on y songe. Aussi, toutes les fois que Pradier a voulu faire un buste, il a subi les conséquences de cette déplorable maxime. Habitué à n'étudier que la forme, n'ayant jamais pris la peine d'apprendre selon quelles lois se modifie le masque humain, toute son habileté est venue échouer devant un problème dont il ne connaissait pas les termes. Quelques amis complaisants ont loué son buste de Louis XVIII, qui ne manque pas en effet de mérite, mais qui rappelle trop clairement le buste de Vitellius. Si l'œil suffit pour étudier la forme du corps, l'œil ne suffit pas pour donner au visage l'expression qui lui convient ; il faut absolument que la réflexion intervienne, et c'est pour avoir dédaigné la réflexion que Pradier n'a jamais su faire un portrait. Lorsqu'il s'agissait d'inventer une tête, il échouait plus sûrement encore ; mais il entendait sans chagrin blâmer comme insignifiante, comme nulle, la tête qu'il venait d'achever, car il croyait sincèrement n'avoir négligé aucune des conditions fondamentales de son art.

Tous ceux qui ont connu Pradier savent qu'il exprimait sa pensée avec une franchise qui avait parfois l'apparence de la présomption. On pouvait ne pas lui donner raison, mais on savait du moins très-nettement son opinion sur lui-même et sur les préceptes de son art. Quand il était content de son œuvre, il le disait volontiers ; quand il ne partageait pas le sentiment soutenu devant lui, il le combattait avec la vivacité d'un homme de vingt ans, et ne ménageait pas les termes. Aussi, au bout de quelques semaines, chacun connaissait les idées trop souvent recueillies au hasard qu'il prenait pour des théories parfaitement déduites, et l'âpreté juvénile de son langage les gravait dans la mémoire. Ses amis évitaient de le contredire, sachant très-bien qu'il ne tiendrait aucun compte des objections, et il prenait leur silence pour un signe d'approbation.

La signification des faits que je viens de rassembler n'est pas difficile à déterminer. Pradier, doué de facultés heureuses, n'a jamais compris le côté le plus élevé de son art.

Passionné pour le travail, il taillait le marbre avec une sorte de fièvre, et voulait achever en quelques semaines ce qui eût demandé plusieurs mois; il ne voulait pas tenir compte du temps, et improvisait des statues : l'expression n'a rien d'exagéré pour ceux qui l'ont vu modeler. Pourvu que l'œil fût satisfait, il était content de lui-même. Il ne s'inquiétait guère des souvenirs qu'il réveillait, et comptait trop souvent sur l'ignorance de la foule. Or, s'il y a un art au monde qui ne se prête pas à l'improvisation, c'est à coup sûr la statuaire. La forme privée du charme de la couleur, la forme réduite à elle-même ne s'élève jusqu'à la beauté vraie que par le choix sévère des lignes, et l'improvisation ne prend pas le temps de choisir. Cependant, plus d'une fois, Pradier a modelé dans le court espace d'une semaine une figure de six pieds, et sa main était si habile, son œil si exercé, que souvent il réussissait à séduire des juges difficiles; mais ces œuvres si rapidement conçues, exécutées avec une prestesse qui tenait du prodige, avaient grand'peine à soutenir l'analyse. Ceux qui connaissaient les principaux musées de l'Europe retrouvaient dans ces figures des mouvements et des morceaux qu'ils avaient admirés à Rome ou à Florence, et, tout en gardant leur estime pour l'adresse du statuaire français, ils étaient bien forcés de le mettre au second rang parmi les hommes de sa profession. Qu'est-ce en effet que la main sans la pensée? L'exécution la plus étourdissante ne réussira jamais à dissimuler l'absence d'invention, et Pradier paraissait croire le contraire.

Pendant la troisième année de son séjour à Rome, l'Angleterre avait acquis les marbres du Parthénon, rapportés par lord Elgin, et Pradier partagea l'enthousiasme de Géricault pour ces débris merveilleux; mais je crois pouvoir affirmer qu'il ne les comprit pas aussi profondément que l'artiste normand. Il fut ébloui par la beauté des lignes, par la souplesse des draperies et ne sut pas s'élever jusqu'à la pensée même de Phidias. La série entière de ses œuvres n'offre pas un groupe, une figure, je ne dis pas qui puissent se comparer aux débris du Parthénon, mais qui semblent inspirés par l'étude approfondie de l'art grec. Le statuaire à qui Périclès confia l'exécution du temple de Minerve demandait, pour produire, du temps et du repos. C'était dire assez clairement qu'il ne confondait pas l'improvisation avec l'invention. Du temps et du repos, c'est-à-dire la faculté de délibérer avant de mettre la main à l'œuvre, de revoir, de corriger, d'anéantir, s'il le fallait, ce qu'il jugeait indigne d'être soumis au jugement des Athéniens. Pradier, malgré son admiration pour Phidias, n'a jamais suivi cette méthode lente et laborieuse. Il ne demandait ni temps ni repos; il voulait bien faire, mais surtout faire vite, et oubliait que le Parthénon n'avait pas été improvisé.

Un de ses derniers projets, une de ses dernières espérances, était d'élever un monument à la mémoire de Puget dans sa ville natale. C'était là certes un sujet capable d'échauffer son imagination. L'avouerai-je pourtant? cette pensée, excellente en elle-même, est une inconséquence dans la vie de Pradier, car il ne s'agit pas ici d'un travail commandé par la ville de Marseille, mais d'un travail proposé par l'artiste lui-même. Or le talent de Puget n'a rien à démêler avec le talent de Pradier. Non-seulement le statuaire marseillais a plus souvent cherché l'énergie que la grâce, mais il s'est montré dans toutes ses œuvres indépendant, personnel, et, tout en admirant les monuments de l'art antique, il ne s'est jamais cru obligé de les copier. Entre le sculpteur marseillais et le sculpteur genevois, il n'y a pas même une ombre de parenté. Aussi j'ai peine à comprendre pourquoi Pradier a voulu honorer la mémoire de Puget. Il y avait une manière bien simple de prouver son respect pour ce beau génie, c'était de recommander ses ouvrages à ses élèves. Or tous ceux qui ont connu Pradier savent très-bien qu'il s'en est toujours tenu à l'étude de l'antique, et qu'il ne voyait pas de salut hors de cette voie. En rapprochant son enseignement de son projet en l'honneur de Puget, je suis forcé de voir dans cette dernière pensée une inconséquence qui touche à l'hérésie. Ou son enseignement était souverainement sage et menait droit à la vérité, et dans ce cas un monument élevé par ses mains à la mémoire de Puget compromettait l'autorité de ses leçons; ou Puget mérite d'être étudié, même après les anciens, et dans ce cas il fallait recommander ses œuvres comme une nourriture salutaire. Si j'insiste sur ce point, c'est pour mieux montrer tout ce qu'il y avait de léger, de mobile dans le caractère de Pradier.

Le moment est venu de parler de ses œuvres. Pour donner plus de clarté à mon jugement, je les diviserai en trois séries : figures païennes, figures chrétiennes, sculpture monumentale. En parlant successivement de ces trois séries, il ne me sera pas difficile de prouver que Pradier, très-habile à traiter les sujets païens, n'a jamais montré qu'un talent très-insignifiant dans les sujets chrétiens, et que la sculpture monumentale ne convenait pas à la nature de son esprit. En appréciant l'ensemble de ses travaux, je ne me dissimule pas que j'aurai à combattre bien des opinions accréditées depuis longtemps. Je ne crois pas qu'il occupe, dans l'histoire de l'art français, la place considérable qu'on a voulu lui assigner. Si je me trompe, il sera bien aisé de me redresser, car les œuvres de Pradier sont assez nombreuses pour que la discussion puisse s'engager sur un terrain solide. Pour ma part, je ne comprends pas la rigueur appliquée aux hommes morts depuis quinze ou vingt siècles, et l'indulgence réservée aux hommes que nous coudoyons ou qui sont morts depuis quelques semaines. A mon avis, la plus sûre manière d'honorer les contemporains, c'est de les traiter comme les anciens, c'est de juger l'œuvre achevée hier près de nous comme l'œuvre achevée du temps de Périclès ou d'Alexandre, de Sylla ou de Jules César.

On a dit que Pradier était le dernier des païens, et cette manière de le caractériser n'est pas absolument dépourvue de justesse. Cependant il ne faudrait pas croire que cette qualification soit à l'abri de tout reproche. Oui, sans doute, Pradier était païen par la nature habituelle de ses travaux ; mais il ne comprenait des croyances païennes que le côté voluptueux. Son ébauchoir modelait Vénus plus volontiers que Minerve, Diane ou Junon. Or, quelle que fût la prédilection de l'antiquité pour la beauté du corps, il y avait, même parmi les païens, des hommes qui rêvaient quelque chose de supérieur au plaisir des yeux ; l'apothéose des passions n'était pas toute la mythologie. Pradier n'a vu dans les traditions religieuses de la Grèce qu'un hymne au bonheur des sens. C'est pourquoi, lors même que je l'accepterais comme le dernier des païens, je ne trouverais en lui qu'une expression très-incomplète des traditions païennes. Si le paganisme, en effet, se montre frivole et sensuel dans les poésies connues sous le nom d'Anacréon, il est austère dans Pindare ; chez Homère, les habitants de l'Olympe ne manquent pas de majesté. Pour se dire, pour être vraiment le dernier des païens, il faudrait accepter la partie sérieuse aussi bien que la partie puérile des croyances grecques. La Minerve d'Athènes et le Jupiter Olympien n'étaient pas inspirés par une pensée frivole. Si l'artiste chargé d'offrir aux yeux l'image de ces divinités eût compris la foi païenne comme la comprenait Pradier, il ne fût jamais venu à bout de cette double tâche.

Si Pradier n'a pas été païen dans l'acception la plus sérieuse du mot, il a rendu à la sculpture un incontestable service : il l'a popularisée. Ce n'est plus maintenant un art réservé au petit nombre; grâce à Pradier, la foule aime aujourd'hui la sculpture. Si elle n'en comprend pas encore tous les secrets, elle est du moins disposée à se laisser initier; c'est un grand pas de fait. La foule, une fois éprise des statues de Pradier, ne s'arrêtera pas là. Peu à peu, je l'espère, son éducation esthétique se complétera. Elle ne tardera pas à sentir que le plaisir des yeux n'est pas le seul que le marbre puisse nous donner. Devenue plus savante, il n'est pas impossible qu'elle détourne ses regards des œuvres de Pradier pour les porter plus haut. Quoi qu'il arrive, nous devrons au sculpteur genevois la popularité de son art parmi nous. Désormais il ne sera plus permis d'en parler comme d'un arcane. La sculpture occupera le public comme la peinture et la poésie. C'est un service éclatant dont le souvenir mérite d'être conservé. Je reviens aux figures païennes de Pradier, à la plus belle partie de ses travaux; comme elles sont très-nombreuses, je ne m'attacherai qu'aux plus importantes.

Il y a vingt et un ans, Pradier exposait son groupe des *Trois Grâces*, placé aujourd'hui à Versailles, et ce groupe, dont plusieurs parties se recommandent par une rare élégance, marquait une première déviation de la ligne tracée par l'art antique. Ce n'est pas, à Dieu ne plaise, que je conseille aux statuaires l'imitation servile de l'antiquité : je ne comprends pas l'art sans l'indépendance; mais, lorsqu'il s'agit de traiter un sujet emprunté à la mythologie grecque, il est toujours sage d'interroger la Grèce sur l'attitude, sur le caractère des figures dont le groupe doit se composer. Or, c'est là précisément ce que Pradier paraît avoir négligé. Je me rappelle très-nettement l'accueil fait à ses *Trois Grâces*. Ceux qui ne connaissaient que le groupe de

Canova, beaucoup trop vanté assurément, mais dont la disposition symétrique ne pouvait manquer de séduire les esprits frivoles, admiraient, à l'envi, la réalité que Pradier avait su mettre dans tous les morceaux ; ils vantaient son empressement et son habileté à reproduire les moindres détails de la nature, et, si la tâche de l'art se réduisait à l'imitation pure, je ne pourrais que m'associer à leurs louanges. Quant aux hommes plus éclairés qui avaient étudié le groupe des *Trois Grâces* conservé dans la sacristie de la cathédrale de Sienne et le même sujet traité par Germain Pilon, ils s'apercevaient avec regret que Pradier venait de violer une des premières lois de son art : la chasteté. Tous ceux, en effet, qui ont médité sur les lois de la statuaire savent très-bien, qu'une des premières conditions de la nudité absolue est de s'adresser à la pensée et non d'exciter l'ardeur des sens. Canova, dans sa *Vénus* qui se voit au palais Pitti, n'a tenu aucun compte de cette condition ; aussi sa *Vénus* n'est qu'une grisette bien portante. La *Vénus de Milo*, souverainement belle, excite l'admiration sans éveiller le désir. Dans les *Grâces* de Pradier, la beauté proprement dite semble complétement négligée : l'auteur a voulu faire les Grâces jolies et désirables. Si l'on consent à se placer à ce point de vue, d'ailleurs très-mesquin, il est certain que les *Grâces* de Pradier sont un groupe très-digne d'étude : rarement le ciseau a transcrit avec une telle fidélité les détails de la nature ; mais, si l'on veut juger ce groupe d'après les lois de la statuaire, on est forcé de n'y voir qu'un ouvrage d'un mérite secondaire. Ce n'est pas là un groupe digne de figurer dans une galerie ; c'est une fantaisie gracieuse dont la place est marquée dans un boudoir. Vainement me citera-t-on, pour absoudre Pradier, l'exemple de Guglielmo della Porta, dont les figures, admirées dans leur nudité, ont dû être voilées pour ne pas éveiller dans l'âme des fidèles des pensées profanes : l'argument, loin de me convertir, me confirmerait dans ma croyance, car la beauté vraie n'a rien à démêler avec le trouble des sens. Si les figures de Guglielmo della Porta placées dans la Tribune de Saint-Pierre eussent été vraiment belles, elles n'auraient détourné personne de la prière, et le pape n'eût pas commandé de les voiler. Je dirai la même chose des *Grâces* de Pradier. Si, au lieu d'être jolies et quelque peu mignardes, elles nous charmaient par l'harmonie, par la pureté des lignes, personne ne songerait à les regarder d'un œil curieux, comme les esclaves exposées dans les bazars d'Orient.

Le *Cyparisse* restera comme une des œuvres les plus gracieuses de Pradier. Le corps du jeune pâtre est un modèle de jeunesse; il faut remonter jusqu'à la Grèce pour trouver un torse aussi délicat, des membres aussi fins, aussi habilement modelés. Le mouvement du corps s'accorde à merveille avec l'action que l'auteur a voulu représenter. Qu'est-ce que le sujet? Peu de chose assurément. Toutefois, sous le ciseau de l'artiste, ce sujet en apparence si insignifiant a pris de l'importance. Un berger qui courbe une branche pour offrir une baie à son cerf favori, il n'y a sans doute là rien qui éveille l'imagination; mais Pradier a traité toutes les parties de ce beau corps, avec tant de soin et de hardiesse, que le spectateur oublie le sujet pour ne penser qu'à l'exécution; or l'exécution mérite les plus grands éloges. Ce n'est pas l'élégance froide et symétrique de l'Apollon du Belvédère, c'est la jeunesse du Bacchus connu sous le nom d'Apolline. Les plans musculaires de la poitrine et des membres accusent le premier épanouissement de la virilité. Je regrette d'avoir à condamner la tête de Cyparisse comme absolument dépourvue d'expression. Rien dans le visage n'indique la pensée du personnage, ni regard dans les yeux ni sourire sur les lèvres. Il est évident que l'auteur a dépensé toute son habileté, tout son savoir dans l'achèvement du torse et des membres ; puis, l'heure venue de donner une tête à ce beau corps, au lieu de chercher dans la nature un type qui s'accordât avec le sujet, il a pris le premier venu parmi les masques accrochés aux murailles de son atelier. Il avait consulté le modèle vivant pour le torse et les muscles, il s'est contenté d'estamper la tête sur un masque moulé. Il ne faut vraiment pas une grande sagacité, pour apercevoir la faute que je signale. La poitrine et les bras ont tant de réalité, les contractions musculaires sont indiquées si nettement, qu'il n'est pas permis d'y voir l'œuvre pure du souvenir : c'est un ensemble de morceaux exécutés d'après nature. Quant aux traits du visage, il n'y en a pas un qui s'accorde, je ne dis pas seulement avec le caractère du sujet, mais avec le caractère du corps. Des pommettes au menton, il n'y a qu'un seul plan. Je suis tenté de croire que Pradier, pour la tête de son *Cyparisse*, n'a pas même choisi une bonne épreuve et s'est contenté d'une épreuve surmoulée. C'est une négligence singulière et qui ne peut être passée sous silence.

Depuis quelques années, les figures païennes de Pradier se sont multipliées avec une rapidité qui n'a pas laissé au public le temps de se reconnaître. Le charme de l'exécution a été poussé si loin dans tous ces sujets empruntés à la mythologie, qu'il s'est rencontré à peine quelques esprits assez attentifs pour comparer l'œuvre à l'idée. Il me semble que le moment est venu de juger Pradier, comme nous jugeons les morts illustres. Quoiqu'il ait quitté la terre depuis six semaines à peine, nous pouvons parler de lui en toute liberté. Si ce n'est pas en effet un sculpteur complet, il nous offre des qualités assez précieuses, assez solides pour défrayer la discussion. *Vénus et l'Amour* ont enchanté presque tous les visiteurs du Louvre, et si je pouvais effacer de ma mémoire tout ce que j'ai vu, tout ce que j'ai étudié depuis vingt ans, je donnerais volontiers raison à la multitude. Il serait difficile de modeler, avec plus de grâce et de morbidesse, les figures d'Aphrodite et d'Éros. Par malheur, nous possédons au Louvre un marbre charmant qui représente *Vénus accroupie*, et Pradier s'est borné à le copier. Quant à l'Amour signé du nom du statuaire français, il n'est pas plus nouveau que sa mère. Les pierres gravées et les camées nous en offrent des modèles sans nombre. Est-ce à dire que le groupe de *Vénus et l'Amour* soit une œuvre sans mérite? Telle n'est pas ma pensée. Parmi les hommes de notre temps, très-peu seraient capables de copier la *Vénus accroupie* du Louvre aussi habilement que Pradier. Toutefois la critique doit faire ses réserves lorsqu'il s'agit d'apprécier les œuvres d'un artiste éminent : elle doit traiter les figures comprises et confondues dans une commune admiration, comme les affineurs traitent les lingots soumis à l'analyse, et faire le départ entre l'or pur ou l'invention et l'imitation ou le cuivre. Il nous importe peu que le groupe de *Vénus et l'Amour* soit taillé dans le fût d'une colonne de Paros. Pour nous, la seule question sérieuse est de savoir si ce groupe appartient à Pradier, ou à ceux qui l'ont précédé dans la carrière. Or, sans vouloir me prononcer sur l'originalité du marbre que nous possédons au Louvre, je puis affirmer, du moins, que Pradier en a copié fidèlement, servilement, toutes les lignes. On dirait qu'il a compté sur l'ignorance de la foule, et je regrette d'avoir à confesser que la foule lui a donné raison. Bien que le Louvre soit accessible à tous les curieux, bien que chacun puisse contempler à loisir la *Vénus accroupie*, l'œuvre de Pradier fut accueillie par la foule comme une œuvre nouvelle. La présence de la *Vénus accroupie*, à Paris même, ne diminue en rien le mérite du groupe français, abstraction faite du passé; mais tous les hommes éclairés reconnaîtront qu'elle atténue singulièrement les applaudissements prodigués à l'auteur.

Le groupe de *la Bacchante et le Satyre*, placé aujourd'hui, je crois, dans la galerie du prince Anatole Demidoff, je suis presque honteux de le dire, est conçu d'après une donnée parfaitement absurde, comme le chœur de M. Ponsard dont je parlais il y a quinze jours. Plusieurs pierres gravées nous offrent, linéairement du moins, le groupe exécuté par M. Pradier; mais il n'était jamais venu à la pensée d'un homme, nourri dans la mythologie païenne, d'imaginer un satyre aux prises avec une bacchante. L'absurdité mythologique une fois écartée, il faut rendre pleine justice au talent du statuaire. Le corps de la prétendue bacchante, qui sans doute est une hamadryade, nous ravit par sa beauté singulière. Quant au satyre, bien qu'il rappelle trop fidèlement une figure placée dans le jardin de la villa Ludovisi, je reconnais volontiers qu'il exprime à merveille la concupiscence. Tout le corps de la jeune fille est rendu avec une rare élégance, et le corps du satyre respire une virilité exubérante. C'est là sans doute un mérite très-digne d'attention, mais qui ne saurait pourtant fermer nos yeux à l'évidence. Le groupe de *la Bacchante et le Satyre*, je ne dirai pas très-sagement conçu, mais très-habilement copié, absurde quant à la donnée supposée par le statuaire français, très-remarquable assurément sous le rapport de l'exécution, ne pourra jamais marquer la place de l'auteur parmi les artistes qui ont fait de la pensée leur plus chère volupté. C'est une œuvre purement sensuelle; ce n'est pas une œuvre conçue selon les conditions fondamentales de la statuaire. Que les artistes ne s'y trompent pas, les sujets représentés dans le musée secret de Naples, excellents pour l'ignorance, méritent à peine l'attention des connaisseurs. On y compterait tout au plus deux ou trois peintures où la lubricité n'a pas tué l'élégance; le reste ne vaut pas même un regard. *La Bacchante et le Satyre* de Pradier ne sont pas capables de fonder la renommée d'un artiste nouveau; signés d'un nom déjà connu, ils ne peuvent en augmenter la splendeur.

La *Phryné* a réuni de nombreux suffrages, et, certes, il y a dans cette œuvre des parties qui justifient l'admiration populaire. Cependant il ne faudrait pas en exagérer la valeur. Bien que le caractère du personnage se prête à toutes les fantaisies, il ne faudrait pas accepter comme parfaite la courtisane que Pradier a offerte à nos regards. J'admets volontiers, et comment ne l'admettrais-je pas? que *Phryné* se complaise dans une attitude lascive, puisqu'elle vivait de sa beauté, mais je ne saurais comprendre pourquoi toutes les parties de son corps ne sont pas du même âge, pourquoi le ventre a cinq ans de plus que la poitrine, pourquoi les bras sont plus jeunes que les cuisses, pourquoi, en un mot, la partie supérieure du corps exprime la virginité, tandis que la partie inférieure exprime la maternité; c'est un caprice que les juges les plus indulgents ne sauraient amnistier.

La Poésie légère, très-applaudie, et qui certes méritait de l'être, envisagée sous le rapport de l'exécution, ne résiste pas à l'analyse dès qu'on veut s'occuper de la nature même du personnage. Qu'est-ce en effet que la poésie légère? Nous connaissons la poésie épique, la poésie dramatique, la poésie lyrique, et les théoriciens complaisants ont ajouté à cette liste, déjà complète, la poésie didactique. La poésie légère est une invention toute moderne, dont les Grecs n'ont jamais entendu parler. Bernis, Voisenon, Grécourt, sont les disciples de cette muse nouvelle. Je pardonnerais de grand cœur à Pradier d'avoir cherché dans le marbre le type de la Poésie légère, s'il eût consenti à tenir compte de son sujet ; mais sa *Poésie légère* est une danseuse et rien de plus. Le Musée de Nîmes, qui la possède aujourd'hui, devrait la baptiser du nom de Terpsichore, car c'est le seul nom qui lui convienne. Est-ce une figure nouvelle? Je ne puis consentir à le croire, car les merveilles d'Herculanum et de Pompéi, bien que travesties par la gravure, nous offrent, plus d'une fois, le type de la Poésie légère tel que l'a conçu Pradier. On peut voir, dans le musée Borbonico, une trentaine de danseuses parmi lesquelles Pradier n'a eu que l'embarras du choix. Reste la question de l'exécution, et je proclame avec plaisir que les diverses parties de cette figure se recommandent par une réalité saisissante. Le corps est généralement beau ; mais je suis pourtant forcé de le juger, comme je jugeais tout à l'heure le corps de la *Phryné*. Toutes les parties n'ont pas le même âge. On dirait que l'auteur, désespérant de trouver dans la jeunesse et la virginité des traits capables d'exciter la convoitise des vieillards, est descendu jusqu'à la transcription des détails que l'âge mûr possède seul, mais qui charment les accusateurs de Suzanne. C'est là, sans doute, un triste commentaire que je voudrais pouvoir m'interdire ; malheureusement, j'ai beau suivre le conseil donné par un sage de l'ancienne Grèce, j'ai beau tourner sept fois ma langue avant d'ouvrir la bouche, je ne trouve pas pour ma pensée une forme plus discrète et plus indulgente. J'admire l'exécution de *la Poésie légère;* qui pourrait en effet en contester la souplesse et l'élégance? mais je ne puis accepter cette figure comme l'image d'une Muse, car les Muses étaient vierges, et toutes les parties de leur corps gardaient le caractère de la jeunesse.

La *Flora,* ou *le Printemps,* soulève les mêmes objections

que *la Poésie légère*. C'est la même finesse d'exécution et la même lasciveté dans les détails. La *Flora* n'est pas jeune des pieds à la tête. La partie supérieure du corps nous éblouit par sa fraîcheur et sa grâce. Quant à la partie inférieure, je n'en puis dire autant. Non-seulement le ventre n'est pas jeune, mais les hanches ont un développement que la virginité n'a jamais connu, et les malléoles sont engorgées comme au temps de la grossesse. De la part de Pradier, qui avait étudié l'aspect du corps à ses différents âges, je ne m'expliquerais pas une pareille bévue, si je ne connaissais pas sa passion pour la popularité. Il savait le public français incapable de goûter la statuaire conçue d'après les lois fondamentales de l'art, et par une condescendance que je comprends, mais que je n'excuse pas, il s'est adressé aux sens au lieu de s'adresser à la pensée. Les applaudissements qu'il a recueillis n'entament pas ma conviction, car, sans vouloir attribuer à mon jugement une autorité souveraine, ce qui serait de ma part une ridicule présomption, je n'ai jamais tenu compte du succès. Je connais trop bien la part de l'ignorance et du mensonge, dans les ovations auxquelles j'ai assisté, pour me laisser désarmer ou convaincre par le bruit des battements de mains.

L'*Atalante*, encore plus vivement applaudie que *la Poésie légère*, doit exciter une répugnance plus obstinée chez tous les esprits qui comprennent les devoirs de la statuaire. Il y a certainement, dans l'exécution de cette figure, une habileté infinie. Il est difficile, pour ne pas dire impossible, de rendre avec plus de fidélité les détails que la nature offre à nos yeux. Comparez cette figure aux sujets de même genre traités par les Grecs, et vous comprendrez l'intervalle immense qui sépare la statuaire pure et fidèle à sa mission de la statuaire fourvoyée, se proposant comme but suprême le réveil des sens engourdis. Dans l'*Atalante*, Pradier, malgré sa connaissance profonde de l'harmonie linéaire, s'est attaché surtout, je pourrais dire exclusivement, à la reproduction des plis de la peau. Ce qu'il a voulu nous offrir, ce qu'il nous a offert, ce n'est pas une jeune fille rivale de Diane par l'agilité, mais une fille désirable, qui ne puisse être contemplée sans trouble et sans ardeur. Est-ce là le but de la sculpture? Je ne le pense pas, car tous les grands ouvrages du ciseau antique se recommandent par la chasteté. Toutefois, pour être juste, je dois reconnaître que l'*Atalante* occupe dans la série des œuvres de Pradier un des rangs les plus élevés, car nulle part l'auteur n'a montré un talent plus remarquable pour l'imitation de la réalité. Il y a tel morceau qui pourrait se comparer aux peintures de Rubens. Si le sculpteur genevois ne possède pas, comme le peintre de Cologne, la faculté d'agrandir, d'idéaliser son modèle, il peut du moins lutter avec lui pour la fidélité. Le torse et les membres d'Atalante ne laissent rien à souhaiter sous le rapport de la vie. Le regard, en se promenant sur ce beau corps, compte les battements du cœur et les frissons de la chair. Pour l'art réaliste, c'est à coup sûr un triomphe éclatant; mais pour l'art qui prétend relever de la Grèce, qui voit dans l'école attique le dernier mot du génie humain, que signifient les applaudissements prodigués à l'*Atalante*? N'est-ce pas tout simplement une couronne offerte à l'apostasie? Jamais un Grec n'eût conçu, n'eût exécuté une telle figure : tous les débris recueillis sur le sol d'Athènes, depuis les marbres jusqu'aux terres cuites, sont empreints d'un caractère incontestable de chasteté. Les élèves de Polyclète et d'Agéladas auraient cru se dégrader en assignant à la statuaire le rôle d'une courtisane, et je crois qu'ils avaient raison.

J'arrive aux deux figures que chacun peut voir en traversant les Tuileries, et qui marquent nettement les limites du talent de Pradier dans la sculpture païenne. Le *Phidias* et le *Prométhée* sont l'expression suprême de son talent. Dans ces deux figures, il a montré tout ce qu'il voulait, tout ce qu'il pouvait, tout ce qu'il savait. Il y a certainement dans la figure de Prométhée une rare habileté. Bien que cette figure ne réalise pas pour moi l'idéal créé par Eschyle, bien qu'elle manque de noblesse et n'exprime pas la protestation d'un esprit hardi et dévoué, contre la tyrannie de Jupiter, je reconnais volontiers qu'il y a dans ce morceau un talent de premier ordre. Il demeure bien entendu que je parle de l'exécution seulement. Les membres frémissent sous l'étreinte des chaînes; les muscles des cuisses et des bras se contractent sous l'action de la colère. Par malheur, autant le corps est éloquent, autant le visage est muet. Ici nous retrouvons la doctrine de Pradier dans toute sa crudité. La tête pour lui n'était qu'un accessoire, et dans son *Prométhée* il l'a bien prouvé; le torse et les membres expriment le sujet; la tête seule ne dit rien, et ne semble pas prendre part aux douleurs du personnage. Pour tous ceux qui ont lu Eschyle, c'est un parti singulier, et que rien ne peut excuser. Il est évident que Pradier, malgré ses prétentions à l'intelligence des symboles de la mythologie, n'avait jamais lu Eschyle avec fruit, c'est-à-dire n'avait jamais médité après l'avoir lu; car, s'il eût médité, il n'eût jamais donné à Prométhée l'expression vulgaire qui gâte toute sa composition. Son *Prométhée* n'est rien de plus qu'un homme vigoureux garrotté sur un rocher. Quant à trouver dans cette figure le personnage immortalisé par Eschyle, j'y renonce. Pradier n'aimait pas assez les idées sérieuses pour se nourrir de la lecture d'Eschyle. Sophocle même ne lui convenait pas. Euripide seul s'accordait avec ses habitudes. Aussi je ne m'étonne pas qu'il ait échoué, en traitant le sujet si difficile de Prométhée, car, pour traiter un pareil sujet, il faut s'élever au-dessus des impressions quotidiennes. Contracter habilement le deltoïde et le biceps, c'est beaucoup sans doute, mais ce n'est pas assez pour trouver dans le marbre la figure de Prométhée. Pradier ne paraît pas même avoir entrevu la difficulté de la tâche qu'il s'était proposée. Son *Prométhée* n'accuse pas l'effort; c'est une œuvre incomplète, mais spontanée. Ce n'est pas le héros d'Eschyle, c'est un athlète garrotté qui se débat sous l'étreinte des chaînes, et le sujet réduit à ces proportions mériterait les plus grands éloges. Il n'y a pas, en effet, une partie du corps qui ne révèle une science profonde. Si ce n'est pas la personnification du type célébré par Eschyle, c'est du moins un homme énergique, le torse et les membres sont rendus avec une habileté rare, et j'aurais mauvaise grâce à ne pas louer l'exécution de cette figure.

Quant au *Phidias*, il mérite assurément les plus grands éloges, si l'on veut consentir à oublier le sujet. Toutes les parties de cette figure sont traitées, avec un soin capable de désespérer les artistes, rompus depuis longtemps à toutes les ruses de leur métier. Pour peu qu'on se souvienne du sujet, l'admiration décroît singulièrement. Quand on pense qu'il s'agissait de représenter l'ami de Périclès et d'Ictinus, le créateur du Parthénon, c'est-à-dire le type le plus élevé de l'artiste grec, on demeure confondu. Phidias, dont les deux plus beaux ouvrages nous ont été enviés par le temps, que nous connaissons cependant par des ruines précieuses, et qu'il nous est donné d'estimer sans témérité, Phidias, dans l'histoire grecque, se place entre Apelles et Polygnote, et Pradier lui a prêté les traits d'un praticien. Il est impossible de deviner sur son visage l'élévation habituelle de sa pensée. Vainement Plutarque et Pausanias nous ont dit que Phidias avait conversé avec les dieux : Pradier ne tient aucun compte de ce double témoignage ; il ne voit dans le créateur du Parthénon qu'un ouvrier solidement bâti, qui d'une main puissante équarrit le Paros. La draperie est rendue avec une grande souplesse, et je la louerais sans restriction, s'il ne s'agissait pas de Phidias. Je la trouve mesquine, malgré sa souplesse, quand je songe que j'ai devant moi l'immortel statuaire à qui nous devons *Cérès, Proserpine, les Parques, Thésée, l'Ilissus* et *les Chevaux d'Hypérion*. Un homme qui vivait dans le commerce familier d'Homère, dont la pensée habitait l'Olympe, devait garder, dans la manière même d'ajuster son manteau, une grâce et une majesté dont Pradier n'a pas tenu compte. Ainsi le *Phidias* placé aux Tuileries n'est pas pour moi une œuvre complète. Nulle part l'auteur n'a montré sous une forme plus éclatante toute l'étendue, toute la variété de son savoir, mais nulle part non plus il n'a révélé d'une façon plus précise toute l'insuffisance de sa pensée. Quand il s'agit de représenter Homère, Sophocle ou Phidias, le talent d'exécution ne suffit pas : il faut quelque chose de plus. La réflexion est de première nécessité, et l'artiste le plus habile, s'il traite la réflexion avec dédain, ne réussira jamais à exprimer dignement le génie de ces trois hommes privilégiés. Le *Phidias* de Pradier, brisé, enfoui à vingt pieds sous terre, retrouvé après cinquante ans d'oubli, exciterait, je n'en doute pas, l'admiration unanime de tous les connaisseurs : mais, si par malheur la tête n'était pas perdue, leur admiration s'attiédirait bien vite, car autant le torse et les membres sont traités avec soin, autant la tête est vulgaire et indigne du personnage. Je me souviens d'avoir vu dans l'atelier de Pradier, à l'Institut, un peintre éminent dont le goût sévère est justement révéré. Il regardait le modèle en terre du *Phidias*, et Pradier attendait son jugement. Après une demi-heure de contemplation, le peintre se leva sans dire mot : il ne voulait pas blâmer et n'osait applaudir. Tous ceux qui ont étudié Phidias comprendront son silence.

La *Sapho* exposée cette année au Palais-Royal est la dernière œuvre de Pradier. Malgré le crêpe qui la recouvre depuis la mort de l'auteur, je ne saurais l'accepter comme une œuvre antique. Ce n'était pas la première fois que Pradier essayait de représenter l'amoureuse Lesbienne. Deux fois déjà il avait tenté cette tâche épineuse. Nous avons de lui une *Sapho* en bronze, et une *Sapho* faite d'ivoire et d'argent. La dernière tentative n'est pas plus heureuse que les deux premières. La *Sapho* que nous avons vue cette année n'est qu'une figure habilement drapée, mais parfaitement insignifiante. Les deux bras offrent une ligne qui n'a rien de séduisant ; les deux mains jointes sur le genou n'ont rien à démêler avec le désespoir. Quant aux vagues qui viennent baigner les pieds de l'amante désespérée, il faut pour les admirer une ignorance plus qu'ordinaire ; il faut avoir oublié que Sapho, dédaignée par Phaon, se précipita dans la mer du haut de la roche de Leucade. Si la mer eût baigné ses pieds quand elle songeait à se défaire de la vie comme d'un fardeau importun, le repentir eût été facile ; à quelques pas du rivage, Sapho eût pu renoncer au suicide et oublier l'amour pour la gloire : le rocher de Leucade ne lui permettait pas d'abandonner la mort pour la vie. Son parti une fois pris, dès qu'elle essayait de le réaliser, il n'y avait pas de retour possible, et c'est là ce qui donne au suicide de Sapho un caractère désespéré. Le tableau de Gros, bien que théâtral, s'accorde du moins avec la nature du sujet. S'il manque de noblesse et de simplicité, il représente l'accomplissement d'une volonté irrévocable. On peut blâmer dans le tableau de Gros la physionomie de l'héroïne ; on ne peut contester au peintre la mérite d'avoir respecté la tradition. Dans la *Sapho* de Pradier, je ne trouve rien de pareil : je ne vois dans cette figure qu'une femme ennuyée, aussi étrangère au désespoir qu'à la joie. La tête ne dément pas l'ennui exprimé par l'attitude. La *Pénélope* de M. Cavelier avait été couronnée deux ans de suite ; Pradier a refait à sa manière la *Pénélope* de M. Cavelier, dont le modèle se trouve au musée du Capitole : c'est à ces termes très-modestes que se réduit le triomphe de *Sapho*.

Ainsi, dans les sujets purement païens, Pradier n'a pas toujours montré une intelligence pleinement pénétrée de l'étendue de sa tâche. Plus d'une fois il a traité légèrement les thèmes qu'il avait choisis. Depuis les *Grâces* jusqu'à *Sapho*, depuis *Atalante* jusqu'à *Prométhée*, depuis *Cyparisse* jusqu'à *Phidias*, il lui est arrivé trop souvent de méconnaître la tradition et de l'offenser à son insu. Il ne comprenait pas le côté sérieux des légendes païennes, et croyait que la beauté matérielle suffit à l'expression de ces légendes. La visite silencieuse dont j'ai parlé tout à l'heure à propos de Phidias a dû lui prouver qu'il s'était trompé. Quant à moi, bien que je professe pour ses œuvres une admiration sincère, je ne puis m'empêcher de signaler tout ce qu'il y a d'incomplet et d'insuffisant dans les figures mêmes qui s'accordaient le mieux avec la nature de son goût et de ses études : c'est, à mon avis, la meilleure manière de prouver la sincérité de mon admiration.

Dans les sujets chrétiens, Pradier n'a rien fait qui mérite une étude attentive. Le juger d'après ces œuvres, ce serait se montrer sévère jusqu'à la cruauté. Je ne parle pas de plusieurs statues insignifiantes, exécutées pour l'église de Saint-Roch, et qui ne soutiendraient pas l'analyse. Je ne veux discuter que deux ouvrages qui ont été soumis au jugement du public assez récemment, *le Mariage de la Vierge* et *le Christ sur les genoux de Marie*. *Le Mariage de la Vierge* qui se voit aujourd'hui à la Madeleine, n'a été pour l'auteur qu'une pure espièglerie. Si l'expression paraît sévère, je prie les hommes compétents de comparer l'œuvre de Pradier au prix donné par l'état. *Le Mariage de la Vierge*, tel que l'a conçu Pradier, est une composition parfaitement insignifiante. Avec la meilleure volonté du monde, il est impossible d'y découvrir la trace d'une pensée. Il est évident que pour l'auteur le groupe de Marie, de Joseph et du grand prêtre était une question de draperie. Du moment que le nu n'était pas permis, le sujet prenait un rang secondaire, et, dans la manière dont il a traité *le Mariage de la Vierge*, Pradier n'a que trop prouvé sa conviction. Cependant l'État fournissait le marbre et donnait quarante mille francs pour l'exécution du modèle. C'était certes un prix très-convenable. Eh bien! Pradier, considérant *le Mariage de la Vierge* comme un sujet indigne de son talent, l'a modelé en quelques semaines et n'a produit qu'une œuvre nulle. L'amitié la plus complaisante ne pourrait signaler dans ce groupe un morceau qui se puisse comparer aux œuvres païennes de l'auteur. Marie, Joseph et le grand prêtre sont parfaitement vulgaires. Il serait impossible de deviner chez Marie l'exaltation mystique, chez Joseph l'aveugle soumission, chez le grand prêtre l'accomplissement d'un devoir mystérieux prescrit par les prophètes. C'est une réunion de trois figures dont la forme est à peine indiquée. Pradier n'a pas compris que *le Mariage de la Vierge* offrait, au statuaire comme au peintre, le sujet d'une composition émouvante. Il n'a tenu aucun compte de l'admirable tableau placé dans la galerie Brera, et s'est débarrassé à la hâte de cette besogne, dont il ne devinait pas l'importance. Quant au *Christ adulte sur les genoux de la Vierge*, il avait à soutenir une comparaison plus redoutable encore. Michel-Ange a traité ce thème difficile, et son œuvre se voit aujourd'hui dans la première chapelle à droite, en entrant dans la basilique de Saint-Pierre. Le groupe de Pradier laisse le spectateur parfaitement indifférent. Le corps du Christ ne porte pas les traces de la souffrance; quant à la Vierge, il serait difficile de découvrir sur son visage les signes d'un profond attendrissement, d'une compassion douloureuse pour son fils crucifié. C'est un sujet manqué. Les détails où l'habileté se révèle n'ont pas assez d'importance pour dissimuler la réalité de l'échec.

J'arrive à la sculpture monumentale, où Pradier s'est essayé plus d'une fois. Les Renommées placées sur les deux impostes du grand arc de l'Étoile ne manquent certainement pas d'élégance, et cependant elles laissent beaucoup à désirer pour la précision des formes. L'œil le plus attentif découvre à grand'peine ce qu'il a devant lui. La Muse comique et la Muse sérieuse de la fontaine Molière ne sont, et ne seront jamais, qu'une débauche de talent. Qui pourrait nier la souplesse prodigieuse des draperies? Qui oserait assigner à ces deux masques vulgaires un sens déterminé? Qui pourrait voir dans ces deux femmes à l'attitude provoquante la Muse de la comédie et la Muse du drame, la personnification des deux pensées qui se sont révélées par *les Femmes savantes* et par *le Misanthrope*? Pour peu qu'on prenne la peine de les étudier, il est impossible de ne pas découvrir dans ces deux figures deux types de lorettes; c'est une double méprise sur laquelle je ne veux pas insister. Les figures de la fontaine de Nîmes ne sont pas mieux conçues que les deux Muses de la fontaine Molière, et je renonce à les analyser. Quant aux douze Victoires exécutées par Pradier pour le tombeau de Napoléon, il m'est impossible de les passer sous silence, car ces Victoires, soit par leur destination, soit par le prix du travail, commandent l'attention la plus sévère. Or, j'ai regret de le dire, ces figures sont indignes du nom qui les a signées. Je me rappelle encore l'étonnement et l'indignation de Drolling en présence de ces Victoires. « Nous n'avons, me disait-il, qu'une seule manière d'exprimer notre opinion, c'est de déclarer qu'elles ne sont pas de Pradier. Lui attribuer de tels ouvrages serait faire injure à son talent. » Et en effet l'avis de Drolling prévalut. La commission nommée pour l'examen des travaux et de la comptabilité décida, d'une voix unanime, qu'elle n'acceptait pas les Victoires du tombeau comme l'œuvre de Pradier. Comment croire que l'homme, à qui nous devons tant de compositions ingénieuses, ait conçu ces figures si complétement dépourvues de caractère? Et pourtant j'ai vu les esquisses de ces figures. C'étaient des esquisses et non des modèles, et je conçois très-bien que le praticien n'ait pas réussi à les quadrupler; car, lorsqu'il s'agit de l'emploi du compas, il faut des modèles et non des esquisses. Quand on pense que le prix de ces Victoires s'élève à deux cent quarante mille francs, on se demande comment ces ébauches ont pu être acceptées. Si Pradier n'eût jamais signé que des œuvres pareilles, son nom ne laisserait aucune trace dans la mémoire de ses contemporains, et la postérité ne le connaîtrait pas. Il avait pour modèles les Victoires du temple d'Érechthée, que nous possédons à l'École des Beaux-Arts, et pourtant il n'en a tenu aucun compte. Il nous a donné des figures qui n'ont rien à démêler avec la sculpture monumentale. Le silence, en pareil cas, équivaudrait au mensonge; c'est pourquoi je ne me tais pas.

Si maintenant j'essaye de marquer la place de Pradier dans l'histoire de l'art français, ma tâche ne sera pas difficile. Dans l'exécution, c'est un homme de premier ordre; **dans la conception, c'est un homme sans importance.** Ingénieux, élégant, lorsqu'il touche aux sujets païens, sans valeur lorsqu'il touche aux sujets chrétiens, au-dessous de lui-même lorsqu'il aborde la sculpture monumentale, il comptera pourtant parmi les artistes éminents de notre pays, car plusieurs de ses ouvrages rivalisent de pureté avec les plus beaux débris de la Grèce, et c'est là un privilége dont nous devons lui tenir compte. Pour prétendre au premier rang, il lui manquait un don précieux, un don que rien ne peut remplacer, l'invention. Toutefois l'exécution arrivée à de certaines limites excite en nous une admiration si vive, que nous devenons volontiers indulgents pour l'œuvre même qui ne se recommande pas par la nouveauté. On ne peut pas dire que Pradier ait mis au monde une idée qui lui appartienne, on ne peut pas dire qu'il ait mis son ciseau au service d'une volonté personnelle. Depuis le pavillon de l'Horloge au Luxembourg jusqu'à l'imposte du grand arc de l'Étoile, il n'a jamais rien inventé dans le sens le plus élevé du mot ; mais il a poussé si loin l'exécution, qu'il mérite d'être cité après Jean Goujon et Puget. Je ne voudrais le comparer ni à l'auteur de la *Diane* ni à l'auteur du *Milon*, car Jean Goujon et Puget ont exprimé des pensées personnelles ; mais Pradier, pour l'exécution, peut lutter avec ces deux artistes éminents, et, parmi les hommes de notre temps, j'en sais bien peu qui méritent un pareil éloge. Je ne crains pas que mes conclusions paraissent trop sévères. Le talent de Pradier est un des plus charmants que j'aie connus, et je me plais à le louer dans la limite de mes convictions. Il possédait souverainement la partie matérielle de son art ; quant à la partie intellectuelle, je crois et je dois dire qu'il l'a toujours négligée. Il estimait la forme et dédaignait la pensée ; or, c'est par la pensée que l'homme arrive à marquer sa place dans l'histoire, c'est par la pensée **qu'il se sépare nettement de ceux qui l'ont précédé. Pradier,** en réduisant son art au maniement du ciseau, en négligeant l'expression des passions, a fait fausse route; il n'a pas conquis le rang auquel il pouvait prétendre, auquel du moins j'aurais voulu le voir prétendre. Peut-être son intelligence n'était-elle pas capable de méditations profondes, peut-être l'enfantement d'une idée nouvelle était-il au-dessus de ses forces : je n'ai pas la prétention de résoudre ces questions délicates. Je me contente de résumer mon opinion sur l'ensemble des œuvres de Pradier. Par la pensée, il s'absorbe dans la Grèce, car il n'a rien inventé; par l'exécution, il se rapproche de ses maîtres, et serait admis dans leurs rangs glorieux, s'il n'eût méconnu le caractère dominant de son art : la chasteté.

1852.

FIN.

Paris. — Typ. Ve Dondey-Dupré, rue Saint-Louis, 46.

TABLE

		Pages.
XIV.	Léopold Robert....................................	1
XV.	Eugène Delacroix..................................	25
	Le Salon du Roi...................................	ib.
	Le Plafond de la galerie d'Apollon................	49
XVI.	M. David..	63
	Le Fronton du Panthéon............................	ib.
	Le Philopœmen.....................................	99
	La Statue de Larrey...............................	111
XVII.	M. Barye..	133
XVIII.	M. Marochetti (la Statue équestre de M. le duc d'Orléans)..	179
XIX.	Arc de Triomphe de l'Étoile.......................	195
XX.	L'École anglaise en 1835..........................	219
XXI.	Le Musée du Louvre................................	241
XXII.	Pierre Puget......................................	277
XXIII.	De l'Éducation des Artistes en France.............	305
XXIV.	Pradier...	339

FIN DE LA TABLE DU SECOND VOLUME.

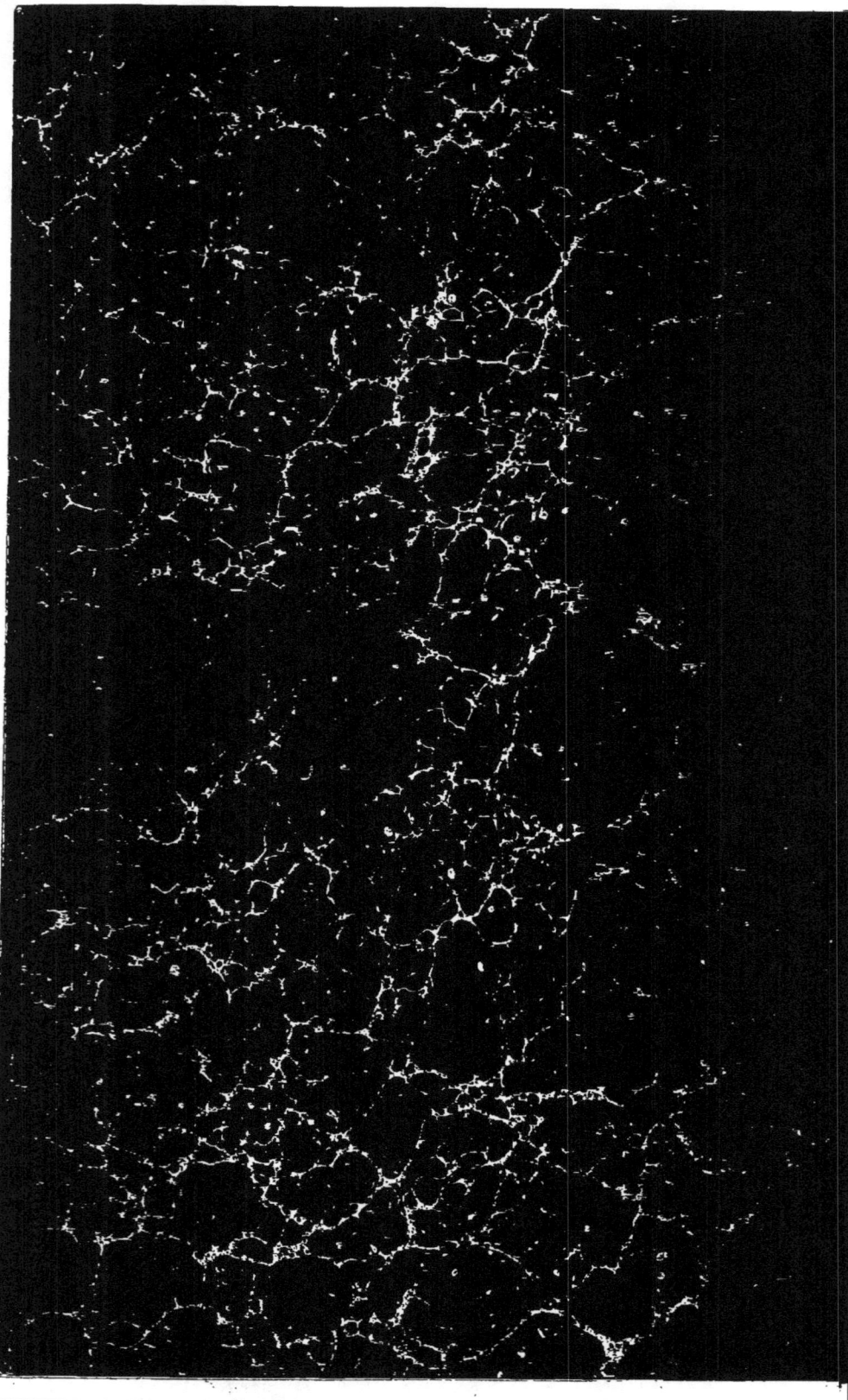

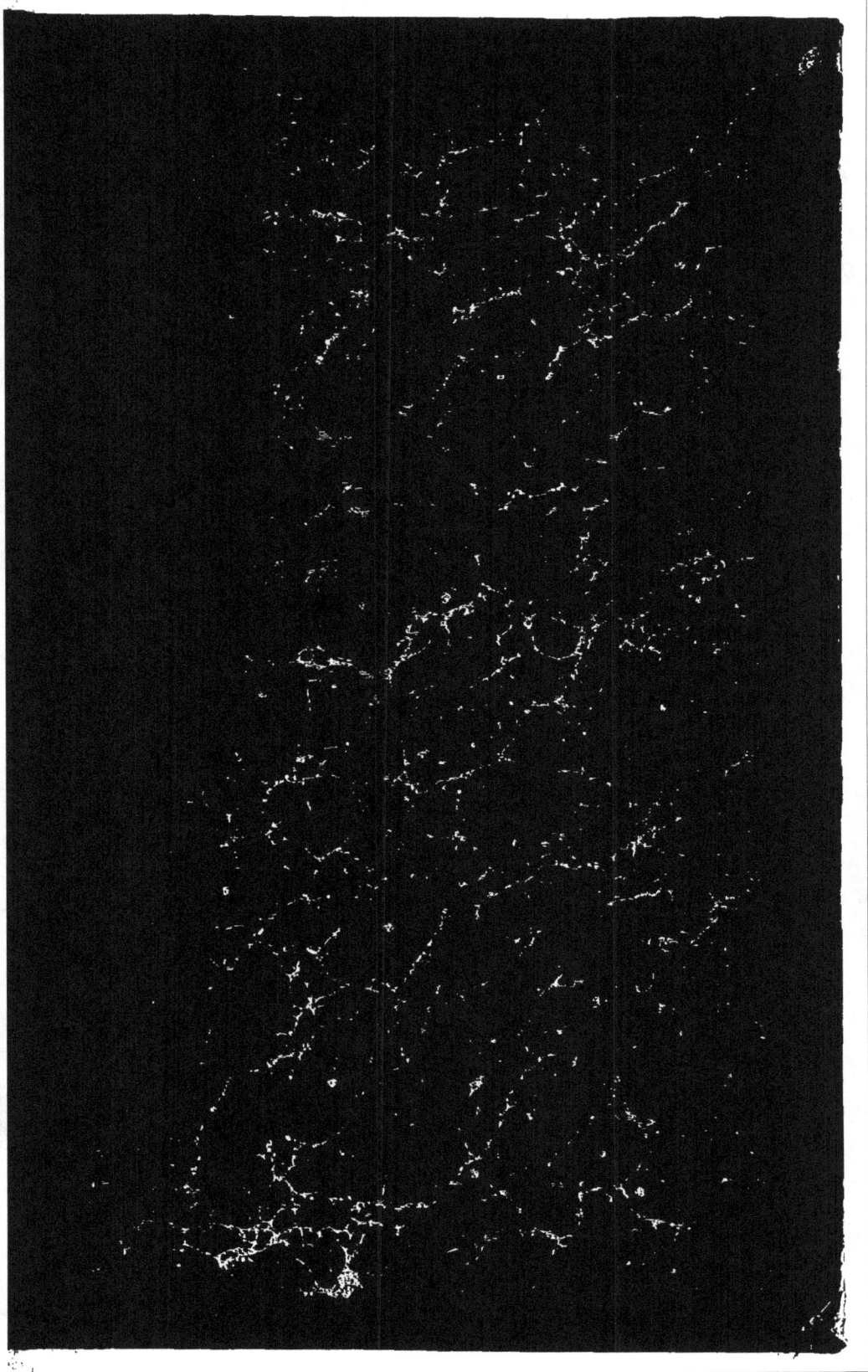

www.ingramcontent.com/pod-product-compliance
Lightning Source LLC
Chambersburg PA
CBHW060611170426
43201CB00009B/984